人間社文庫‖昭和の性文化⑦

ピンク映画水滸伝

その誕生と興亡

鈴木義昭著

初の女ターザン映画『情欲の谷間』1962年公開。同時上映『鍵穴の肢体』

誕生と興亡――人間社文庫版序文

ピンク映画は、誕生から半世紀を過ぎた。

ピンク映画は、戦後日本映画の鬼っ子のように生まれ、高度経済成長期渦中に育ち、幾多の激戦を映画市場に巻き起こして、多くの作品と人材を誕生させた。それは、日本映画最底辺の下剋上であると同時に、時代の先端のまばゆいばかりの光彩でもある。

銀幕に結実した、桃色映画アウトローの軌跡がある。

本書は、ほぼ三十年前「ピンク映画二十年」のタイミングで刊行された、拙著の処女出版の復刻である。同時に「その後」を追ったインタビューやルポ、追悼などで構成している。「ピンク映画」が何度目かの活況期にあって、二十年間を生き残ったベテラン監督らが頑張るとともに、第二世代、第三世代に当たる多くの新人監督や中堅監督たちが佳作、名作を撮る時代だった。勢いに乗り、所謂メジャーである一般映画へ進出するめざましい活躍もあった。監督だけでなく、女優、男優をはじめとするキャスト、脚本家、カメラマン、照明、助監督、プロデューサーといったスタッフたちにとっても、まさに独立プロ、インディーズ群雄割拠の時代だった。

水滸伝とは『西遊記』『金瓶梅』とともに中国三大奇書の一つであるが、戦国時代と革命戦争が一緒にやって来たような、当時のピンク映画界を紐解くのには他にない喩だったといまにしても思うのである。「ピンク映画」という梁山泊に結集し、さらなる見果てぬ夢を追い求めた男たち女たち。ピンク映画に生き、死んだ者たちを記録したかった。

ピンク映画の世界に目を開かせてくれたのは、僕の映画評論の師である元共同通信記者で映画評論家だった斎藤正治である。本文中で語ったが、日活ロマンポルノ裁判や愛のコリーダ裁判の傍聴席に通い詰めていた僕らに「ピンク映画の歴史を調べてみないか」と誘ったのは、傍聴席で知り合った斎藤だった。

それには前段があり、斎藤が生涯親しくした詩人で映画監督でもある寺山修司が、当時寺山を慕って訪れた後のノンフィクション作家・沢木耕太郎に「ピンク映画史」のルポを提案したのに始まる。寺山は、早くから若松孝二や新高恵子などを高く評価し、ピンク映画の世界で活躍する人物や作品群に注目していた。だが、沢木は寺山の提案を途中で捨てて、アジア放浪の旅に出たという。女たちの裸に幻惑される銀幕より、行き着く果てもない荒野に自分自身の物書きの出発点を見出そうとしたのだ。遥かなアジアの高原へ山脈へと旅立った後、ピンク映画史に挑戦する者はまだなかった。

内にも外にもあくまでも下降する斎藤正治は、ピンク映画に人間鉱脈を見ていたのだろう。僕らは、その命懸けとも言える旅の道連れに選ばれただけだったかも知れない。

僕がピンク映画を見始めたのは、いつ頃だったろう。映画と名が付けば何でも観たがる少年だったが、やはり「ピンク映画」を見るのには勇気が必要だった。時代劇好きだった家族とともに出かけた近所の東映封切館がやくざ映画の専門館のようになり、やがて三本立ての番組の一本にポルノやエロとしか言いようのない映画をよくやるようになった。時には、事件物などエロ作品だけの番組もあった。それらを観ているうちに、いつのまにか「ピンク」や「ポルノ」に興味を抱くようになった。というより、思春期の少年には刺激が強過ぎる映画ばかりだったから、トラウマのように僕の心の中にエロ映画が侵入してきたのかも知れない。当時、大映封切館も渥美マリや関根恵子主演のエロチック作品を連発していてよく観た。東京の川向こうにあった僕の育った町では、青春映画がダメになる頃に日活封切館は潰れたが、なぜか大映封切館が残ってダイニチ（日活と大映の合併による配給会社）系作品を公開していた。僕は、いつも隣接した東宝封切館で喜劇や青春映画を観に行くような顔をして大映封切館に紛れ込んだ。『悪名』や『座頭市』、『女賭博師』もよく観たが、『でんきくらげ』『おさな妻』などに衝撃を受けたのだった。

　僕のピンク映画巡礼が本格的に始まるのは、それらに飽きてからだった。中学生までの地元にはピンク映画専門館はなく、ひとつ川を渡った隣町にあるらしいと噂には聞いたが、悪ガキどものように休みの日にチャリンコで橋を渡って駆けつける勇気はなかった。中三の頃、クラスの不良たちが見たの見ないのと大騒ぎをしていたの思い出す。だから、ピンク映画を本気で追いかけるようになったのは、下町から都心の高校に通うようになってからのことである。ちょっと気取って言えば、読み耽った大江健三郎の性を題材にした小説にも飽きた頃だった。ちょうど日活ロマンポルノが始まったばかりの頃でもある。

　男性週刊誌の「平凡パンチ」や週刊「プレイボーイ」のポルノ女優のグラビアや紹介記事では満足がいかなくなり、「ぴあ」や「シティロード」といった映画情報誌を片手に、東京中へピンク・ポルノの巡礼の旅に出た。あの頃、東京中のの映画館の半分くらいが、ピンクやポルノのエロ映画を上映をしていたように思う。製作本数では、とっくにエロ映画が一般映画を凌駕していた。当時、作られる新作映画の大半が、エロ映画だったのである。そんな時代があったことを、昨今の若い人たちは知っているのかどうか。まだ、どこにもＡＶなどない時代だった。

　ピンク映画館に潜り込むことに特に罪悪感などなく、僕にとってはチャップリンの映画もアメリカン・ニューシネマもピンク映画も、同じ映画だと思って観ていた。

フィルムが映写機に掛けられる。カタカタ、ジーッという、あの音がする。スクリーンに賑やかな音楽で配給会社のシンボルマークが現れる。どんな映画でも、最初は同じだった。次から違うのは、スクリーン一杯に女性のオッパイや肌が映写され、そのうち物語はそっちのけで男女が絡み合う場面が延々と続いて見せ場になってしまうことだけだった。でも、映画は、映画だ。意識していたかどうかは別として、いつもそんな気分でピンク映画を観た。

本書は、ニッポン・ピンク映画史縦断の書であるとともに、僕の青春のピンク映画探訪記でもある。後ほど説明するが、エロ本で映画雑誌でもある月刊「ズームアップ」などの記者となった僕は、映画青年から映画ライター、フリーのルポライターへと向かう。本書は、僕の初めてのルポルタージュでもある。

略年表1962－1976

1962年｜昭和37年

○ピンク映画第1号といわれる『肉体の市場』（協立映画製作／大蔵映画配給／香取環主演）が公開、封切直後に警視庁によりワイセツ容疑で摘発されて再編集して上映、大ヒット
○黒澤明『七人の侍』などのプロデューサー・本木荘二郎が独立プロで『肉体自由貿易』（国新映画製作・配給）を監督、1978年の死去まで100本近くのピンク映画を製作・監督した
○「女ターザン」を題材にしたお色気作品『情欲の谷間』（関孝二監督／国映製作・配給）公開。密林の女王が動物たちと戯れ、全裸で渓流を泳ぐシーンなどが話題となる

1963年｜昭和38年

○関孝二監督の女ターザン映画第2弾『情欲の洞窟』（国映製作・配給／沼尻真奈美主演）の奥多摩のロケ現場をマスコミが取材、この時内外タイムス記者（村井実）が書いた「ピンク映画」「エロダクション」という造語が評判となり、その後一般に定着したといわれる
○若者の無軌道な青春を描いた『甘い罠』（東京企画／五所玲子、竹田公彦主演）で、後に「ピンクの巨匠」といわれる若松孝二が監督デビュー。ラストの過激レイプシーンは強烈

1964年｜昭和39年

○テレビドラマを撮っていた小川欣也がピンク映画初のパートカラー作品『妾』（国映製作・配給）で監督デビュー。主演の松井康子（松竹出身）は「ピンクの山本富士子」と話題を呼ぶ
○若松孝二作品『不倫のつぐない』（日本シネマ配給）で注目された路加奈子（日活出身）を起用して、歌舞伎界の異端児・武智鉄二が『白日夢』（松竹配給）を監督して、大ヒット

1964年｜昭和39年	○「緊縛映画第1号」ともいわれるピンク映画『日本拷問刑罰史』（小森プロ製作・配給）を新東宝撮影所出身の小森白監督が撮り、グロテスクな衝撃を呼んだ ○「ネグリジェ歌手」として東芝からデビューし物議を醸した内田高子が『セクシー東京64』（青年芸術映画協会製作／新藤孝衛監督）に主演、女優としてピンク映画にデビュー
1965年｜昭和40年	○教育映画などを撮っていた向井寛が『肉』（東京芸術プロ製作／内田高子主演）でピンク映画監督としてデビュー ○団地族の性を描き注目された若松孝二監督『壁の中の秘事』（若松プロ／可能かづ子主演）がベルリン映画祭に正式出品されたが、日本人記者により「国辱」（毎日新聞）扱いされる ○武智鉄二監督『黒い雪』（日活）の有料試写フィルムが猥褻容疑で摘発、波紋が広がる ○大島渚監督『悦楽』（創造社／松竹）で野川由美子の全裸シーンなど3ヵ所が映倫によりカット。『黒い雪』の余波といわれたが、全国的に大ヒット ○山本晋也が『狂い咲き』（日本シネマ／松井康子、香取環出演）で監督デビュー ○ミス文化放送でラテン歌手だった新高恵子が『雪の涯て』（映画芸術協会／新藤孝衛監督）に主演し、ピンク映画に本格デビュー。農村の離村問題を扱った作品だった ○新東宝時代「肉体女優」として売り出した扇町京子が『やくざ芸者』（国映製作・配給）を監督・主演、ピンク映画界初の女流監督となる ○大蔵映画、日本シネマ、葵映画、関東ムービー、関東映配、明光セレクト、ヒロキ映画の7社

1965年	昭和40年	が配給網「OPチェーン」を発足、需要と供給のバランスから業界の再編成が始まる ○「ピンク映画」の名付け親で元内外タイムス記者だった村井実が、ピンク映画の情報専門誌、月刊「成人映画」を創刊
1966年	昭和41年	○日活撮影所出身の大和屋竺が『裏切りの季節』(若松プロ)でピンク映画監督デビュー ○日大芸術学部出身の足立正生が『堕胎』(若松プロ)でピンク映画監督デビュー ○テレビ討論会「異議あり! ピンク映画有用論」(東京12チャンネル)に大蔵貢(大蔵映画社長)、岡本愛彦(評論家)らが出演、激論を展開
1967年	昭和42年	○ピンク映画の人気スター・新高恵子が引退、寺山修司主宰の劇団「天井桟敷」に参加 ○「ピンクの女王」香取環、西原儀一監督の新興プロダクション葵映画専属となって活躍 ○『あばずれの悦楽』(小林悟監督)『新・情事の履歴書』(山下治監督)などから、白黒とパートカラーだったピンク映画もオールカラーの時代に突入する
1968年	昭和43年	○東映が内田高子らが出演した『徳川女系図』(石井輝男監督)を、日活が林美樹、真湖道代らが出演した『女浮世風呂』『女浮世草子』(井田探監督)を公開、ピンク女優を多数起用した邦画各社のピンク攻勢始まる ○若松孝二は松竹に進出し『金瓶梅』(ユニコンプロ/伊丹十三、真山知子主演)を監督 ○若松孝二監督『胎児が密漁する時』(若松プロ1966年製作/山谷初男、志摩みはる主演)が、ベルギー王室実験映画祭招待作品に

1968年｜昭和43年	○ピンク映画米国初上陸といわれる『変態』(日本シネマ製作)が英語吹き替え版でロサンゼルスほかで公開 ○勝新太郎のそっくりサンが主演した『好色座頭市・四十八手斬り』(日映製作／東元薫監督)に対して、大映が上映を禁止する仮処分を申請 ○大手のピンク映画攻勢に対抗すべく、「OPチェーン」の既存7社に加え国映、ワールド映画、東京興映、日映企画が新加入。11社が結束して製作・配給して体制強化が図られる
1969年｜昭和44年	○後に人気テレビドラマ『時間ですよ』のヒントになったといわれる山本晋也監督の『女湯物語』(東京興映)が大ヒット、シリーズ化される ○山本晋也監督『未亡人下宿』第一作(東京興映)公開、後に日活でシリーズ化される ○ローマで向井寛監督『ナオミ』=公開時タイトル『禁じられたテクニック』(日本シネマ製作・可能かづ子、美矢かおる出演)が上映禁止となりフィルムが押収される事件が起きる ○若松孝二作品の人気が大学生を中心に爆発的。大学学園祭などへのフィルム貸し出し、新宿蠍座の特集上映など大盛況 ○ピンク女優の実演が人気を呼び、映画館でのアトラクション大盛況。新宿、池袋ではピンク映画女優15名出演による「成人映画祭り」が開催された ○デビ夫人の不倫の恋をモデルにした『日本処女暗黒史』(向井寛監督)公開 ○ドキュメントタッチの『ピンク映画十年史・性のあけぼの』(国映製作・配給／梅沢薫監督)公開

1970年	昭和45年	○ハードボイルド調アクションの佳作として伝説のピンク映画となる『濡れ牡丹・五悪人暴行篇』(国映/梅沢薫監督/港雄一主演)公開 ○人気ピンク女優・浅香なおみが第30回文学界新人賞候補(「声のない日々」)となり、以後本名の鈴木いづみで作家に転向 ○大和屋竺監督『荒野のダッチワイフ』(67年)武智鉄二監督『浮世絵残酷物語』(68年)などに出演した人気ピンク女優の辰巳典子が結婚のため引退
1971年	昭和46年	○同年に起きた連続女性暴行殺人事件の大久保清をモデルに再現したセミドキュメント『日本セックス縦断・東日本篇』(東京興映・渡辺護監督)がヒット ○前年から大映と日活が提携していた「ダイニチ映配」を解消(8月)、それぞれ自社配給。大映は11月に業務全面停止(倒産) ○若松プロの女性助監督吉積めぐみ(当時23歳)が変死。 ○東映から池玲子、杉本美樹らの「ポルノ女優」が誕生、ヒット作を連発する ○日活ロマンポルノ第1弾『団地妻・昼下がりの情事』『色暦大奥秘話』封切(11月20日) ○若松プロ撮影助手出身の中村幻児『が完全なる同性愛』(プリマ企画)で監督デビュー ○後にピンクコメディのヒットメーカーになる稲尾実が『色くらべ色布団』(関東映配)で監督デビュー ○カメラマンとして活躍していた斎藤雅則が久我剛の名で、『悪女の始末書』(青年群像)で監督デビュー。高橋伴明、中村幻児作品ほかカメラマンとしても活躍を続ける

1972年｜昭和47年	○関西から進出し一方の旗頭となったプロダクション鷹を主宰する木俣堯喬監督、息子の和泉聖治をピンク映画監督としてデビューさせる。「ピンク監督親子鷹」といわれた ○上映中の日活ロマンポルノ『恋の狩人・ラブハンター』『OL日記・牝猫の匂い』『女高生芸者』が警視庁により摘発・押収(1月)、日活本社手入れ。上映中の『愛のぬくもり』摘発(5月)、映倫新審査基準発表 ○高橋伴明が『婦女暴行脱走犯』(葵映画)でピンク映画監督デビューをするが、75年に若松プロから監督復帰するまで脚本家、助監督として活動する ○後の「AVの帝王」代々木忠が、『ある少女の手記・快感』(プリマ企画)でピンク映画監督としてデビュー。ドキュメントタッチが好評で日活配給作品を多く手がける ○「ピンク映画第1号女優」香取環が、人知れず引退 ○ピンク映画界随一の人気男優・野上正義が『性宴風俗史』(六邦映画)で監督に挑戦
1973年｜昭和48年	○ピンク映画の最大手だった大蔵映画、新東宝以来の「大蔵撮影所」(世田谷区)を取り壊し閉鎖。それを前に撮影所フル使用による大作『人類の性典』(小川欣也監督)を製作・公開 ○ピンク映画から日活ロマンポルノに進出した白川和子が引退。ピンク映画に50本以上出演して人気女優だった宮下順子が代わって日活に進出、「二代目団地妻」「ポスト白川」に ○月刊「成人映画」廃刊、ピンク・ポルノ映画専門誌はアダルト系出版社から多数刊行される

1974年｜昭和49年	○新東宝興業が関東支社設立を手始めに、ピンク映画製作・配給の体制強化を打ち出す ○山本晋也監督の『大色魔』（1971年／東京興映／篠原玲子、野上正義出演）が、日活ポルノ裁判に弁護側提出の参考上映作品として東京地裁の講堂で上映され高い評価を得る ○谷ナオミがピンク映画から日活ロマンポルノに進出、『花と蛇』などヒット作連発
1975年｜昭和50年	○長寿シリーズとなる『痴漢電車』（新東宝配給・山本晋也監督）の第一作公開、大ヒット ○池袋文芸坐文芸地下劇場で「山本晋也特集」が上映され、学生ファンなどで満員に ○向井寛監督、東映に進出。『東京ディープスロート夫人』の監督ほか、製作でも活躍 ○日本シネマ、葵映画、国映、東京興映各社が「新東宝興業」として配給部門を統一
1976年｜昭和51年	○日本で撮影されフランスで現像・完成した日本初の本番ハードコア映画『愛のコリーダ』（大島渚監督、若松孝二製作）がカンヌ映画祭に出品され、日本逆上陸。空前の話題を呼んだ ○ピンク映画の監督、俳優が「独立映画人協会」を設立。配給会社と大衆団交、製作費値上げを要求する。「240万円から288万円に」アップされるが初期の予算を下回り、一時的な改善となる ○ピンク女優の日活ロマンポルノ進出が定番化、大蔵映画出身の原悦子も日活のアイドル・ポルノ路線で人気が爆発

ピンク映画水滸伝　その誕生と興亡

目次

第七章　撮影現場ルポ

補　章　ピンク映画水滸伝・後伝　ピンク映画の彼方へ

▼本書は、青心社発刊の『ピンク映画水滸伝　その二十年史』(昭和五十八年一月十五日発行)を底本とし、誤字・脱字・誤用と思われる箇所を正すとともに、写真は全面的に見直し、著者および東舎利樹のコレクションなどから適宜挿入しました。また、年表を削除、底本刊行後に著者によって書かれた雑誌掲載原稿を追加しました。

▼本文中不適切と思われる表現がありますが、当時の時代背景および著者の意図を尊重しそのままとしました。

▼本文中、人名・社名等がイニシャルや実名、通称で表記されていますが、著者の意図を尊重してほぼそのままとしました。

(編集部)

ピンク映画水滸伝　その二十年史

青心社版〝序にかえて――〟

一九七八年九月十五日、映画界の野人、大蔵映画の社長・大蔵貢が死んだ。長野県の貧しい樵夫の家に生まれ、小学校五年中退後、新聞配達、納豆売りと職を変えながら浪曲師、歌舞伎役者を志しつつも、活動写真の弁士となって徳川夢声らとともに活躍、当時貯金した金で映画館の小屋主へ、早朝、従業員全員と一緒に自ら南京豆を袋に詰めてから開館するというバイタリティと、日本初のトーキー映画上映という先見の明があいまって興行師として成功した。後には新東宝の社長として、さらには大蔵映画を起こして、常にスキャンダルといかがわしさの中に身を置いた日本映画界の立志伝中の人。一億円大作の『人類の性典』をはじめとするピンク映画から『明治天皇と日露大戦争』まで、性から天皇までを商品化した怪物プロデューサーの死は、今日の日本映画にとってどんな意味を提示しているのだろうか?

日活ポルノ裁判の傍聴を通して、我々「グループ一七五」が出会うキッカケを作った斎藤正治氏は言う。

「その大蔵貢が死んだ直後、私は、私と同じように映画の猥褻裁判を見つめる志ある映画青年グループに、ピンク映画史の編纂を提案した。映画の歴史の傍流にあって、映画史に決定的な役割を果たし、いまなお果たしているピンク映画の歴史をまとめておきたいと、大蔵貢の死を契機に考えついたといってもそれほど突飛ではあるまい、彼はメジャーにあって、ピンク映画の発生を側面からうながす役割を持っていたからだ」（現代の眼七九年三月号〝性のいかがわしさといかがわしい性〟）

日本ピンク映画の歴史はようやく十八年目に突入した。それは、本流にあった五社映画の発達が興行的に衰退していくのと交替しながらピンク映画が成長してゆく道のりだった。ピンク映画への呼び水としての新東宝、その社長だった大蔵貢。その死は、最早ある時代の終わりと始まりを告げている。いま日本映画界は、ピンク・ポルノと大作一本立ロングラン方式と二傾向に集約されつつあると、この連載の冒頭に言い切ったら過言だろうか。戦後日本の庶民文化の花形だった日本映画は、すでにそのエネルギーを失った。けれどもなお絶え間ない支持を受けつつ、作られるピンク映画群を我々は愛してやまない。愛ゆえに我々はいま、過去と未来を結んでピンク映画の扉を叩くのだ。

〝日本ピンク映画考・歴史と事件〟と題して『映画エロス』（司書房）誌に連載を開始したのは、一九七九年五月号からである。以上は、その第一回の〈連載開始宣言〉の冒頭ノッケの部分である。当初この連載は、二〜三年を構想してその隔月刊の映画雑誌『映画エロス』で、五人のメンバーによる共同作業として開始された。「グループ一七五」とは、その時の共同執筆ネームである。しかし、構想と現実は遊離して『映画エロス』はその後四号を出して廃刊、我々「グループ一七五」も空中分解した。

だが、この〈宣言〉で提言したテーマ＝ピンク映画史編纂は小生の思いをとらえて離さず、想いを変えて、小生一人の単独作業としてセルフ出版発行の映画雑誌『ZOOM－UP』八〇年七月号より改めてスタートするに至った。

本書は〝ピンク映画水滸伝〟と題して八〇年七月から八一年五月まで『ZOOM－UP』（五月号で廃刊）に、八一年六月創刊号から八月号まで『ヘヴィ・スキャンダル』（八月号で廃刊）に連載されたものをはじめ、『ZOOM－UP』廃刊後発行された旧読者によるミニコミ『ZOOM－UP・Ⅱ』、あるいはさまざまな雑誌、ミニコミ等に発表したピンク映画に関する原稿をベースに、その加筆・修正と書きおろしによって構成されている。

過去・現在・未来を結んで、縦横に、いくらかでもピンク映画に理会していただければ幸せである。

〈宣言〉を書いてから三年余り、大蔵貢の死と日本映画衰退をオーバラップさせ、ピンク映画に到達するという初期の思いを果たせたかどうか、不安は残る。しかしながら、あれから三年後の現在。日本映画全体の衰退は一層激しく、まさにピンク・ポルノと大作のみに集約されていく傾向は如実である。日本映画全体の〝新東宝化〟『明治天皇と日露大戦争』に及ぶことのなかったリメーク『二百三高地』、『連合艦隊』『大日本帝国』と続く戦争大作の氾濫、にっかつロマンポルノの予算削減、当たれば何でもいいやのアンチョク路線、ピンク・ポルノへの依存度の急上昇、どれをとっても、大蔵貢体制下にあった末期の新東宝映画とそっくりではないだろうか――。

日本映画は、そうして新東宝映画のように崩壊していくのかも知れない。ビデオをはじめとするニューメディアの波は、もうそこまで押し寄せて来ている……。

ピンク映画史をまとめる作業を単独作業として再開する時、小生がそれを『ピンク映画水滸伝』としたことには理由がある。それはまさに熱気あふれる一騎当千のツワモノたちがせめぎ合うピンク映画のアウトロー世界にふさわしくもあったが、日本映画総体の傍流に位置する梁山泊「ピンク映画」は、まさしく水滸伝を地で行く物語に思えてならなかったからである。

それはこの三年、取材を重ねる一方でピンク映画のレポート記事を量産して肌で感じ、確証を得ることもできた。

わがピンク映画の梁山泊軍は、いまや都へ打って出て、激しく華々しい戦いの只中にあるではないか!! 進撃あるのみ。

ともあれ、さまざまな分析は後章に譲って、ピンク映画水滸伝、蓋をあけたい。

行くよ——!

第一章
ピンク映画の誕生からエロダクブームへ

Ⅰ〜Ⅷ▽月刊「ズームアップ」1980年8月号より1981年3月号連載に加筆・修正。

『情欲の洞窟』（1963年公開）で女ターザンを演じた沼尻麻奈美

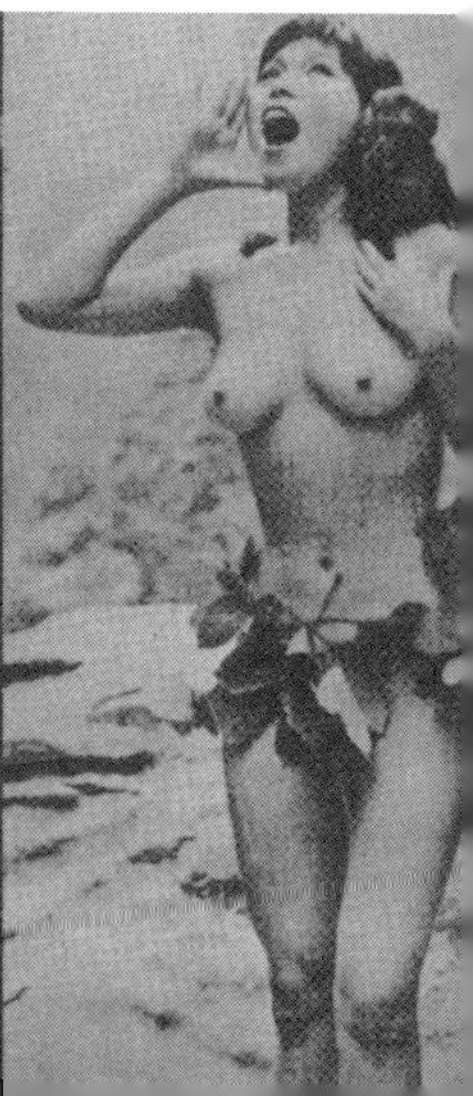

I『肉体の市場』と小林悟

嵐は、去った。それは、大いなる蹉跌であったのか、革命の一里塚であったのか。

大衆は、挫折しなかった。敗戦から十五年、焼けただれた土の上に、しっかりと立ち上がった人々は、〝六〇年安保〟の擬制の終焉から遠く、それぞれの空の下で、あるいはそれぞれの闇の只中で、日々の営為に明け暮れていた。

岸から池田へ、内閣は転じ、「高度成長、所得倍増」の呼び声が全土を覆う。

一九六一年、映画界もまた再編成の季節を迎える。六月、新東宝は製作を中止。四七年四月、東宝争議の渦中から誕生した新東宝映画は、幾度かの変容の果てにその幕を閉じた。

一方、六〇年三月にその市場拡大を意図して発足した〝第二東映〟は、六一年に入ると〝ニュー東映〟と改名し映画製作を行ってきたが、十二月には、大川博社長の野望破れて、〝ニュー東映〟も解消せざるを得なくなった。

六〇年末の全国の映画館数は、七千四百五十七館と史上最高の数に達していた。

そして、松竹からヌーベルバーグと呼ばれる映画群が現われて話題をまいたその頃、やはり衝撃的な映画群が、大衆の汗と臭《にお》いに噎《む》せ返る町へ出ようとしていた。

六二年、三月十五日、神田アカデミー劇場他、都内四館で上映中の『肉体の市場』が警視庁によって摘発された。

映画館で上映中の映画に対し、戦後の警察が猥褻容疑で動いた初のケースだった。『肉体の市場』は、同年二月十七日、映倫の審査を通過し〝成人指定〟となっている。「青年たちの衝動的な行為を批判的に描いているが、年少観覧者には誤解される恐れがあるので成人映画に指定します。」というのが、その指定理由。

摘発された時に、問題とされたのは、三シーン。

女の口にトイレットペーパーを詰め込んで、スカートを捲り、そのまま女がトイレで強姦される場面。

「あんた、不死身ネ。ウフフフッ」「不死身か……。ウィヒヒヒッ」と、いやらしい笑いを浮かべて会話しながら激しく悶えるベッドシーン。

一人の女が、六人の男たちに囲まれて、体中を擽られて、笑うと一枚ずつ着ている洋服を脱がされて行くという場面。

いまにして思えば、たいしたことのないシーンということになるだろうが、当時なればこそだ、上映して二日目にクレームがついた。

監督したのは、小林悟。そう、あの小林悟である。いまでこそ、東活の全作品を変名を駆使してこなすという乱熟ぶりを見せているが、当時、三十二歳の気鋭監督であった。長野県松本市の旅館の次男坊に生まれた小林悟（本名）は、五四年早稲田大学を卒業し、新東宝映画傍系の近江プロから映画界入りする。近江プロは、大蔵貢が新東宝の社長の時代にその実弟、歌手の近江俊郎が起こしたものだ。

近江俊郎の助監督等を経て、五九年、新東宝映画『十代の曲り角』（大空真弓、三原純出演）で一本立ちし、新東宝が潰れるまで、さまざまな映画を、特に娯楽に徹したテンポのある作品を作った。

六〇年十二月に新東宝映画社長を辞任した大蔵貢は、自らが経営する映画館を中心に大蔵映画を組織した。新東宝製作中止の後、小林悟は、その大蔵映画傍系の製作プロ、協立映画で『肉体の市場』を撮ることになる。

『肉体の市場』は、前年の十月に、六本木で実際に起こった事件をヒントにして作られた。

その頃の六本木は、いまとは違う。アメリカナイズされたネオンが、夜明けまできらめき点滅し、流行の最先端を追っかけ、ほとんどまだ誰も口にしていなかったコカコーラを飲み、ハンバーガーやピザをほおばる、そんな若者たちがたむろする街だった。若者たちの中からは、〝野獣会〟というグループもできた。坂本九が「悲しき六十才」を森山加代子が「月影のナポリ」をうたい、ヒットした時代。六本木では、〝六本木族〟によるアメリカ村が作られていた。いつの時代も一握りの若者たちが、そうであるように華やかだった。「婚約者と来ていた女性が、トイレの中で犯されたんですよ。犯された女性と婚約者は、ビルから飛びおりて死んだ……。みんなが、そばにいるんだ。いるんだけど、そこで犯されたり殺人が起こる。これからの世の中、だんだんこうなって来るんじゃないかなって気が凄くした。ああ、これで行こうと思った。ええ、自分で、シナリオを書きました。」

俳優は、日活の大部屋女優だった香取環を主演に抜擢して使った。その他の出演者は、新東宝出身の俳優たちが多かった。扇町京子、浅見比呂志、江波志郎らだ。

新東宝も小林悟が監督となる大蔵貢体制下にあっては、予算の削減が至上命令となり、営業サイドの意向と現場とは微妙なくい違いを見せた。だが、小林悟は、その困難な状況下でもさらにマイナーな位置におかれつつ独自の映画作りを見せていた。それを買われてか、大蔵貢が大蔵映画を作って自身の配給を思考していた時『肉体の市場』を、続いて同年、『不完全結婚』（純潔映画研究会製作／配給大蔵／香取環、扇町京子、一条美矢子、松原緑郎）を作り、六三年には『性の変則』（製作配給大蔵映画／一条美矢子、扇町京子）、『女犯の提』（製作配給日本シネマ／小原絹子、江波志郎)、『5$の情欲』(日本シネマ／ヘルガ・ドリス)の三本を、六四年には『女狼』(朝日企画／間木千香子)、『肉体の妖精』(中映プロ／ハニー・シェル、扇町京子)、『肉体の賭け』(中映プロ／千月のり子)という具合に、所謂ピンク映画を作り続ける。なおも、それと並行し大蔵映画で〝怪談映画〟を何本も作っている。言わば〝性〟と〝怪談〟という新東宝以来得意の分野で、実力を発揮した。

『肉体の市場』は、新東宝末期並みの予算で約六百万円。その後の作品は徐々に、他のピンク映画と等しい〝三百万円映画〟へと近づいて行った。『女犯の提』以後は、ほぼ三百万円前後の予算となった。

『肉体の市場』が摘発された時、小林悟は「これは弾圧である。これでは暗黒ニッポンだ」と、怒った。しかし、事件は起訴までには至らず、問題のシーンを数カット切って再編集し、すぐに上映は続けられた。却って映画館では注目され人気を呼んだ。

その後、小林悟は、「ヒッピー」となる。イギリス、イタリア、フランス、北欧、アメリカ、香港、世界各地を、ほとんど無一文で歩き回ったという。その理由は「日本の映画作りが嫌になったのと、行き詰まったのと両方です」と言うが、各地を旅し、自転車を盗んで西海岸を旅したり、ロッセリーニを慕ってイタリアへ行ったり、本番ファック映画を演出したり、奇行相次ぐ冒険旅行をする。六七年からは台湾に定着して〝北京語映画〟を数本作っている。

帰国後、一時は郷里の松本に引っ込んでいたりもするのだが、七二年、松竹が新たに東活を作りピンク映画部門を開設するとまもなく請われて上京する。

ピンクを撮る一方〝本編〟も撮らしてくれるという最初の話だった。ところが、松竹系配給による『鏡の中の野心』（七二年七月公開／ひし美ゆり子、荒木一郎出演）という異色作を演出する才能を見せたにも関わらず、いつしかただひたすらピンク映画を量産するという異端の道へ迷い込むことになる。

七五年以後の東活公開作品は、左次郎、松本千之の変名を使い分け小林が全作品を担当しているのは、知る人ぞ知ることだ。

黙々と撮り続ける異能ぶりは、このままゆくと、日本で最も製作本数の多い映画監督となるやも知れないバイタリティーを見せる五十歳。月間三本、年間合計三十六本という数字を維持し続ける小林悟は、絶倫なる精力の衰えるところを知らぬかの如くだ。

新東宝をふり出しに、映画の裏街道をひたすら歩き続けて、ピンク映画の中でもより陽の当たらない路地裏を歩き続けたひとりである。

映倫＝映画倫理規程管理委員会が「成人映画」なるモノの指定を開始したのが、一九五五年五月五日からである。だから「成人映画史」となれば、一九五五年から考えなくてはならない。もしも、〝日本エロティシズム映画史〟あるいは〝映画史におけるセックスの問題〟などというテーマになれば、それこそ日本映画創世から語り始めねばならない。だが、これから小生がレポートしようというのは〝ピンク映画史〟だ。

映倫ができるのが、一九四九年だがその規制が確立される前には、科学映画のスタイルをしたズバリ映画やお産映画が、秘かに、特に地方の劇場を中心に上映されていた。それらは所謂ブルーフィルムとの判別はつかず、またある程度品のいいモノとしては、ストリップやヌードダンスをドキュメント構成したおスケベフィルムがかなり出回っていた。

だが、ピンク映画は、ブルーフィルムとは違う。言うまでもないことかも知れないが、ピンクはブルーではない。日本には、刑法一七五条と映倫というヤッカイなものがある。これはかなりヤッカイなものなのだが、どうヤッカイであるかという分析は、この際は置いておくとして、その二つのヤッカイなものがある以上、ピンク映画はピンク映画となる。日本のブルーフィルムの歴史もまた古い。戦前からあるのである。深淵でざわめきうごめくその歴史に興味ある方は、その道の研究家であり、猥褻出版の研究家でもある長谷川卓也氏の著作に『ぶるうふいるむ物語』（立風書房刊、三木幹夫ペンネーム）などがあるから、そちらを参照していただくと良いだろう。

いまから語ろうとするのは、六〇年代初頭、それらブルーフィルムやおスケベフィルムと一線を画して登場、常に大衆に支持され続けてきた映画のアウトローたち、桃色独立愚連隊たちの歴史なのである。

ピンク映画第一号『肉体の市場』1962年／
香取環主演（中央）

80年代初め「日本で一番多作な監督」だった
小林悟（1980年頃）

『肉体市場』（『肉体の市場』は大蔵系劇場で「世界性艶悩殺週間」と銘打たれ三本立て公開された（1962年）

Ⅱ　創世期の監督たち

一九六二年から六三年、言わばピンク映画の創成期は、崩壊した新東宝映画の残党たちと文化映画や記録映画を作っていたスタッフたちが入り乱れドッキングし連動する乱交状況にあった。そのマーケットは、まだまだ未成熟で未開発だった。それは、同時にハダカで勝負する男たちの混沌とした戦場でもあった。

関孝二、六十九歳でいまも活躍している浅草生まれの江戸っ子監督だ。新興キネマ・東京大泉撮影所に大道具部副主任として入社するのが映画への関わりの始まりで、撮影所を作った建築屋の父が大道具部主任で入社したからだった。同期の美術部には、新藤兼人がいたという。

助監督へ転じ修業した後、戦時下で『隣組』という作品を撮り監督となるが、内地の映画事情は思うにまかせず鈴木重吉を頼り大陸へ渡る。華北電影に籍を置いたが、現地召集。

戦後、目黒にラジオ映画撮影所を設立。日本版ディズニーともいえる『海魔陸を行く』、『人喰い熊』（ともに五〇年）等をプロデュースしたのがキッカケで、日本テレビやＴＢＳテレビで動物映画を二百本以上監督。それまでショー映画ばかりを作っていた国映の矢元照雄社長から「何か儲かる話はないか」と持ちかけられ、「よし、女ターザンで行こうじゃないか」と言ってできたのが、『情欲の谷間』だった。峰和子というモデル出身の女優を起用し群馬県の水上温泉方面にロケした。国映が全国配給したのが六二年である。

『情欲の谷間』がバカ当たりに当たって翌六三年、続編で『情欲の洞窟』という題名のやはり女ターザン映画を奥多摩の氷川方面にロケした。

「割り切るより仕方ないわね。でも初め決心するまで大変だったわ」と語る二十三歳の新人女優沼尻真奈美を使い三百五十万円程度で完成させた。この時のことである。奥多摩の渓流を沼尻の女ターザンが全裸で泳ぐシーンをデイリースポーツと内外タイムスの記者に取材させて、各紙で活字になった。その時に「おピンク映画」「エロダクション」という用語が初めて使われたのである。以来この種の映画が「ピンク映画」と呼ばれることとなったといわれる。

ピンク映画に転出した関監督は「同じような映画ばかり撮っていても全然面白くねえや。何か他人と違ったことをやってやれ」という心意気で、数々のアイデア映画を撮るのだ。

『変態魔』（六七年・日本シネマ・清水世津主演）では、本邦初の立体ピンク映画を撮り話題となる。『ピカピカハレンチ』（六九年・日本シネマ・白川和子主演）は、「みんな前貼りしてるだろ。面白くねえんだよ。チンポコの先とかオマンチョが光ればお客だって楽しんで観れるんじゃないか」という着想のもとに作られた「光る映画」だった。本当によく考えるものである。ピンク映画版〝透明人間〟第一号『透明人間・エロ博士』（六八年・新日本映画）、アメリカから輸入した赤外線フィルムを使用した「赤外線映画」などなど珍案・奇案は数知れず。最近、研究に研究を重ねているのは「匂いの出るピンク映画」だというから大変だ。『情欲の谷間』と『情欲の洞窟』の興行的な成功は、その後に次々とエロダクションを産み出す導火線ともなったのである。以後、作品公開順に桃色活動屋を紹介しよう。

本木荘二郎、田中友幸や藤本真澄とともに〝東宝三大プロデューサー〟といわれたあの本木荘二郎である。主に最も脂の乗りきった黒澤明監督作品を送り出し、『酔いどれ天使』（四八年）から『七人の侍』（五四年）などの黒澤作品をプロデュース。『羅生門』（五〇年・大映）では、ベネチア国際映画祭（五一年）のグランプリを獲得し、その名を世界的に知らしめた。しかし、その本木荘二郎がその後ピンク映画監督に転じ、死ぬ直前までピンク映画を撮り続けていたことを知る人は少ない。七七年、グランプリ受賞の金獅子像だけが一人住まいの部屋の隅に残っていた。大プロデューサーは、人知れずこの世を去った。

生きていれば、いろいろな話をぜひとも伺っておきたかった人物である。東宝撮影所の大争議の渦中を経て世界的プロデューサーとして活躍しながら、その後晩年までピンク映画監督として活躍した。その人生、極めて資料が少ない。キネマ旬報社発行の『日本映画監督全集』には本木荘二郎も主要な監督ネームである高木丈夫の名もない。

六二年十一月、国新映画から『肉体自由貿易』を発表。内容は、殺人事件にコールガール組織が絡んだもの。テレビ映画が三十分ドラマを四日間で撮るという、当時としては画期的な方法で行っていたのに目をつけ、同じように、低予算で短い日数で映画が作れないものかという試みだった。当時、テレビドラマは約三百万円で作られていた。それに倣った予算を組んだ。いわゆる〝三百万円映画〟の第一作である。続く『不貞母娘』(六二年・Gプロ/国新映画・左京未知子主演)からは、監督名を高木丈夫と改める。以後斜陽する五社映画とクロスして隆盛を開始するピンク映画界で、コンスタントに監督作品を発表し続けたのが本木だった。

彼の生き様こそは、この連載が解きあかそうとするカギを握っている。マイナーからメジャーへではなく、メジャーからマイナーへと好んでアウトローの道を歩むことの真摯さについて――。

池袋でストリップ劇場を経営していた北里俊夫が、ピンク映画を撮ったのは『情欲の谷間』のヒットに刺激されたからだった。それまで、国映と同じくショー映画を作っていた内外フィルムが北里を監督に、北里がその商売柄から見つけて来たであろう外人ストリッパーのニーナ・ウォーガンスカヤを主演女優に撮ったのが『野生のラーラ』である。民話ふうなストーリーで、樹林の中に生きる妖しい裸女の物語だ。ラーラとは、大ヒット作品『ドクトルジバゴ』のヒロインの名だ。かなり当たり、北里は『ただれた太陽』（六二年・内外フィルム、R・ネグリ）というインドの奥地で消息を絶った古代史研究家の娘が父の足跡を追って探険するという異色作品を、また『野生のラーラ』の続編ともいうべき『霧のラーラ』（六四年・内外フィルム、リタ・ブライアン）という、今度は湖に霧とともに出没する妖美な女を巡る物語を撮る。だが、その後は本業のストリップ劇場へ戻ったのか、プッツリとピンク映画界から足を洗ってしまう。

三輪彰。六三年、バカ当たりに当たるピンク映画は、地方の劇場では上映するフィルムが足りないほどの大盛況であった。ピンク映画を上映する映画館はどこでも満員で立見も常に出るという具合だった。そこで、ないのなら「自分たちで作ろう」とばかりに地方の劇場の館主さんが五人、お金を出し合ってエロダクションを作った。その名は〝第七グループ〟。監督として呼ばれたのが、三輪彰である。新東宝時代には『スーパージャイアンツ・宇宙怪人出現』（五八年・宇津井健）を皮切りに、多種多様な作品を監督していた。三輪監督は、『熱いうめき』（六三年・五所怜子）という若い写真家を巡る話と、『濡れた手』（六四年・生田三津子）という旅の若者と尼僧が結ばれる話の二本のピンク映画を監督した。新東宝出身では、石井輝男、小森白ほどクセは強くなく、その異才ぶりをピンク映画に注ぎ込まず、二本を監督した後は国際放映へ転じてテレビドラマの演出へ転向する。国際放映は、昔の新東宝の撮影所だったから、古巣に定住したと言ってもいい。

沢賢介は小林、関、本木、北里、三輪についでピンク映画六人目の監督として登場、今日までピンク映画を作り続けている職人的映画人である。記録、PR映画の助監督を経験し新東宝から五三年、『赤線区域』（瀬能礼子主演）で監督としてデビューしている。さらに新東宝で『脱衣室の殺人』（五八年・左京路子）を監督する一方、主にPR映画の演出をしていた。成人映画として独立系で撮った『新婚の悶え』（六三年・国映）は、新婚夫婦のエロチックな生活ぶりをピンク女優の第一号といわれた香取環（当時二十三歳）とコメディアンの久野四郎を起用、喜劇仕立てで描いたものだ。ピンク映画初めての喜劇といわれている。沢監督は、三十七歳で『新婚の悶え』を撮って以来、五十六歳の現在までピンク映画らしいピンク映画を作り続ける職人監督だ。ハンチング姿で渋い表情の似合う沢監督は、きっとピンク映画がこの国から消えてなくなる日までピンク映画を撮っているのではないだろうか——。

これら出自の異なった監督たちによって、ピンク映画の最も初期は作られたのである。国映、内外フィルム、日本シネマといったエロダクションは、製作、配給も兼ねて低予算でかなりの金額を儲けたといわれている。

映画史的には新東宝の〝エログロ路線〟からピンク映画へ、文化史的には取り締まりの厳しさでボルテージの落ちたストリップからピンク映画へ、庶民大衆の関心は推移した。東京オリンピックを待つまで、テレビは決して大衆のものではなかった。

戦後映画史で言えば、川島雄三監督（六三年六月）、小津安二郎監督（同年十二月）が死去し、大島渚や今村昌平や篠田正浩が新人監督として登場した。世代交代と同時に、性の追求をテーマとしようとしていた時代なのである。さらには新藤兼人監督の「近代映画協会」を筆頭とした独立プロの台頭、『座頭市』シリーズのヒットなどが目立つ映画界、ピンク映画はまさに台風の目的な存在だったのである。

ピンク映画の創世期を切り拓いた男たちのその後は、それぞれである。映画との関わり方がそれぞれ違うように、男たちの生き様もそれぞれだ。だが、彼らがエロダクションの資金主と計って送り出した映画の成功と大衆の支持があったからこそ、まもなく〝エロダクションブーム〟がやってくる。彼らは、ピンク映画の真のパイオニアである。だがまだ、波乱はこれからだ。六三年六月、彗星のように現れた一人の男がいた——。

本木荘二郎（高木丈夫）

関孝二

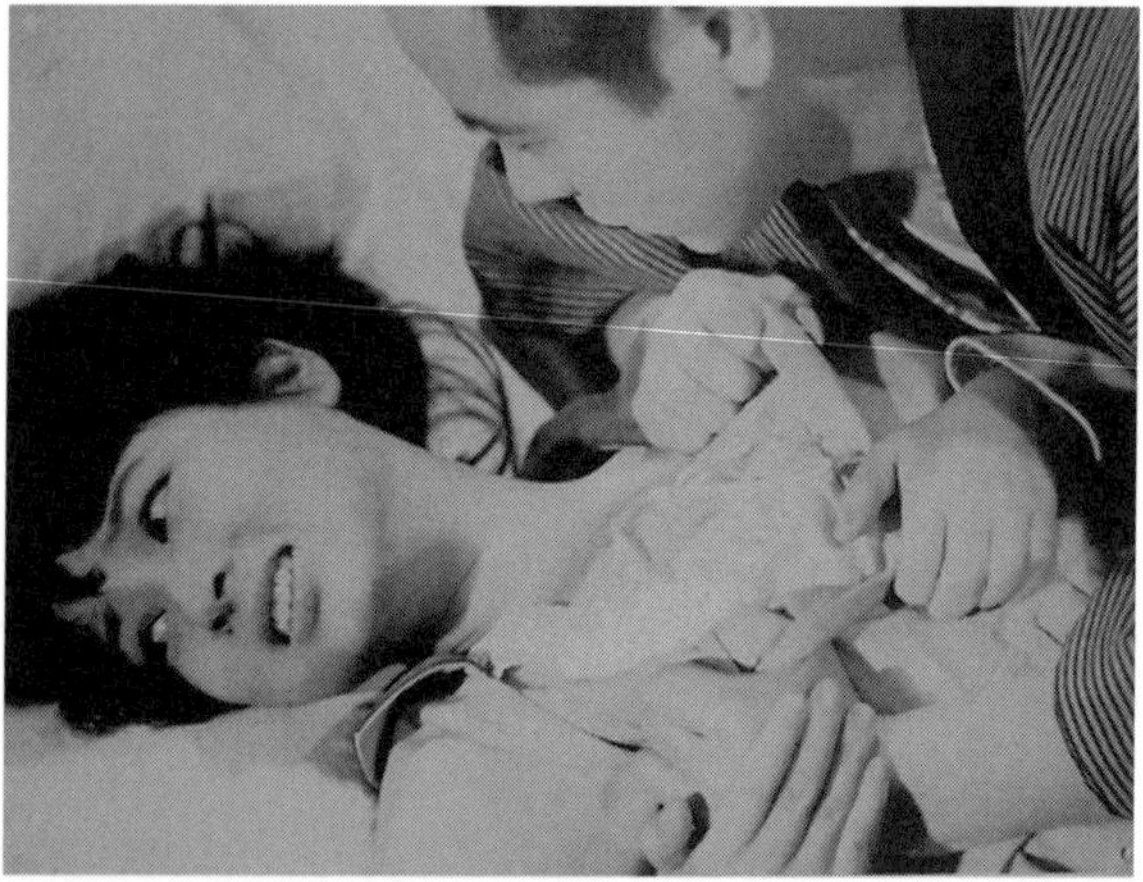

高木丈夫（本木荘二郎）監督『不貞母娘』1963年／Gプロ製作・国新映画配給／左京未知子と椙山拳一郎

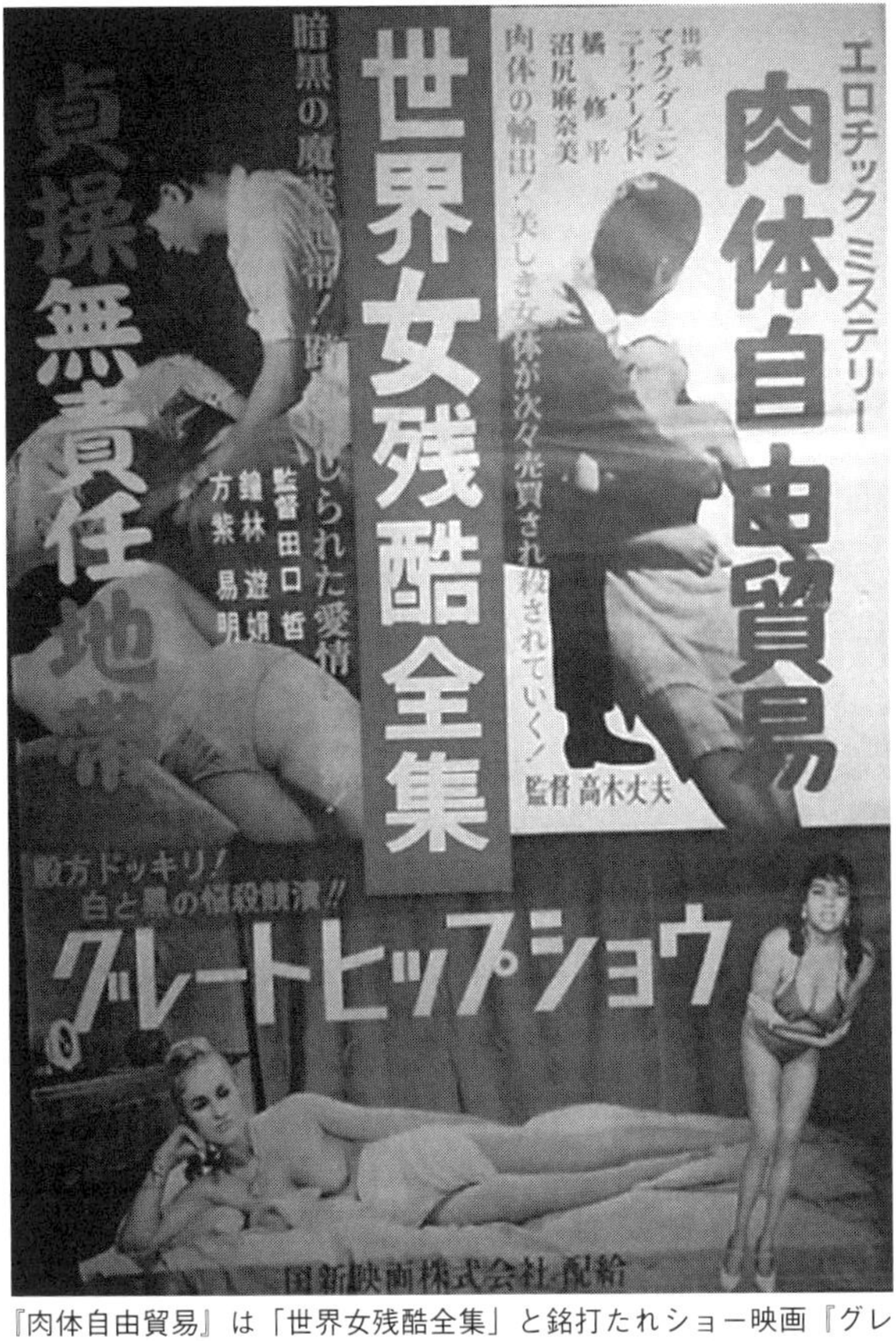

『肉体自由貿易』は「世界女残酷全集」と銘打たれショー映画『グレートヒップショウ』等と三本立て公開された（1962年）

Ⅲ 若松孝二現る（1）

その人の名は、若松孝二。一九六三年七月、『甘い罠』（東京企画・香取環主演）を引っさげて登場したその男は、一夜にして形成途上のピンク映画界の中心人物となった。当時まだ二十八歳、風雲児は若かった。

七番目の男、すなわちピンク映画監督として七人目という打順に現れた若松は、息もつかせぬスピードと激しきパワーで、わが水滸伝を領導して行く。

豪傑中の豪傑の登場！　まずはその誕生の物語から——。

「一ヵ月に一本から一本半、ストレートに映画の演出を手がけている監督がいる。それが巨匠でもなんでもない。あまり名前は売れてはいないが、一部には、彼のタイトルのある映画なら〝損はない〟といわれるほどのかくれた人気監督。その名は若松孝二、二十八歳である。都内の大きな映画館に行ってもスクリーンから〝若松孝二〟のタイトルを探すことはできない。つまり限られた都内、地方の三流館で三本立てで上映されている一連の作品だけにある」（週刊ニュース特報、一九六四年五月十六日号）

『甘い罠』が封切られると同時に若松孝二はまず観客に、そして映画館の館主に、支持と信頼を得ることになる。以後たて続けに『激しい女たち』（国映・香取環主演）＝九月、『おいろけ作戦・プレイガール』（国映・牧和子主演）＝十月、『悪のもだえ』（日本シネマ・松井康子）＝十一月、『不倫のつぐない』（日本シネマ・路加奈子主演）＝十二月と作るのだが、なぜ、若松孝二こと本名伊藤孝がピンク映画を作ることになったのだろうか。

作家の吉行淳之介氏が、若松孝二に聞いている。

吉行　そもそも、あなたがいう種類の映画を撮ろうとしたきっかけは何ですか。

若松　最近ぼくは、テレビの、それも六時台の子ども番組の仕事が多かったんですよ。それが、スポンサーとか局の連中とか、どうしょうもない人間の集まりの中で何かやってるのがいやになってね。こんなことをしているより、エロダクションの仕事のほうに可能性があると思った。

吉行　世の中に爆弾をぶつけようという気持ちがあったわけか。つまり、セックスを爆弾にして……。

若松　現代のどうしようもない連中に一発ぶっつけてやろうという……それはありましたね。

吉行　そうすると、そのときは、カネもうけなんて気持ちは先に立っていないわけだね。

若松　カネもうける気だったら、ぼくは女のヒモになりますよ（笑）。そのほうがゼニになるもの。女五、六人ひっかけて、トルコ風呂で働かせりゃ、一人十万くらいは上がってくるんじゃないかな。それで売春でもさせりゃ……。

吉行　はげしいね、この人は（笑）。映画界にはどういうきっかけで入ったの。

若松　拘置所の中で考えたんですよ。

吉行　拘置所に入ったことあるの。

若松　三ヵ月半くらい。

吉行　何で？

若松　ぼくは新宿のオニイちゃんだったんですよ、ある組のね。それで拘置所に入れられて、最初はいろいろ反抗して、懲罰房というのは真っ暗で、皮手錠かけられっぱなしですからね。めし食うときも、汚ない話だけどクソするときも、手錠はずしてくれない。そういうところでは、人間やっぱり考えますよ。てめえは何のために生れてきたのか。生れてから自分がこうなるまでのあいだのことを一生懸命考えていると、世の中に対して面白くないこととか、腹が立つことなんか一杯ある。それをぶつけられるのは何か。小説か映画しかないと思った。しかし頭悪いから小説家にはなれない。映画監督もむりだ。自分の才能を知ってたからね。それでプロデューサーになろうと思った。ゼニもうけりゃ、プロデューサーになっててめえの好きな映画を撮らすことができる。そう思って、拘置所を出てから、ひと月五千円で、あるプロデューサーの見習いになったんです。

吉行　それが、監督になったのは……。

若松　ぼくのついた組に一人の助監督がいて、こいつは人をいじめることが趣味なんだね。これにいじめにいじめ抜かれた。いまでもおぼえているのは、世田谷の経堂でテレビ映画の撮影をしていたら、ヤー公が来てライトこわされちゃった。おれは頭にきて、喧嘩はじめちゃってね。一人で経堂の親分のところへ行って話をつけて帰ってきた。そしたら、その助監督が、おれのことを「遊んできた」といって、頭から夜食のソバぶっかけた。さあ、こっちはおさまらない。おれも助監督になって、こいつだけ追い越したら演出部やめようと思って、助監督に転向したわけですよ。その後、ぼくは監督になったけど、そいつは五十面さげてまだ助監督をやっている。

吉行　宿願を達したわけだね。組をやめて映画界に入るとき、厄介なことはなかったですか。

若松　そのころだんだん、ヤクザじゃオマンマ食えない時代だということがみんなわかってきたんですね。ぼくをかわいがってくれていた兄貴が「おまえはヤクザでいるのはもったいないから、何かやれ」といってくれて……。

吉行　スムーズに離れることができた……。

若松　ええ。その兄貴もやめて、いまは喫茶店をやっています。

（アサヒ芸能「吉行淳之介の人間再発見　若松孝二」、一九六七年七月二日号より抜粋）

若松が入っていた組とは、新宿の安田組だ。宮城県遠田郡涌谷町上涌谷（小牛田の在）の農家の六男として生まれた伊藤孝は、農業高校を中退し上京、その後、新聞配達、洗濯屋、菓子屋の職人見習い、山谷でのドヤ街暮らしなどを経て新宿安田組へ。

それらの職から職へどのようにして移りながら働き生きていたのか、どんな奴と喧嘩をして、どんな啖呵を切ったのか、いまは本人も語ろうとしない。だから、それを知るすべはない。十七歳で上京し、二十三歳でパクられるまでの六年間を、東京の最底辺を流浪しながら、生きた。

そして、拘置所の中で自らを主張する手段としての映画を職業としようと決意した青年伊藤孝は、五年後のある日、映画監督若松孝二となるのである。

「それまで、テレビ映画の助監督をしていたんだが、いろんな問題があってね、嫌気がさしてブラブラしていた。ところが東京企画の三田つう人から突然電話があって、百八十万円で映画を作らないかと言われてね。それまでは監督やったことなかったから、できないと答えたんだが、自分の好きなものを自由に撮っていいから、その中に二、三ヵ所女の裸を入れてくれれば良いと説得されてさ、それで一晩でもって脚本を書き上げて持って行ったのが『甘い罠』なんだな。これには、ロカビリー歌手の竹田公彦や『逃亡者』の声をやった睦五郎なんかテレビで付き合っていた連中が協力してくれた。主演は香取環だね。この時の監督料は、たぶん六万円ぐらいだったと思うけど。宝映という洋画などやっていたところで、その二番館でもって上映されたわけだ」

百八十万円‼　なんと、若松孝二の第一作が百八十万円の予算で作られていたとは。三百万どころではない。俗に〝三百万円映画〟イコールピンク映画という考え方があるが、それが間違いであることが証明された。

若松孝二の映画作りは、とてつもなく冒険的だった。なおかつ、それが観客に受けた理由は、どれも暴行シーンの凄さゆえであるということが言えた。未だかつて暴行シーンをホンキで撮った監督はいなかったのだ。その意味で若松孝二はピンク映画において、最初から革命を行ってきたことになる。

だから、その映画作りは困難を極めざるを得なかったようだ。『激しい女たち』は撮影三日目で一時中止となっている。なんと資金が三十万円しかないのに撮り始めていたというからスゴイではないか。撮影した部分だけを現像し、ラッシュを国映の社長に見せ、それを四十万で買ってもらって、それに加えるに百八十万の予算を貰って一本に仕上げろという社長の意向をとりつける。その時、若松は「予算がオーバーしたら俺のギャラは一切いらない」と見栄を切ったと言う。

この体当り的などという形容を通り越したムチャクチャな映画監督は、そうして東京企画なる製作プロから、国映へ乗り込む。国映では、『おいろけ作戦　プレイボーイ』を撮る。喜劇タッチで、新人・新藤孝衛の『プレイガール』と合わせて、一本の作品として封切られた。『おいろけ作戦　プレイボーイ　プレイガール』というワンセット公開だった。

問題があったのか国映に居づらくなった若松は、国映からの分派である日本シネマで『悪のもだえ』『不倫のつぐない』を、年が変わって六四年には『めす犬の賭け』(松井康子主演)＝二月、『赤い犯行』(路加奈子主演)＝四月、と作り、日本シネマを根拠地とする。五月には、『恐るべき遺産』(クレンズヒル映画製作)という作品を撮った。これは、成人映画ではなく胎内被爆をした女子高校生の苦悩と死を描いたものだが、入浴シーンに若松孝二はこだわった。脚本にはなかった入浴シーンで、〝劇団ひまわり〟の女子高生たちを脱がしてしまうのだった。なぜ、この映画を若松孝二が撮ることになったのか、きっと何かの間違いだったのだ。女子高生十三人のヌードは、〝週刊新潮〟をはじめとしたマスコミの攻撃を受けることになるのだが、若松孝二は「裸の必然性」を説いて譲らなかった。

若松孝二監督『おいろけ作戦　プレイボーイ』1963年／国映／久野四郎

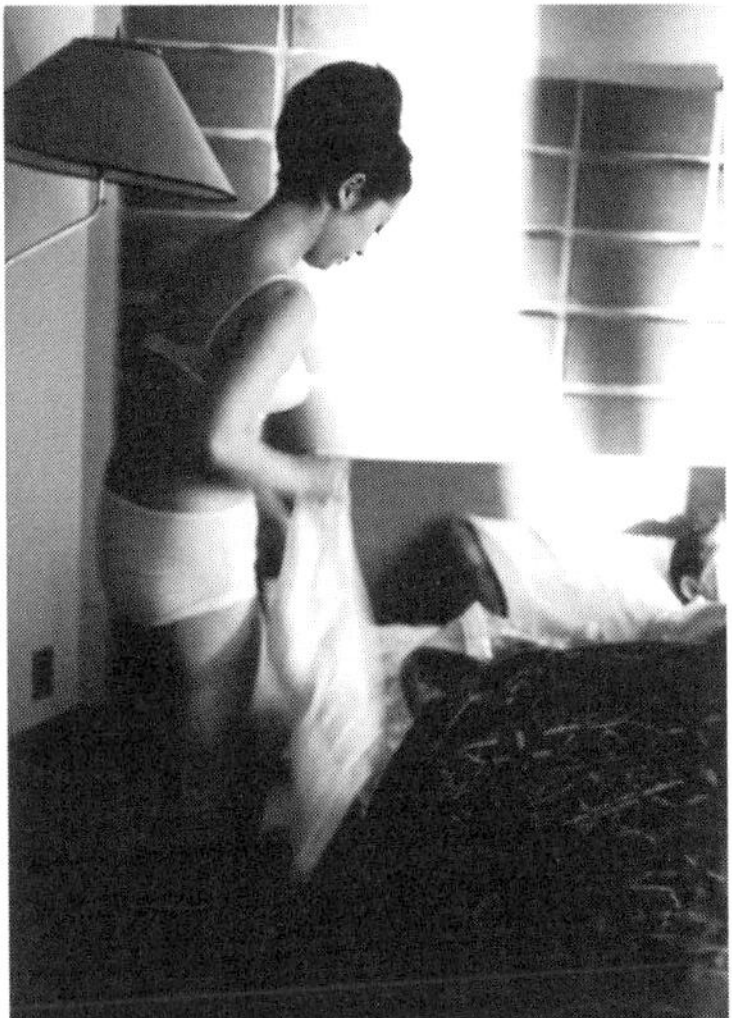

若松孝二監督『情事の履歴書』1965年／日本シネマ／千草みどり

Ⅳ 若松孝二現る（2）

「女高生ヌードに成功した映画・脚本が良かったので裸にされた十六人と父母」（週刊新潮、一九六四年六月二十二日号）、「素っ裸にされた三十人の女高生・原爆に名をかりたオイロケ映画の製作秘法」（週刊大衆、一九六四年六月十八日号）という見出しで『恐るべき遺産』を巡るスキャンダルは報道された。週刊新潮より週刊大衆のほうが女高生の人数が倍になっているあたりは御愛嬌ものだが、児童福祉法違反等で批判を受けながら、やたらと長い入浴シーンを売りものに『裸の影』という公開タイトルでピンク系の映画館で封切られている。土門拳の写真集を見ていた若松監督が、原爆の恐ろしさを映画化しようとしたというほど最初は真面目な企画だったのだが、マスコミ攻勢にあって芸術映画はピンク映画にされてしまったようだ。

「脱がせるにはそれだけの必然性というか、理由がいりますよ。あの入浴場面でほしかったのは原爆症でバレーも満足にやれなくなった主人公の典子と対照的に、若さでピチピチしている同級生たちの姿でした。しかも、典子の原爆症は体の斑点という形で出ています。それと比較対照させるとすれば、同級生たちのハダカ以外にないでしょう。」（週刊新潮、同号より若松監督の談話）

若松監督の演出意図は、社会的には当時受け入れられなかった。成人指定ではない独立製作の一般芸術映画は、若松孝二の演出から当初の発想とは異質なものとなってしまった。続く『網の中の女』（日本シネマ・公敦子）は、漁村の若い男女の悲恋物語。この映画のロケは、宮城県金華山沖の江の島で行なわれたが、生ウニを食べ過ぎて予定日でもないのに女優全員がメンスになってしまうという珍事が起きたりした。さすがの若松監督も驚いたと言う。でもメンスに予定は合わせられないので撮影は続行。この作品で、若松作品の常連となる野上正義がデビューしている。

若松孝二監督作品の数えて十本目に当たるのが野上主演の『鉛の墓標』（国映・築地洋子）だ。国映を追い出された形になっていたが、声がかかって撮ることになった。この映画は、アクション映画としての評価も高かった。『逆情』（日本シネマ・公敦子）、『乾いた肌』（日本シネマ・宮村京子）、『白い肌の脱出』（日本シネマ・若原珠美）と六四年には合計十本の作品を世に送り出した若松だったが、忘れられないハプニングがこの年には起きている。

六四年九月、『乾いた肌』を撮り終えた若松監督は、同じ日本シネマの製作である『誤審』の撮影に入った。アメリカ映画『手錠のままの脱獄』（スタンリー・クレイマー監督）にヒントを得たストーリーで、ロケーションは、福島県の会津若松で行なわれた。主人公の脱獄囚を演ずる高須賀忍（三十三歳）と赤尾関三（三十六歳）が手錠につながれたまま渓流を渡るシーンで事故は起きた。渓谷の急流は、アッという間に二人を押し流した。浅いと思っていた所が深かったのだ。二人が流されそうになった時、若松監督は服を着たまま川に飛び込んで助けようとする。しかし、若松監督自身急流に流されて溺れかかるのを後から飛び込んだ助監督の梅沢薫が助けて命を取り留めるという状況だった。流された二人はまもなく死体となって発見された。

映画は、製作中止。若松孝二は、映画をやめようとさえ思いながら酒浸りになっていた。マスコミは弱小プロのズサンな映画作りゆえに、と決めつけた。若松監督が映画を撮り出して初めて遭遇した苦悩だった。

「これでもう映画をやめようと思って、毎日毎日酒を飲んでブラブラしていた。そん時、高須賀のお母さんに会って——息子は、大好きだった映画で死んだのだから本望だと思う。あなたが、これから良い映画を作ることで息子もうかばれます。そうヤケにならず、早く立ち直って下さい――と言われてね、もう一度映画をやってみようと決意したんだが、この事故はいまでも俺につきまとって、心から消そうにも消せない大きなショックだった。毎年、事故が起きた九月三十日は映画も撮らず、酒も飲まないで二人の冥福を祈っている」

六五年に入ると若松孝二は、『離婚屋開業中』（日本シネマ・松井康子）を一月に、『情事の履歴書』（国映・千草みどり）を三月に、『太陽のヘソ』（国映・T・ウッド）を四月にと続けて監督し、相変らずの健在ぶりを見せる。

『離婚屋開業中』は若松作品にはめずらしいコミカルタッチ。『情事の履歴書』は、原作が村井実、シナリオは当時日活の助監督だった大和屋竺、曽根中生、山口清一郎らが書いた異色作だ。村娘の不幸な青春を描いたストーリーを主演の千草みどりが雪の中を全裸で走る衝撃シーンで盛り上げた。

『太陽のヘソ』は、ピンク映画初の海外ロケと銘打って、国映が総力を挙げてハワイにロケーションした作品だ。スタッフと主演男優の睦五郎だけで現地へ飛んで、女優陣は現地で調達するという荒技的作業をこなした。最早、若松孝二の名はピンク映画の業界では不動のものとなっていた。ところが、波に乗る若松を事件が襲う。

「日本に帰ってみると、驚いたことにぼくの映画は〈国辱映画〉というレッテルをはられネタにことかくジャーナリズムの好餌《こうじ》となっていた。ぼくはそのことをむしろ誇りに思った。何故なら、〈国辱映画〉と呼ばれたことによって、ぼく達の〈三百万円映画〉は、期待される人間像に呼応した世の〈好ましき映画〉に対する徹底的な破壊者としての栄光に輝いたからである。」（映画芸術「若松孝二そして何かが起こったか?」、一九六五年十一月号）

『壁の中の秘事《ひめごと》』（若松プロ／関東ムービー配給・可能かづ子主演）は、国際的スキャンダルにまで発展した。

「カンヌ、ベニスとならんで三大国際映画祭の一つに挙げられるこのベルリン国際映画祭には、ことしは予選を通過した二十二本の劇映画と三十七本の記録、短編作品が参加した。米、仏、伊はもちろん世界の主要映画国が代表団を送っているなかで、ことしは日本が代表団を出していないことが、開会式でもふしぎな感じを与えたようだが、六月三十日、問題の日本映画『壁の中の秘事』が上映されるにおよんで、くすぶっていたこの問題が一挙に表面化するにいたった。ことのいきさつは、この映画祭に、映連（日本映画製作者連盟）を通じて出品した二つの日本映画『兵隊やくざ』（大映）と『にっぽん泥棒物語』（東映）が、二本とも予選で落ちて、その代りに、ドイツの輸入業者が買いとっていた『壁の中の秘事』が日本側（映連）の知らぬ間に、日本の正式参加作品として登録、発表されたことにはじまった。こともあろうにエロダクションの映画が、日本映画の代表として出品されるのはけしからん、というわけで、映画と現地領事館を通じて、映画祭当局に抗議が提出された。」
（毎日新聞「草壁久四郎毎日新聞記者からの現地レポート」、一九六五年七月七日夕刊、傍点筆者）

そもそも、ハンザフィルムというドイツの映画配給会社の社長ギュンター・マターンがフィルムの買い付けのため来日した折、「何か変ったものはないか」ということから偶然に試写を見せたところ、マターンが気に入ってドイツへの輸入を決めて映画祭へ出品したのだ。映連推選作は拒否され『壁の中の秘事』が日本代表作品となる。欧米でも、ベルイマンの『沈黙』が芸術のための愛欲描写で話題となった頃で、まだ性そのものをテーマにした映画が少なかった時代である。

若松孝二は、ベルリンでの拒絶反応と悪罵《あくば》の渦中に置かれることになる。それは、日本代表の審査員として映画祭に出席していた毎日新聞学芸部の草壁久四郎記者により日本に報告された。『壁の中の秘事』は、〝日本映画の恥〟〝国辱映画〟とまで罵倒されたのである。

「上映が終るころには、かなり空席が目立つほどで、とくに相当数いたはずの日本人の観客は場内が明るくなったときにはほとんど姿を消していた。日本人としてこの映画を外国で見せられることは、まったくがまんできないことにちがいない。日本人は何という色情狂なんだろうという以外に、この映画の印象はなにもないからだ。

口笛とシーッ、シーッという罵声のなかに、こんどはステージにこの映画の製作者をかねる若松孝二監督があいさつに現われた。ボクサーみたいに右手をあげたそのポーズがいかにもこっけいで爆笑をさそったがこんな映画を作ったのは、いったいどんな男だろうという皮肉な目が、痛烈なヤジのことばといっしょに若松監督に浴びせられた。国際映画祭の会場では珍しいことである。」（同レポートより）

酷評の中、映画祭へ出席し登壇した若松孝二は、ベルリンをこう総括した。

「セックスであろうと、壁であろうと、われわれにとってタブーはない。しかし、ベルリンはタブーだらけだった。アメリカ人、デンマーク人、インド人、その他われわれと共鳴しあった多くの人々は、このベルリンの権威たち、それに迎合する日本の某批評家の如きゴマスリ男のタブー論やら、国辱説に吐き気をもよおして、ベルリンを去った。」（映画ジャーナル、一九六五年九月号）

ベルリンという壁の中の映画祭の〈破壊者〉として登場した若松孝二と〈三百万円映画〉は、堂々たる奮戦を展開して世界の注目を集めた。「壁」に固まれた生活からの脱出を試みて果たせない時代の縮図を描こうとして、スターリンの肖像の前での激しく情交する男女、それにかぶさる赤旗の歌のメロディ。若松の演出は、あまりに異色だった。

本作を機に、若松は若松プロダクションを結成し、単なる製作団体名としてのそれではなく、次第にピンク映画の梁山泊として活動を始め、若松は、新宿のバーユニコンあたりを根城に、若きブレーンを求めて夜を徹して映画について語りあっていた。

若松孝二監督『太陽のヘソ』1965年／映広プロ　ウィンドポスター

若松孝二監督『壁の中のひめごと』1965年／若松プロ製作・ムービー配給社公開／可能かづ子、吉沢京夫ほか

Ⅴ　ピンク映画第一号をめぐって

「風が吹けば、オケ屋がもうかるの例えじゃないが、不況になってエロで当った、さいきんの傾向のはしりは『五番町夕霧楼』（東映）『にっぽん昆虫記』（日活）のふたつだ。去年の暮から正月にかけての、この代表作は、芸術的にもいいセンをいってベストテンにゆうゆうと入ったが、両方とも二億円近い興行収入を上げたのは、なんといってもそのエロチック・シーン。」（別冊ニュース特報「氾濫する映画の新しいエロチシズム」、一九六四年六月号）

田坂具隆監督の『五番町夕霧楼』も今村昌平監督の『にっぽん昆虫記』も六三年に作られている。それらは、斜陽が始まった日本映画界にとっての歯止め的存在だった。エロチックな作品の成功に目をつけた邦画各社は、競い合うようにエロティシズムを売りものにした作品を作った。ハダカ、ラブシーン、ベッドシーンは随所に織り込まれた。六四年には、『越後つついし親不知』（東映・今井正監督）、『赤い殺意』（日活・今村昌平監督）、『砂の上の植物群』（日活・中平康監督）、『肉体の門』（日活・鈴木清順監督）、『女体』（東宝・恩地日出夫監督）、『白昼夢』（松竹・武智鉄二監督）、また成人指定になぜかならなかった『砂の女』（東宝・勅使河原宏監督）と大胆なセックス描写を含んだ芸術作品が登場する。

火付け役となった『五番町夕霧楼』、『にっぽん昆虫記』と前後して作られたのが国映の『情欲の洞窟』（六三年）だった。

『情欲の洞窟』は前年に成人指定とならなかった〝女ターザン〟映画『情欲の谷間』を作った国映と関孝二が、その成功の勢いで撮った続編である。当時の国映宣伝部長が、撮影現場での取材を数人の新聞記者に依頼した。その中の一人が当時内外タイムス紙記者であり、現在映画評論家の村井実だった。村井は内外タイムス紙上で〝おピンク映画〟〝エロダクション〟という言葉を使った。それまで所謂実話誌やエロ本の映画記事を見ても〝お色気映画〟などの表現はあっても〝おピンク映画〟という言葉は使われてはいない。〝ピンク映画〟という言葉は、村井実が名付け親であり、村井による造語なのである。

注目しておきたいのは、六三年から六四年にかけ氾濫した大手各社のエロティシズム作品と区別するために、村井が〝ピンク映画〟という言葉を使ったということである。ピンク映画という言葉は好むと好まざるとに関わらず、以後ある種の差別用語として使われ始め邦画大手の映画ではない独立プロ製作のこの種の映画が「ピンク映画」の総称で呼ばれることになった。

では、『情欲の洞窟』はピンク映画第一号か。

いや、ピンク映画との呼び方はされずとも、すでに紹介したようにいくつかの作品が存在していた。

『情欲の洞窟』の前作『情欲の谷間』が、まず考えられる。しかし、この作品は映倫によって成人指定外、すなわち一般映画とされていた。ピンク映画とは、あくまでも映倫により〝成人指定〟のお墨付をいただいた作品である。

六二年に作られた『肉体自由貿易』（十一月公開）について考えてみよう。この作品は〝三百万円映画〟の第一号と考えられる。しかし、〝ピンク映画＝三百万円映画〟という考え方はまったくの勘違いである。それは、若松孝二監督の第一作『甘い罠』が百八十万円で作られていたという事実により証明された。ほとんどピンク映画を貶めるために、その低予算をあざ笑うために言われてきたのが〝三百万円映画〟という言い方だった。当時の独立プロの予算もさまざまで、百八十万もあれば、大作で一千万円で作ったピンク映画もあった。

成人映画指定が開始された五五年五月、指定第一作は『若夫婦なやまし日記』（東宝・田尻繁監督）だった。順を追い指定作品を見ていくと、当時の邦画大手六社（東宝、新東宝、大映、松竹、日活、東映）の作品を除けば、五六年の『売春』（中央文化映画）が初めて成人映画指定リストに登場するが、この映画は記録映画である。次に五八年一月から国映の「ショー映画」がリストに登場する。さらに見てゆくと、劇映画初の大手作品でない指定映画が小林悟監督の『肉体の市場』（六二年二月公開）であることが分かる。

結論から急げば「ピンク映画第一号」とは紛れもなく「摘発第一号」の栄誉にも輝やいた『肉体の市場』であることが判明した。

小林悟と『肉体の市場』については前述の通りだが、なぜ、こうも回りくどくピンク映画第一号について検証したかと言えば、いままでのピンク映画の過去に対する記述が勝手な推理や推測の域を出ないものに終始していたからである。連載の一回から四回まで、その創世期に絞って展開した。中間的な総括として、今回はピンク映画の第一号の周辺をさらに炙り出してみよう。

友人が古本屋で見つけ出してきてくれた一冊のエロ本がある。薄汚れ角は剥がれかけたこのエロ本「別冊内外実話四月特別増大号」（一九六二年四月一日発行）に、なんと『肉体の市場』の原作が載っていたのである。表紙の特価七十円とある横に「映画化決定！　肉体の市場小林悟」とある。六十六ページから七十二ページまで七ページにわたって掲載されたその小説のサワリを引用してみよう。

環のきつい視線を避けるようにして木下は喋りはじめた。

「あの日、踊りになど行かなければよかったんだ。ボクは疲れてたし、余り気が進まなかったけど、春江さんがどうしても行こうと言うものだから……。

場所は麻布・六本木の『クラブ・ローザ』という店だった。ビート族とか野獣族とかいわれるハイティーンの巣みたいな店さ。ダンス曲だって、スクスクだとかツィストみたいなものばかり。ボクは二、三曲踊ると疲れてしまった。ボクが椅子に坐ると、春江さんはトイレへ行った。そして……もどって来た春江さんは、もとの春江さんじゃなかったんだよ」

「それじゃ、おねえさんはトイレの中で犯された、って言うの？」

「そうなんだ。それでボクは考えた。春江さんを決して嫌いになったわけじゃない。だがこのことは結婚しても生涯ボクらの念頭から消えやしないだろう。許すとか許されるとかいう問題じゃない。ボクらは結婚しても決して幸せになれない。そう思って、ボクはお互いのために婚約をとり消したんだ」

春江は木下に破約を言い渡された直後、衝動的にビルの屋上から身を投げたらしい。

＊　＊　＊

グループはリーダー格の健司を中心に、秀坊、三郎、譲二、それに三絵、夏子、洋子、百合の八人だった。

「おねえさんを犯したのは、健司か、秀司か三郎か、譲二か？　四人のうちの誰かなんだわ」

環は四人の男と代る代る踊った。

きゃしゃな環のからだを強く抱いて踊る健司。

「おめえくらいイカすスケは、この辺にはちょっといないぜ」

環はふふっとノドで笑った。

＊　＊　＊

「おねえさんごめんなさい。環は健司に復讐することができなかった。おねえさんが死んだのは、健司だけのせいじゃない。木下さんにも責任はあるのよ。将来不幸になるって決まってもいないのにおねえさんを捨てて……」

ドアが開いて、看護婦が入って来た。

「手術をはじめます」

環はベッドを降りて、看護婦の後に続いて部屋を出た。
これから環を待っているのは、あの妙な形をした掻爬《そうは》手術台なのだ。（END）

ビート族に犯され自殺した姉の復讐のために十七歳の妹・環が、自からの肉体を賭けて、犯人を捜し出す。だが美少女は犯人健司に、復讐することができなかった――まあ、そんな話である。美少女・環を香取環が演ずる。

ラストシーンは、映画では東京タワーを背に六本木の街のシラジラとした夜明けで終わるのだそうだ。監督自らの原作と映画作品とはやはり少し違うようだ。

ようだというのも当然、その映画を見ていないからである。だが、取材の際に小林悟監督本人から、本作の16ミリ版を一本だけ持っているということを聞いた。ただ一本だけ。プリントしたが、その後はほとんど上映したことはないと言う。何かの機会にこの作品を見るチャンスを作りたい。小林悟監督を動かし、「見せてあげますよ」という口約束を僕はよりよい形で実現したいと思っている。

それは、長くこの業界で撮り続けて来た小林悟の面白を躍如するのは間違いないだろう。フィルムライブラリーの埒外にあるこのフィルムの公開を小林悟監督にお願いしたい。そうすれば、年間三十六本という乱作の中で過去の栄光の形骸をさらす、小林悟というひとりの闇の中の映画人が甦るのではないか。〝ピンク映画第一号〟の神秘のベールは剥がされ、ピンク映画の未来への呼び水となるに違いない。

シネスコ版
イサベル・サルリ
南米の蛮地にうづく女体の肉欲地獄！★絶世の美女の大胆な露出美！
女体蟻地獄
肉体市場
スリルと興奮に酔いしれるビート族の群れ！

『肉体蟻地獄』『肉体市場』スピードポスター／大蔵映画配給／1965年

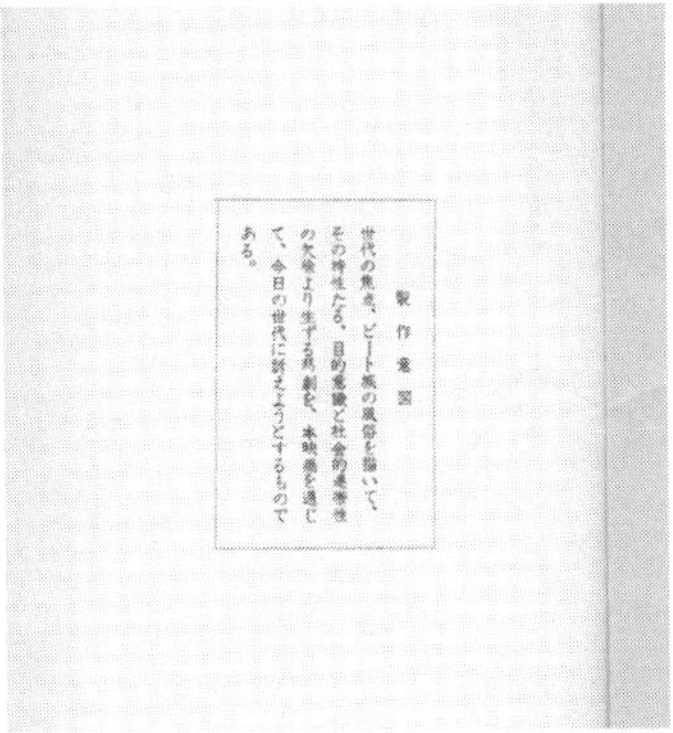

製作意図

世代の象徴、ビート族の風俗を描いて、その特性たる、目的意識と社会的連帯性の欠除より生ずる悲劇を、本映画を通じて、今日の世代に訴えようとするものである。

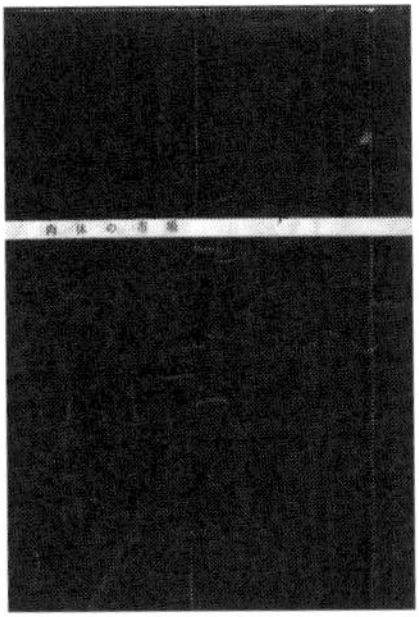

脚本『肉体の市場』の表紙と製作意図のページ

小林悟『肉体の市場』原作が掲載された「別冊内外実話」1962年4月号

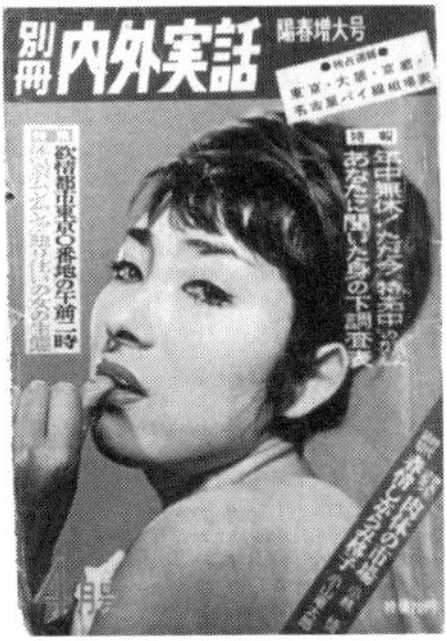

『肉体市場』と表記されている大蔵映画フィルムリスト（1967年版）

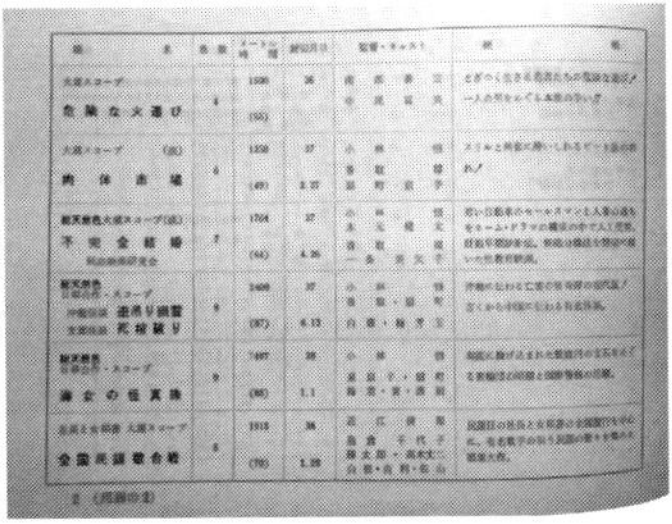

本書では村井実ほかの記述を踏襲して『肉体の市場』という表記を主に用い、補章Ⅰ小林悟監督インタビューのみ監督の発言に即して『肉体市場』という記述とした。公開時ポスター類など『肉体市場』の表記が多いが、マスコミ記事などでは『肉体の市場』の表記も多い。現存するフィルムのタイトルロールが欠落している現状から、表記の判断・統一は難しい。

Ⅵ　初期の女優たち

　ピンク映画は、さまざまなフィールドからさまざまに集まった男たち、活動屋たちによって始められたのである。そして、その活動屋たちが、銀幕に華麗に咲かせてみたのは、数多くの女優たちだ。

　〝おピンク女優〟と言われながらも精一杯映画俳優として、女として演技し奮闘した彼女たち。いまもなおピンク映画には続々と新人女優が登場してくるが、その最も初期のピンク映画の女優たちについて追ってみよう。

　サーチしたわけではないが、現在のピンク映画の女優さんたちは、劇団などに所属して芝居をやっていた人と、モデルをやっていた人などが多いようだ。だが、ピンク映画が作られ始めた頃はそうではない。松竹も日活も大部屋を持ちスターだけでなく男優、女優さまざまに抱えていた時代である。初期のピンク映画の女優さんたちは、まずそれら各大手の大部屋女優たちが狙われた。

〝ピンク映画第一号『肉体の市場』（小林悟監督）に主演した香取環は、日活出身。ミス・ユニバース熊本代表に選ばれ、上京して日活ニューフェイスとなる。小林悟監督の眼にとまり『肉体の市場』の主演をした時は、二十二歳。十七歳の復讐する少女・環を演じた。まさに彼女は〝ピンク映画女優第一号〟の栄誉をもって『不完全結婚』（小林悟監督）、『新婚の悶え』（沢賢介監督）、『甘い罠』（若松孝二監督）などの作品に出演、一躍〝ピンク女優〟の代名詞的な女優となった。日活で赤木圭一郎と同期だった彼女はその後演技派ナンバー1として約十年間ピンク映画に出演し続けた。数々の主演作品があるが、渡辺護監督の『おんな地獄唄・尺八弁天』（一九七〇年）や若松孝二監督の『性輪廻《セクサマグラ》・死にたい女』（七一年）などの名演は女優生活末期の作品となるわけだが、下手な上昇志向を持たず着実なピンク映画女優としてファンを楽しませ続けた女優だった。

若松孝二監督の『プレイボーイ』でデビューし、小川欽也監督の『妾』（六四年・国映）でスターとなったのが松井康子。彼女は、あるアングルからの表情が山本富士子にそっくりというので〝ピンクの山本富士子〟と言われ、マスコミ的にもスターとなった。松竹大船撮影所の大部屋女優だった松井をスカウトしたのは、若松孝二だという。テレビの助監督だった頃の若松孝二が「俺が、一本立ちしたらぜひ出てくれ」「ええ、いいわ。約束するわ」

と言ったのがきっかけだ。若松の『プレイボーイ』に出演した時は、まだ二十一歳で処女だった。処女にファックシーンの演出をすることになった若松は、松井の足の裏を抓ったりくすぐったり大変だった。

当初は松竹時代の芸名牧和子と松井康子とを使い分けながら多くの作品に出演、松井はピンク映画の看板スターとなる。小川欽也監督のデビュー作に当たる『妾』のヒットは、大きかった。彼女は、なんと母親が小笠原元男爵の出身で学習院高等部卒業という良家の娘だったそうだが、どことない品位とでも言うべきものが〝ピンクの山本富士子〟たらしめた要因だったのかも知れない。

松井康子は、それにとどまらず『神々の深き欲望』（今村昌平監督・日活・六八年）をはじめ東映ポルノ、日活ロマンポルノなどへ進出も果たした。さらに『愛のコリーダ』（大島渚監督・日仏合作・七六年）にも出演と近年まで活躍し続けている。

最近は出演していないが、別に辞めたわけではない。脇役として価値を評価されているからまた何かの映画で顔を見られることだろう。小林悟監督との同棲生活八年の経験もあるが、現在は独身。

もう一人大部屋出身の女優を紹介しよう。路加奈子、彼女もまた日活出身で若松孝二監督が見出して来た女優だ。『不倫のつぐない』でデビューした。それを見た武智鉄二が、自ら初演出する劇映画『白日夢』（第三プロ／松竹・六四年）の主演にと抜擢、ピンク映画にはもう一本だけ若松監督の『赤い犯行』に出演したのみとなった。ピンク映画経由で大手作品へ進出した手始めだ。松竹と専属契約を結び、『渚を駆ける女』（酒井欣也監督・松竹・六四年）の主演で売り出しにかかったが、作品的に恵まれなかった。その後も出演作に恵まれることなく、数年後には消えてゆく運命となってしまった。だが、路加奈子の出現は、ヌードで勝負すれば女だってあそこまでやれるというイメージを映画界の多くの人に与えることにはなった。

小林悟、沢賢介、小川欽也など新東宝出身のピンク映画監督は多い。六一年の新東宝撮影所の崩壊は、女優たちにもさまざまな運命を迫る。〝肉体〟と〝暴力〟で売った大蔵貢体制下の新東宝だけに人気女優も多かった。久保菜穂子、三条魔子、池内淳子、万里昌代、小畑絹子、高倉みゆき、三原葉子などである。彼女たちはそれぞれ他社の映画やテレビドラマなどにと移行していった。

例えば、グラマーなボディと脱ぎっぷりの良さで一時代を築いた三原葉子は、フリーとなって大島渚監督の『飼育』（パレスフィルム・六一年）に出演するのを皮切りに松竹、東宝、東映など各社の映画に登場した。

新東宝でそれら人気女優の脇で体を張っていた女優たちの何人かがピンク映画へと流れ

て来た。

その代表格とも言うべきなのが、扇町京子である。『肉体の市場』に香取環とともに妹役で出演した彼女は、当時二十二歳。新宿コマ・ダンシングチームの踊り子でもあったが、新東宝を経て大蔵映画を中心にピンク映画の数々に出演する。六五年には『やくざ芸者』（南進映画・志麻みはる主演）を監督する才能も見せ、ピンク初の女流監督と言われ活躍した。

新東宝からは女優だけでなく浅見比呂志、江波志郎ら男優たちもピンク映画に出演している。

可能かづ子は、大分県の高校を卒業した後、電通テレビタレントセンター、モデルなどを経て来たタレント志望の女の子だった。若松孝二監督『壁の中の秘事』（若松プロ・六五年）の演技で一躍有名になり、ピンク女優となる。初主演は『0才の女』（大滝翠監督・小森プロ・六四年）で、ピンク映画には数十本出演した。その後は一転、文学座研究生となって『私が棄た女』（浦山桐郎監督・日活・六九年）では、夏海千佳子の名前で出演した。可能は、大手一般映画やテレビ作品への進出を夢見てステップアップ、彼女はある程度の成功した例だろう。演技力には定評があった。

さて、松井康子はあるプロダクションに現在も所属しているからともかく、香取環、路加奈子、扇町京子、可能かづ子といったピンク映画が作られ始めた頃に出演していた女優たちのその後は果たしてどうしているのか。みんな、それぞれスナックや美容室やアパートやらの経営をしているのだろうか。誰か良い結婚相手が見つかり主婦となっているのだろうか。筆者には、それを探し当てる術がいまのところない。というより銀幕を去った彼女たちの、ひとりの人間としての人生にいまさら割り込んでみる必要もないかも知れない。それでも、当時から彼女らピンク映画女優を見出し育てて来た人々の証言によって、彼女たちのいまではほとんど見ることも語られることもない幻の女優たちの実像に近づければと思う。だが、それは後のテーマとしよう。

ここで挙げた五人の女優たちは、対照的な生き方を見せたピンク映画創世期の女優だ。彼女たちに続けとばかりに、六五年から始まる〝エロダクションブーム〟で何人もの女性たちが銀幕に裸を披露する。内田高子、新高恵子、谷口朱里、美矢かほる、飛鳥公子……。「この群小プロのなかで代表的なのが国映プロだが、この社の映画製作を例にとるだけでも、他のおおよその製作方法の見当がつく。国映プロの『鉛の墓標』の場合はこうである。スタッフは二十人ほど。一日三十カットから五十カット、徹夜も普通で、一時間半ものを十日間で撮ってしまう超スピードぶり。企画、シナリオ、撮影、アフレコと完成まで一カ月一本二百万円から三百五十万円の製作費で、確実に三倍は儲かるのだから、こたえられませんーーということになる。こうなるとヘタな大映画会社よりソロバンがうまいわけだ。

直営館などというものはないから、自主配給で、ポスターとスチールを持って全国各地をセールスして歩く。これがまた地方の映画館では引っぱりダコ。『フィルムがないのに、矢の催促を受けるんですよ』と某セールスマン氏の話だ」（内外タイムス文化部編『ゴシップ10年史』三一書房）

かくて、ピンク映画は第一次の黄金時代を迎える。

大蔵映画、国映、日本シネマ、内外フィルム、第七グループなどに加えて、轍プロ、葵映画、ユニモンド、扇映画、東京企画、ＩＯＦプロ、六本木映画、東京三映社など次から次からエロダクションは誕生し、ピンク映画は量産体制時代の幕開けとなった。

六五年、松竹は時代劇映画の名門だった京都撮影所を閉鎖した。いよいよ日本映画は斜陽の道を歩み出すのだが、それとは逆にピンク映画の隆盛は勢いに乗っていた。六四年に行われた東京オリンピックを機に、東京の街は新・旧が変わり新たな装いを見せていた。ツイストからモンキーダンスへと流行もまた変わる。六本木や新宿が若者の街となるのと逆に、ストリップや軽演劇の盛んだった浅草は寂れ始める。どの街にも、ピンク映画を専門で上映する映画館が増え始める。

映画を求める大衆へ、映画で儲ける作り手たちは、裸で夢見る女優たちを駆使して群雄割拠する。

しかし、ピンク映画の異常なブームに時の権力もまた黙っていたわけではない。一九六五年ある事件が起こることになる。

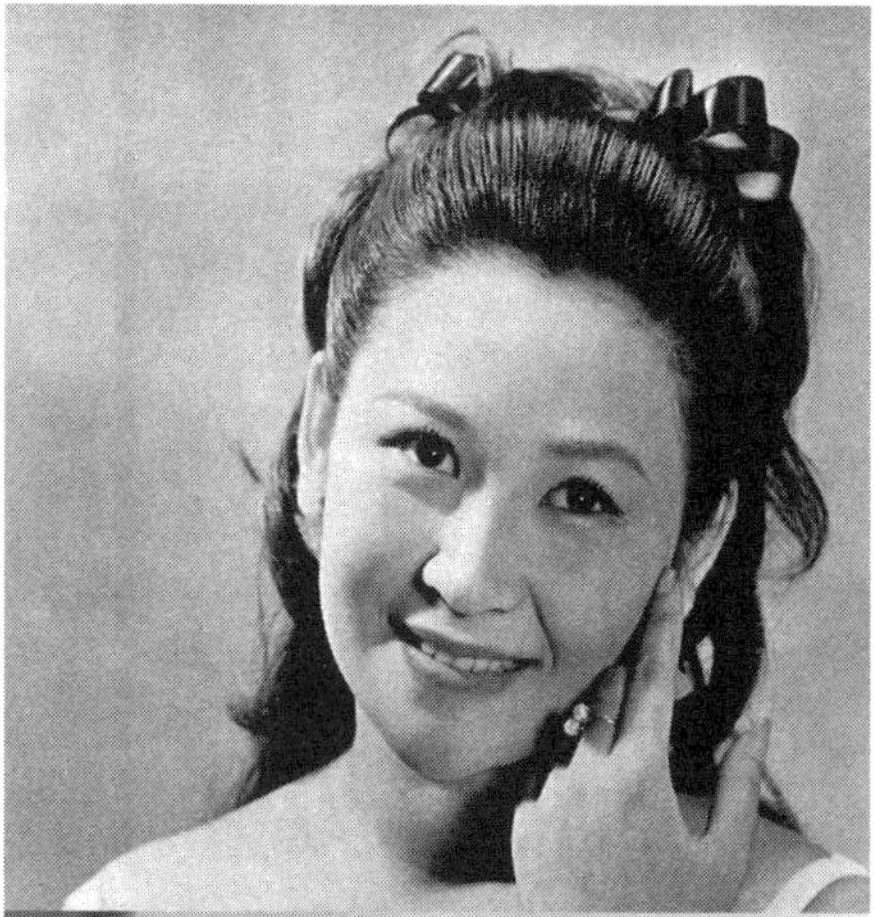

香取環／当時の雑誌より

松井康子／『危険な戯れ』より

Ⅶ　『黒い雪』事件と武智鉄二

武智鉄二は、一九一二年大阪に生まれた。財閥の御曹司として育ち、京大経済学部でマルクスとフロイトを学び、卒業後三年目から演劇評論家として出発、戦時中には「断絃会」という古典を守る会を組織したのに続き、戦後は一九四九年に「武智歌舞伎」を創始して古典歌舞伎の再検討を謀る。中村扇雀、市村竹之丞、實川延若らを育成、またオペラ、前衛演劇、ヌード能、ストリップ舞踊などを多様に演出し、演劇界の異端児として注目を集めた。常に、独自の演劇論を説いて憚らない人物だ。

その風変わりな天才演出家・武智鉄二が、独自の理論を引っさげて映画界へ進出して来たのは六四年、『白日夢』(第三プロ・路加奈子主演)からだった。前年に『女・女・女物語』(佐野芸術プロ)というドキュメンタリーを監督したが、本格的な映画演出は『白日夢』が始めてだった。それも配給が松竹であったから当時、業界の内外を問わず人々を驚かさずにはおかなかった。

松竹側は城戸四郎社長が『白日夢』公開に反対を表明、武智は当時すでに隠居の身ながらカクシャクとしていた大谷竹次郎会長と話を進めた。ついに未知なるものへの興味が大谷会長を揺り動かして契約は成立、映画『白日夢』は松竹系で全国上映される。

「『劇場でお客にマスターベーションをさせてやる』と、公言した武智鉄二氏の監督による映画『白日夢』が封切られた。宣伝部のキャッチフレーズではないが、全シーンの六〇パーセントがハダカ……情交場面の暗示とサディズムいっぱいの映画には声も出ないほどだ。」（週刊現代「天才芸術家はエロ気違いか？」、一九六四年七月二日号）

六四年に入ると、ピンク映画の製作数は六三年の約三倍の本数が作られた。所謂〝エロダクションブーム〟へ突入。不況の一途を辿る大手映画各社とは反対にその勢いは凄まじく、〝忍者商法〟とも〝パルチザン部隊〟とも言われるほどであった。人々が、性への欲求にようやく辿り着くまで戦後日本の時間は流れたのだ。

『白日夢』は、松竹が買い上げた千六百万円の約二十倍の興行収益があった。それは『赤い殺意』、『肉体の門』といった他社のエロティシズム映画をはるかに上回る数字だった。

「『白日夢』だって十年前から考えて来たことで、すぐやれるかどうかわからないが、美空ひばりを裸にして三島由紀夫さんの〝潮騒〟をやりたいと思っています。」（週刊現代、一

九六四年七月二日号）

豪語する武智鉄二は、同年八月には『白日夢』と同じく谷崎潤一郎の原作で『紅閨夢《こうけいむ》』（第三プロ／松竹配給・柳美那主演）を完成。『白日夢』に対する世論の風当たり、当局の干渉、管理委員会の体制強化指示等の動きに、武智は、さほど驚いた様子も見せなかった。『紅閨夢』の映画化を発表する記者会見の席上では「衣裳あわせは致しません。なにせ、全篇裸なのですから」と、例によってマスコミを喜ばせた。

「『紅閨夢』は、谷崎潤一郎の『過酸化マンガン水の夢』によるというので、映倫では谷崎全集をひもといたりして、準備態勢をとったが、〝全篇裸〟などという武智発言には、正直いやな気がした。」（遠藤龍雄『映倫・歴史と事件』）

遠藤龍雄という人は、五四年から六八年まで映倫事務局にあって審査の実際を見て来た人だが、武智鉄二による攻勢はそれまで例のないものだったと見え、その著作には映倫内部の動揺が細かく記述されている。

興行成績は『白日夢』に比べてもうひとつ良くはなかった。それに苛立ったかのように、武智鉄二は映倫に再審査を迫るのである。武智鉄二が問題としたのは、憲法二一条の問題である。そのカットの仕方が表現の自由に抵触するという訴えだった。〝再審請求〟は受理されなかった。

「下痢はカタルシスです。下痢の感覚にはセクシュアルなものがあるかもわかりませんが、下痢というものは割合おもてには出てないのです。食べすぎたという位のところで。便所の中にレッド・ピーツが浮かんでおり、それが段々過酸化マンガンの色に変ってくるという、この小説の描写は割合夢が移り変っていく時点として面白いと思ってとりあげたんですけど、映倫でカットされました。そこがカットされたのはどうしてもわからないのですが。」（映画芸術「『紅閨夢』における私の映画芸術論」、一九六四年十月号）

しかし、武智鉄二の映倫に対する抗議は、表現の拡大を目指しつつもそれまで〝具体的基準〟を持たなかった映倫に、審査のディテールまで方針化させることになった。それは、題名、予告篇等にも及ぶものだった。自主規制機関たる映倫は、そうしてようやく独立した動きを始めることになる。

「こんどの『黒い雪』の制作に際して、私は戦前の特高警察時代と同じ体験を、味わう羽目になった。

この『黒い雪』は、反米帝国主義の作品である。私は芸術活動に入ってから今年でちょうど二十五年になるが、その間終始、民族主義者としての立場をつらぬいていた。

この思想は、私の古典演劇芸術探求の途上において、創造的体験のなかから、必然的に醸成されたものであって、今日急にＡＡ民族主義運動の影響で、付け焼刃的に生れたものではない。民族主義の主張は、私の血肉なのである。」（映画芸術「私の民族主義と『黒い雪』」、一九六五年七月号）

次の『黒い雪』（第三プロ／日活配給・紅千登世）編集の段階で書かれたこの文章で、武智鉄二は、ＣＩＡや警視庁が動いていると叫んで、ある予感を語っている。

六五年五月二日、横田基地でクランクインした『黒い雪』は、五月二十二日完成。六月四日日活試写室において映倫審査通過。翌六月五日、新宿日活ほか日活系直営十九館で有料試写会が行われた。六月七日、高橋誠一郎映倫委員長は日活試写室で見たフィルムに強い不満を示して再度試写の後十四ヵ所の再カットを要求、日活側の自主カットとなる。六月九日、日活系全国一斉公開——何ごともなく大当たりとなるかと思った矢先の出来事だった。

六月十六日、武智宅、第三プロ、日活本社、新宿日活が突如、家宅捜索された。容疑は刑法一七五条、猥褻文書図画公然陳列罪である。警視庁が問題としたのは、改訂前の有料試写会で上映されたプリントだが、新宿日活からは上映中の改訂版プリントが押収された。

六月十七日、永山国家公安委員長は、映倫に対し「かかる事態が再び起らないように」

と申し入れ、警視庁は映画館主団体である興団連に自粛を要望した。映倫においては、審査に当たった二名が書類送検されることとなる。

「昨年夏頃にもこの種の寝室映画が続出し、映倫の改組も問題にされたことがあった。その時の映倫の態度は自己反省よりも逆に、表現の自由を守るという姿勢であった。他人の寝室を覗いてみせたり、下劣な性衝動を扇動することを言論表現の自由とするならば、それは日本の知識人や文化人を侮辱するものである」（読売新聞「社説」、一九六五年六月十九日）

マスコミによるキャンペーンが始まった。

邦画大手のエロティシズム映画路線、ピンク映画群の台頭を背景に登場した監督武智鉄二は、かくて権力マスコミ一体となった総攻撃の渦中に置かれる。それは、激増しつつあった映画群への権力側からの警告でもあった。スケープ・ゴートと言うべきなのだろうか。性表現に思想的背景を執拗に説いて譲らず、過激な姿勢を貫く武智鉄二の対応について追ってみよう。事件は、取調べを経て、十二月二十五日に起訴に至り、半年後の六六年七月二十九日に第一回公判が開かれる。同日、武智鉄二は声明を発表した。

「『黒い雪』の裁判がいよいよ開始されることになりました。

この映画は日本をとりまく政治的現況を東洋におけるベトナム問題もふくめ、芸術の形式を通じて、国民にアピールしたいと考えて、私が創作したものです。

この映画を発表すると同時に、ベトナム問題に関する日本の世論や、日本人の戦争危機についての考え方が、非常な高まりと深まりを示し始めました。その意味で私が『黒い雪』を制作した目的は十分に達せられたのでした。しかし、このことは逆に反動主義者たちの『黒い雪』への攻撃をも招来しました。彼らは『黒い雪』にワイセツの名をかぶせて宣伝することによって、この映画の思想的な主張をぼかし、焦点を風俗問題におきかえて、すりかえようと試みたのです。

その役割を引受けたのが、戦前、日本を全体主義化・警察国家化することに大いに務めた検察庁なのです。だから、この裁判は、思想の自由・表現の自由を国民の手から奪いとろうとする検察ファッショとの戦いであり、それを背後から操る反動勢力・植民地主義者・超国家主義者・帝国主義者たちとの争いであるのです。」

一審公判はほぼ一年間行われ、三島由紀夫、大島渚、小川徹、瓜生忠夫、井沢淳、吉田幸三郎各氏が証言台に立った。やがて六八年七月十九日には、無罪判決が出る。「芸術か猥褻か」を主として争った『黒い雪』裁判は、映画が法廷へ持ち込まれ国家によって裁かれる始まりとなった。

判決文は〝猥褻ではない〟との見解から無罪となり、その後二審判決も一審を支持して無罪になるが、国家はすでに『黒い雪』を摘発・起訴することで、ピンク映画を先頭とする映画群への威圧を強めることに成功していた。

ところが反面、ピンク映画はより人気を呼んでますます製作本数は増えつつあった。

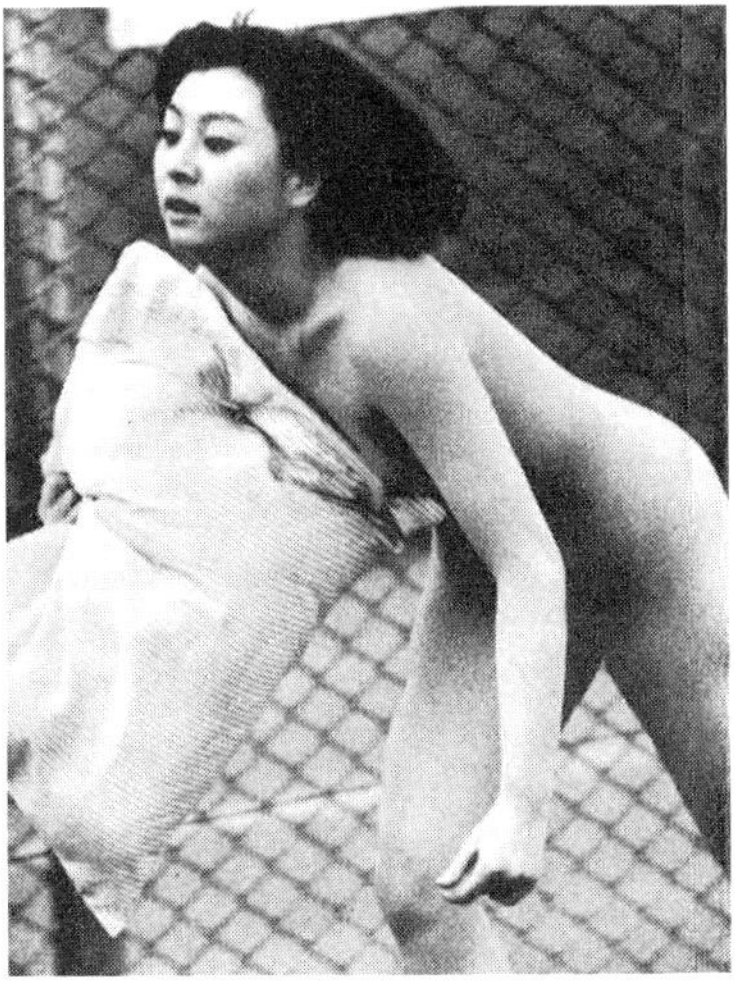

『黒い雪』／武智鉄二著「裁かれるエロス」より

武智鉄二／「エロチシズム芸術と武智映画作品集」（1967年）より

Ⅷ　エロダクションブームと月刊「成人映画」

「映画が続く限り、映画のエロティシズム・シーンは限りなく描かれる。ここに東西の女優のセクシー・シーンを〝徹底的〟に紹介し〝エロティシズムのおとなの天国〟を謳いあげよう。それがこの雑誌の狙いだ」そんな巻頭言を掲げて月刊「成人映画」が創刊されたのは、一九六五年七月だった。

『白日夢』の路加奈子が表紙を飾る創刊号は、「映画のプレイボーイです」と鼻息も荒い。『黒い雪』が摘発された直後だった。六五年、ピンク映画の製作本数は、六四年のほぼ三倍の数に達する。六四年の約百本が一挙に三百本に膨れ上がった。エロダクション＝独立プロが乱立し、巷にはピンク映画が氾濫した。数年後、乱立を極めたエロダクションが自然陶汰されるまで、その第一次ブームは続くことになる。

ピンク映画ブーム開始の号砲とも言うべきなのが、月刊「成人映画」誌の発行と『黒い雪』摘発事件であったと筆者は思う。

新作紹介、グラビア、こぼれ話、評論など成人映画の話題が満載されたこの小冊子は、六五年七月から七三年十月まで発行され続けた。

通算九十三号を数えた各号を見て行くと、さまざまなピンク映画に関する出来事が記録されていて、いまでは貴重な資料として興味深い。つい読み耽ってしまうほど、月一回のピンク映画の移り変わりが克明だ。この「ZOOM－UP」の母親のような雑誌を編集・発行していた川島のぶ子は元「映画芸術」誌編集部員で、ピンク映画名付け親の映画評論家・村井実をオーナーに「成人映画」は創刊された。

いまでもピンク映画の試写には二人揃って現れる川島と村井だが、村井実をバックに「映画芸術」を退社した川島のぶ子が女性の手で立ち上げたピンク映画専門誌は話題を呼んだ。

少し創刊号の内容を点検してみよう。

表紙の路加奈子に続いて、巻頭グラビアは『ちんころ海女っこ』（前田陽一監督・松竹）に出演した扇町京子。その後数ページにわたって「七月のスクリーン・エロティシズム」と題して新作紹介。若尾文子、藤原いさむ（内外タイムス文化部長）、浜美枝、田宮二郎、花村禎次郎（映画評論家）らの創刊に寄せた祝いの言葉などがあり、内田高子の当時としては悩殺の極みのようなグラビア、緑魔子の折り込みセミヌードなどと続いて定価百円でかなりの充実ぶりだ。通信販売と映画館での販売を主としていたというから、映画を観に来た客が、パンフレット代わりに買ったのだろう。宣伝も行き届いて、当初は極めて好調なスタートだった。

いまのように「ZOOM－UP」など類似誌のない時代だからマニアックな映画記事も他に類なく好評を呼んだ。

新作紹介欄には、『黒い雪』が載っている。面白い短文なので全文引用する。

「『白日夢』で話題をまいた武智鉄二監督の第三作。映画館で少女をペッテングしたり、黒人と娼婦とのセックス、変態性欲、おばを輪姦したり、全裸で基地のゲート前を走ったり、警視庁にワイセツだと捜索され、映倫が泣いた問題作。監督武智鉄二」

『黒い雪』を巡る事件については前述したが、『黒い雪』が摘発・起訴されたのは、〝エロダクションブーム〟への牽制でもあったと考えられる。〝ブーム〟は観客大衆とともにあり、「成人映画」という月刊雑誌を発行させるまでに及んでいた。当時の権力が黙認しているはずはなかった。

機械化の進展の中で労働者にもようやくヒマができ始め、流行っていた歌は「こんにちは赤ちゃん」。人々は、ピンク映画に群らがった。そのエネルギーたるや東京オリンピックの比ではなかったろう。

『黒い雪』は、武智鉄二という異色の知名度と思想性において格好の標的だった。そう、『黒い雪』は、ピンク映画の身替りとして摘発された。

そして、それがまた歴史の節目となった。ピンク映画が誕生しようとしていた時の、第一号映画『肉体の市場』摘発事件、エロダクションブーム到来時の『黒い雪』事件、さらにはロマンポルノ登場時の摘発等々へと続くのではあるが、抑制を欠いた新しい動きが出て来た時には、警察あるいは検察が動くのである。こう見てくると、警察権力のやり方が実に巧妙であることが分かる。

ポイントを逃がさず、威圧的効果を充分考慮して動く。マスコミでのキャンペーンも必ず忘れない。しかし、日常的な規制においては寛容そのもので、まさにパンティストッキングの伸び縮みするが如し。アメとムチで性表現をその管理下に置こうと計算された戦略がある。それは、映画だけではなく活字や写真など他のメディアについてもほぼ同じだ。

もともと映倫は敗戦後、占領軍の指導の下に、日本映画連合会を中心に監督協会やシナリオ作家協会などに働きかけて作られた「自主規制機関」で、「検閲の防波堤」と言われていた。ところが五六年、所謂太陽族映画を巡って議論が起こった際に、マスコミから「業界のヒモツキ」と批難され、改組に至って製作、配給会社を中心に新たな組織が作られた。その時から日本映画監督協会やシナリオ作家協会は無関係となり、より強制力の強い団体となった。さらに今回の『黒い雪』事件を巡って形を変化させて行く。後に日活ロマンポルノ摘発とも関連し、ポルノやピンクに対する審査規準を制定して行く方向は、この頃から始まる。それは、まさしく警察権力による映倫の「ヒモツキ」化の歴史である。

武智鉄二は、初めて映倫に抗議を申し入れた人である。「映倫とは何か」を声高に叫んだ初の映画監督だった。だが、いまでは、その『黒い雪』裁判や日活ロマンポルノ裁判、また日本初のハードコア『愛のコリーダ』の身替りとして摘発された単行本『愛のコリーダ』を巡る裁判を経て、日本映画監督協会がかくの如き見解をもって映倫反対を声明するまでに至った。

私達は、すでに『刑法一七五条に対する見解』で述べた通り、いかなる表現でも、表現そのものに対する規制には一切反対であるから、基本的に映倫に反対である。（日本映画監督協会「『刑法一七五条』ならびに『映倫』に対する基本的見解」）

これは、七九年四月二十三日付で明らかにされた日本映画監督協会の声明文である。

映倫が現在、取り決めているのは「国家及び社会」「法及び正義」「宗教」「教育」「性及び風俗」についての規制である。

実情を言えば「性及び風俗」面の審査が大きな比重を占めており、換言すれば、刑法七五条に〝引っかからない〟ことが映倫の主要任務になっているのである。従って、映倫が主要任務を果たすためには、国家権力が十分満足する審査を行うことが必要であるから、映倫は必然的に国家権力と連動せざるを得ないのである。それが映倫の宿命である。

映倫は自ら、その役割を〝検閲の防波堤〟と称してきたが、〝防波堤〟とは、実は〝検閲の代行機関〟になること、すなわち、表現の自由の〝敵〟に転化することを意味するのである。（同）

全興連（全国興行生活衛生同業組合連合会）のリークによって、映倫マークのない映画は一般の劇場では上映できない状態にある今日、まさに映倫は〝敵〟以外の何ものでもない。映倫が警視庁の「ヒモツキ」化となったのは、太陽族映画を巡る議論に遡るが、改組された新映倫の体制固めに拍車をかけたのは、『黒い雪』事件の映倫審査員の取り調べによるところが大きい。それでも飽き足らず警視庁は、日活ロマンポルノの摘発、起訴において映倫審査員二名をも起訴する。

〝ポルノ解禁〟が叫ばれる中で、アメとムチはよりエスカレートし、監視下の〝解禁〟を準備しているのが実情のようだ。

映倫の発足からの変遷は、『映倫・歴史と事件』（遠藤龍雄、ぺりかん社）に詳しい。関心の向きは参照をされたい。

言うまでもなく、ピンク映画はピンク映画としてのみあるのではない。成人映画の一部として、日本映画の一部として確固たる存在だ。『肉体の市場』の摘発にしても、太陽族映画以後の映倫、警視庁の日本映画全般に対する思惑が絡んでのことだった。

そこで付け加えておきたいのだが、『肉体の市場』が第一号のピンク映画であると、本章第Ⅴ項で言い切ったが、それは、映倫審査を受けて成人指定とされた独立プロの初の劇映画だからという点に尽きる。それは村井実、川島のぶ子、また初期からピンク映画を見続けていた後藤敏（映画情報社）らの説でもある。

確かに、映倫を通過せずに公開された作品の中にはピンク紛いもあり判然としない。しかし、ピンク映画という規準があくまでも風俗的な、マスコミ的な言い方であることからして、映倫のリストに現れた一本目を〝第一号〟とすることが正当であるだろう。いや、拡大解釈するなら、日本映画のエロ化傾向を生んだ『にっぽん昆虫記』や『砂の女』もピ

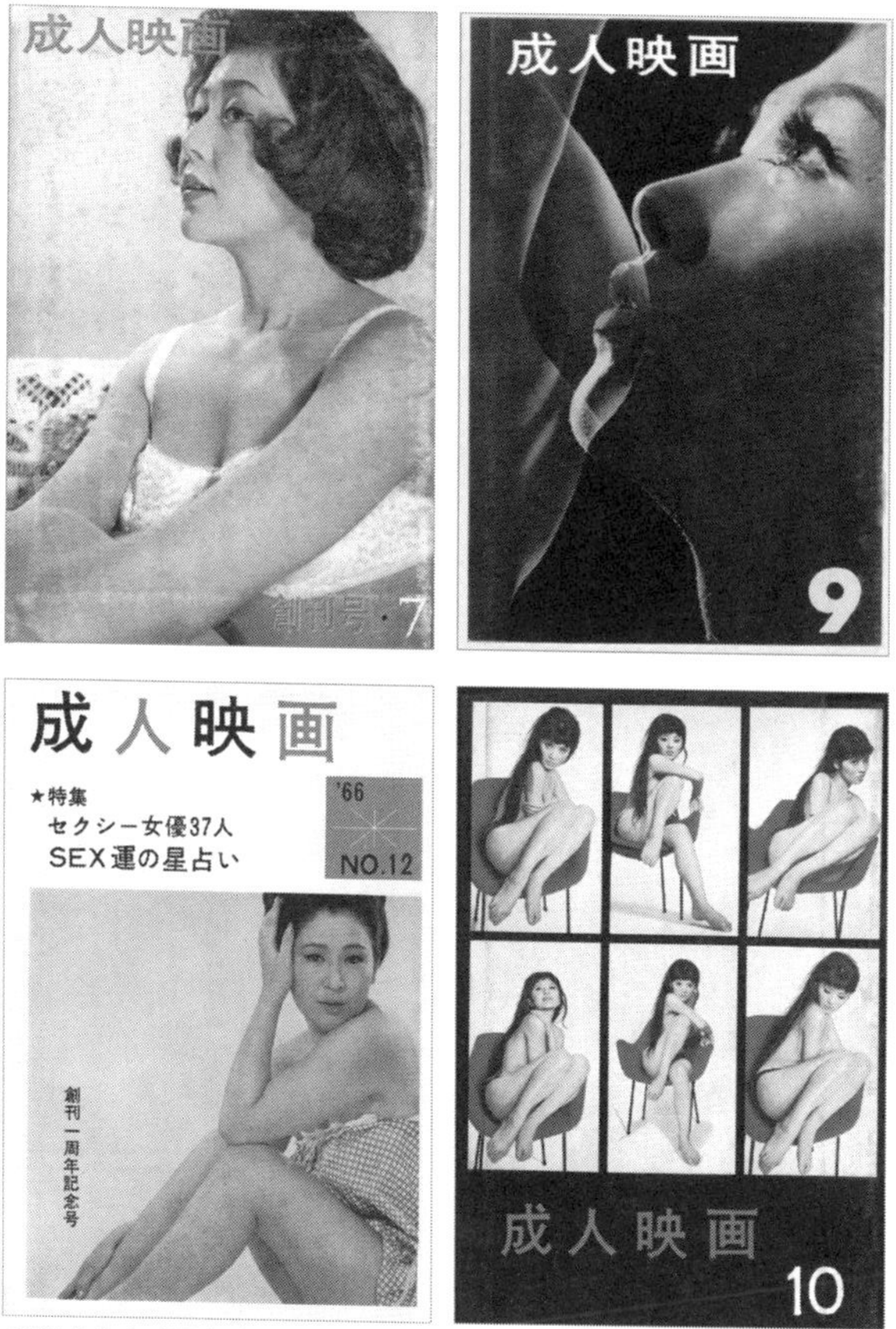

月刊「成人映画」表紙　（時計回りで）1965年7月創刊号、2号、3号、1966年10月創刊一周年記念号

ンク映画だと考えられる。それらは、所謂ピンク映画が登場する興行的下地を作った。それらをピンク映画〝第一号〟と呼んでも構わないのである。

以下、次章からは、個々のエロダクションとピンク映画のマーケットが形成される過程を追ってみよう。

路加奈子／月刊「成人映画」66年1月号より

扇町京子／『写真で見る懐かしの新東宝』（ノーベル書房）より

第二章
エロダクションとその時代

Ⅰ〜Ⅲ▽月刊「ヘヴィスキャンダル」1981年6月創刊号より8月号連載、Ⅳ▽「ズームアップ」2号掲載に加筆・修正。

国映製作の大ヒット作『妾』より／松井康子

I 国映小史

ズームアップ映画賞一九八〇年度ベストテン第二位の『少女情婦』、第四位の『ラビットセックス・女子学生集団暴行事件』、ともに企画製作は国映である。国映とは、ピンク映画ファンであれば周知かと思うが、聞きなれない名前の映画会社である。

国映とは、ピンク映画界では最も老舗の映画会社である。社長の矢元照雄は語る。

「この会社ができたのは、昭和三十（一九五五）年。教育映画を作るのが目的で作ったんだ。だから、名前が国映なんだよ。国の予算を貰って映画を作るかって考えた。その後、国が予算を出さないので民間だけでやろうということで三十五年頃まで教育映画をやったの。『総理大臣とわんぱく小僧』（関孝二監督）とか『光と風と子供』（野村企峰監督）とか、いろいろ十五本ぐらい作った。これはもう、文部省選定で。当時は映画館に映画が少ないから、どんどん売れたんだ、最初の頃はね。ところが、だんだん世の中がハデになってくると、そういう硬い映画ではダメになって来たわけだよ。それで、セールスが困ってね、映画館へ行くと『何かもう少し柔かいやつないか』と言われるから、『社長、どういうのでもいいから作ってくれ』ってね。そこで考えた。外国から当時よく外人のストリッパーが来たんだよ。それを使ってやろうってんで、カラーの三巻ものを作ったんだよ。これがまた客が一杯入るわけよ。それに気を良くして作ったのが〝女ターザン〟なんだ。要するに、女を裸にするにはどうしたらいいかと考えた。まず昔の映画で裸はターザンぐらいのもんだったから。その頃は、裸になるなんてことはもちろんできないんだから。それで群馬県の宝川温泉に行って、あそこでたくさん動物を飼っているんだよ。その動物を借りてね。山なんかもね、山に重油を焚いて、山を燃やしたんだよ。そこんとこを熊だ兎だってのが走ってね。関ってのは、もともとは動物映画の監督なんだ。虎の皮のフンドシを着けて『アーアー』ってやった。これがまた受けたわけだよ。だんだんお色気が欲しいって頃だから、お色気がちょっとでもあれば喜んで入るって時期だから。次々と入るから、作れば儲かるから。それまで損してたんだよ、三千万円。百八十度転回だよ、教育映画はパッと止めちゃった。教育映画では映画館へお客を呼べなくなった。最初は週刊誌なんかも随分取り上げたよ。国映って名前だけでお客がジャンジャン入ったんだから。映画館で松竹や東宝の三本立てに、うちの一本入れなきゃお客が入らないって。うちの映画が良いもんだから、雨後の筍みたいにお色気映画のプロダクションができて来たわけだな。エロダクションなんて名前も、そんなでできたんだ。」

女ターザン映画『情欲の谷間』（関孝二監督・峰和子主演）を国映が製作したのは一九六二年である。それまで、国映は主として教育映画を製作する硬い映画会社だった。

北海道で郵便局の局長だった矢元照雄は、敗戦後の混乱期に所有していた山から木材を一斉に切り出した。材木会社を始めたのである。都会の人々は焼けただれた土の上にまず雨露を凌ぐ寝起きする場所を必要としていた。材木は飛ぶように売れた。矢元は一躍資産家となり、北海道から東京へと出て来た。「何かをやって食べていかなきゃいけない」というので、金融業を始めた。映画会社国映を起こしたのは一九五五年。教育映画を製作・配給していた国映だが、五八年からは〝ショー映画〟に手を出す。

〝ショー映画〟とは、二巻（約十五分）〜三巻（約二十五分）で、当時のストリップのバーレスクショーを撮影したものである。例えば『ボンバスターショウ』『ピンクファンタジー』といった題名の作品があった。輸入作品を含めて国映は教育映画からお色気に大きく方向を変えた。時代の推移に合わせた映画作りを指向したのだ。

『情欲の谷間』『新婚の悶え』『激しい女たち』『おいろけ作戦』『情欲の洞窟』と続く本格的な劇映画のピンク作品を、国映は作り始める。それは〝エロダクションブーム〟へと繋がるのである。

「たくさん会社ができると、どうしてもダンピングが始まるね。ブームになって、落ちるわね。そん時ダメになったプロダクションは潰れてってる。ある程度ダメになった時期で落ち着いて来るね。そこで国映と日本シネマが一緒になって〝国映シネマ〟という会社を作り、製作・配給をしたの。だけど、月に二本の作品を持って歩くんじゃ弱いわけね。一本だけでは。だんだん景気も悪くなって資本もそう注ぎ込めないので、もう映画も止めようかと言ってた時期に大阪の新東宝興業が配給させてくれと言ってきた。当時、ＯＰチェーンというのが大蔵映画や関東映配などが一緒になってできて、それに対抗する形で、新東宝とうちと日本シネマと葵映画が一緒になった。」

ブーム下での国映の変遷について、製作部の佐藤啓子が話してくれた。

佐藤は、通称〝オネエ〟。国映のオネエと言ったら、ピンク映画業界で知らない人はいないといわれる有名女性プロデューサーである。

「大島渚や篠田正浩や勅使河原宏や若松孝二や今村昌平や……彼らが灯した火を消すな。彼らの切拓いた道を閉ざしてはいけない。

彼らに続け！　我々に続け！

炎を消すな！　鐘を打鳴らせ！

そして行け！　行け進め！」（キネマ旬報編集『ピンク映画白書「抑圧者への造反映画　矢元一行」』、一九六九年十二月）

激しくアジテーションしているのは、当時国映の専務だった矢元一行。またの名を朝倉大介と言い、ピンク映画創成期からプロデューサーとして活躍し続けて来た。

ピンク映画ブームの波に乗り、大阪、名古屋、九州、北海道と支社を開設し拡大した国映も、より着実な映画作りへと安定を計り、ピンク映画にまで波及した日本映画の斜陽を乗り切って来た。

だが、矢元一行の熱い言葉は、今日もまだ生きている。

『少女情婦』や『ラビットセックス・女子学生集団暴行事件』といった冒険的な作品を製作する志の中に、小水一男、磯村一路、飯泉大などと新人監督たちに場を与える勇気の中に、脈々と受け継がれている。

現在、国映は新東宝興業系配給作品のうち年間約十本を製作担当している。

六人の社員がいる銀座の本社で、佐藤プロデューサーは話し続ける。

「昔はね、裸にもなんなくっちゃいけないっていうんでね、撮影はほとんど地方へ行ってね。終ると地方の旅館でハデに打ち上げやったんですけどね。いま、もう打ち上げなんてやる費用も捻出できないっていう作り方をしてますでしょ、だからクランクアップしたって、打ち上げなんてあんまりやらないんですよ。

うちなんてのは、昔の気風が残ってるんですよ。腐っても鯛でね。小規模ではあるけど、未だに終ったら御苦労さんって集まってる。何て言うか、監督以下スタッフは、物を作り出す人って物凄くデリケートでしょう。だから、『あっ、良かったね』っていうコミュニケーションっていうのは大事なの。

国映で仕事やったんだけど、とても楽しかった、やり易かった、またやりたいという気持ちがね。こういう企画出したら喜んでもらえるんじゃないかって意欲につながるのよ、いま映画を作ってく上で、私はたまたま悪い時期に製作の仕事をやってるけど、やっぱり、一番考えなくてはいけないのがいかに仕事を楽しくやって行くかってこと。私は監督することができるわけじゃないから、変な言い方かも分かんないけど、どうやって監督を上手く使うかってこと。仕事をするのに、いかに良い思いで仕事をさせてやろうかって考えるのが、我々の仕事なんじゃないかな。」

この取材から一年も経たないうちに、国映の矢元一行専務が亡くなった。ガンのためだった。小水一男監督の『ラビットセックス』の打ち上げの席上で一度だけお会いした。大学映研の出身で父の下でプロデューサーとなった一行は、大手に負けない気概と斬新な企画や発想で映画作りに取り組んでいた。高橋伴明など多くの監督から、その活躍ぶりは聞いた。父の矢元社長よりも先に、その人生をピンク映画の青春とともに燃焼した生き方だった。御冥福をお祈りします。

矢元照雄国映社長

小川欣也監督『妾』(国映製作・配給／ 19664年公開)

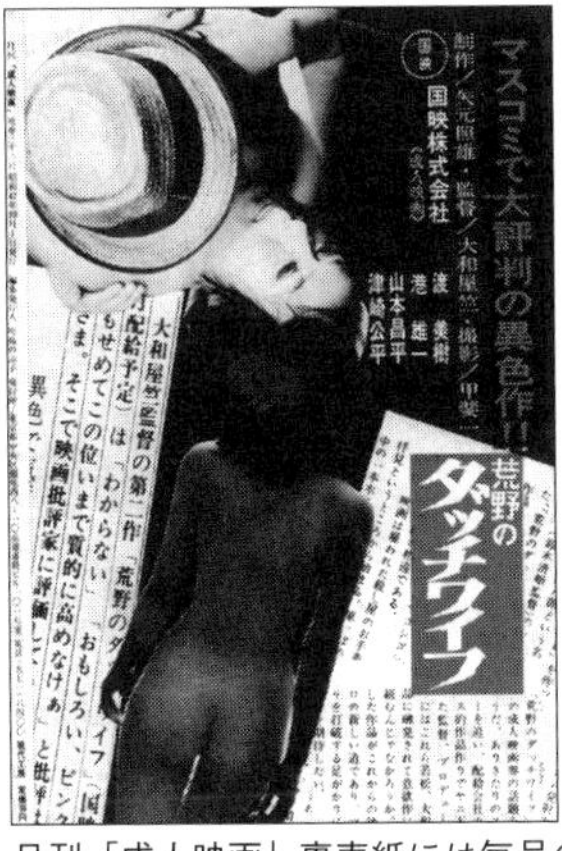

月刊「成人映画」裏表紙には毎号のように
国映作品の広告が掲載された

Ⅱ　大蔵映画と大蔵貢

大宅　映画界が生き残るための手段というものは……。
大蔵　思いきって、大手五社が集って、いっさいご破算にすることです。とにかく、製作をいちおうストップしろ。そして、みんな専属契約を解除して、そのうえで、プロデューサー・システムで再出発すべきである。ところが、それをいうと、そのゴタゴタに乗じて大蔵はひとりで稼ぎまくるつもりだろう、ムシのいいことというなっていわれる。（週刊文春「大宅壮一人物料理教室　エロダクション元祖のSEX哲学」、一九六五年十二月二十日号）

大蔵映画社長・大蔵貢が亡くなったのは、一九七八年九月十五日。急性肺炎で、七十八歳だった。
怪物――確かに大蔵貢を一言で語ろうとすれば、そんな形容がいかにも当てはまる。戦後の日本映画界を最底辺から揺さぶり続けたスキャンダルメーカーは、まさに怪物と呼ぶにふさわしい。

「いま封切っている映画が当たっているんですよ。ピンク映画、はじまって以来じゃないかね。題名ですか？〝性病の恐怖〟という輸入物なんですけどね」

大蔵貢氏は、いまやピンク映画の総元締である。

昨年四月から〝大蔵ピンクチェーン〟略して〝ＯＰチェーン〟というピンク映画の配給網を作り、ピンクプロダクションの大スポンサーをもって任じている。

昨年はじめに、大蔵氏はピンク映画の流行を見て、手持ちの大蔵映画の撮影所を使い、第一作『牝、牝』（筆者注『雌・めす・牝』の誤り）を製作した。製作費は三百万円、軽く五百万円を稼いで純益二百万円、大蔵氏はハタと手を打った。

以来、自社製作は八本、ＯＰチェーンでは、他のプロダクションから買ったものを入れて月に十本の配給を行っている。チェーンは、大蔵氏手持ちの三十数館の小屋を当てているのである。（財界「ピンク映画とボーリング場・金儲け一途、大蔵貢の新商法」、一九六六年五月一日号）

映画界立志伝中の大蔵貢が、本格的にピンク映画を作り始めるのは一九六五年からである。『雌・めす・牝』（小川欽也監督／久爾さとる主演）を自主製作し、他のエロダクションと競うようにピンク映画業界に乗り出して来る。

すでに協立映画で製作した小林悟監督作品『肉体の市場』や外国映画のお色気物を配給していたが、製作に自ら乗り出したのは〝エロダクションブーム〟と歩調を合わせてのことだった。以来、大蔵貢社長率いる大蔵映画は、ピンク映画界の一方の雄として業界に君臨し続けることになる。


私が映画界に入ったのは、世の中が明治から大正に移り変ろうとするところでした。木曽の山奥に生まれ、天竜川の上流で育った私ですが、幼い頃からの望みは、芸能界に入ることでした。（毎日新聞「大蔵貢〝活弁新入生のころ〟」、一九五六年十一月三十一日付）

大蔵は、明治三十二年長野県に生まれている。

信州木曽谷の貧しい樵《きこり》の一家は、貢が小学校五年の時に生活に行き詰まって上京する。七人もの子どもたちを抱え、大蔵家は貧之のドン底だったという。父は日雇いに、長男貢は住み込みの工員として働くことになった。貢は上京後、麻布広尾町の小学校に籍を置いたが、やむなく中退するよりなかった。

貢は、町工場の工員、新聞配達、納豆売りと職を変えながら芸能界への夢を広げて行った。浪花節語りに憧れ、当時の桃中軒雲右衛門を追いかけ回し、再三にわたり〝弟子入り〟を志願するも素気なく断わられた。昼夜を分かたず、時には押入れに潜り込んで、浪曲全集を頼りに練習に励んだ甲斐もなく、貢は、次に歌舞伎役者を志す。毎日のように楽屋に顔を出しては当時の梅幸、吉右衛門に〝入門〟を迫ったが、これも駄目だった。

十三歳の春、活動の弁士を志願する。貢にとって、工員や商店の小僧といった仕事は男のやる仕事とは思えなかったのだ。だが、弁士もすんなり行ったわけではない。子役専門の見習弁士として入った麻布一の橋館で、三ヵ月後に受けたテストで「子役にしてはドラ声で使いものにならない」と不合格。その頃、三つ四つあったという〝活動大写真〟の地方巡業団に加って貢は何とか弁士を続ける。ボスを中心に厳しい親分子分の関係だった一行から〝脱走〟して東京へ数ヵ月ぶりで舞い戻って来た貢は、大枚一円五十銭を投じてフロックコートを買った。赤坂の葵館に現われた貢は、フロックコートを着こなして見るからに少年弁士であった。身なりを整えることで自分を弁士として高く売り込もうと考えたのだ。思惑通り、銀座のコンパル館と並んで洋画専門に上映していた赤坂の葵館に弁士として就職することができたのだ。赤坂、浅草、新宿、そしてまた浅草と弁士修行を積みながら、貢は一流の弁士として成長する。

貢は、生活は倹約に倹約を重ね辛抱強く頑張った。やがて、経営不振に陥っていた浅草の千代田館を買い取り、劇場経営者となる。千代田館では自ら弁士兼任、弟子や実弟など総勢八人で実によく働いたという。

「物を言う活動があるんですがね」

「よし、買った！」

千代田館は、日本最初のトーキー映画で一挙に名を上げた。サイレントからトーキーへ。映画は移り変わり、時代の波とともに、興行師としてさらに貢は大きくなっていく。

昭和十三年日活常務、代表取締役を経て、昭和二十六年には南星合名代表社員、昭和三十六年からは富士映画、金竜興業の各社長となった。

大蔵貢が、新東宝社長となるのは昭和三十年十二月。同三十五年十二月に辞任するまでまる五年間、傾きかけていた新東宝映画の社長として、大蔵貢は辣腕を振るうのである。

怪物の最も怪物たりえた時期だった。

大蔵貢社長のワンマン経営は、勇ましかった。しかし、そこから『明治天皇と日露大戦争』の空前の大ヒットが生まれ、沈没目前の新東宝を浮上させる。

新東宝の大蔵貢社長が七月二十六日、記者会見をやり、コトあるたびにウワサされていた〝皇后女優〟高倉みゆきとのスキャンダルに対して〝真相〟なるものを発表した。「高倉みゆきは私の二号だった女で、月々二十～二十五万円を私のポケットマネーからやっていた』という驚くべき内容のものだが、われわれは一体その〝真相〟をどう理解すればよいのか。単に天皇皇后映画に涙を流した観客の問題だけではないのだ。そこにはカンゲイすべからざる日本映画界のビランした姿の一端が、はしなくも顔を出したとも見える。（週刊新潮「愛人高倉みゆきとの三年間・大蔵貢社長の語る真相」、一九六〇年八月八日号）

大蔵貢の最高潮期に属するこのスキャンダル事件は、続けて起きた横領事件と相まって、大蔵貢社長辞任へと発展した――。

だが、大蔵はそれで映画界を去ったわけではない。富士映画を母体に大蔵映画を起こし、〝ピンク映画有用論〟を掲げて、ピンク映画界に自分の根拠地を作り上げてしまう。

天皇からポルノまで、儲かると思えば飛びつく動物的なまでのカンと行動力が大蔵貢という人物の身上だった。

七十五歳の時、公称一億円の大作『人類の性典』を日活ロマンポルノに対抗して製作した。その時、こう怪気炎を上げた。

「いや、私が性典をやっても不思議じゃありません。天皇は日本人にとって永遠のテーマ、性もまた永遠のテーマじゃありませんか。」

大蔵の発言は、雲を摑むような空論のようでありながら、いつもしっかりと的を得ていた。日本映画界が生んだ怪人だが、こんな怪物映画人は、再び出ることはもうないだろう。

大蔵貢　『わが芸と金と恋』より

週刊文春　50

特別レポート①

国民必見の"性と人間"

「明治天皇」以来の大当りとは!!

「明治天皇」と「皇太子」が新東宝を救った——映画通の間にはこんなことがササヤカれている。

世をあげての結婚、出産ブームにのって、お産映画が大ヒット。配給元の新東宝では「明治天皇と日露大戦争」以来とホクホク顔だが……

四億円はカタイ

「明治天皇」以来の大ヒットといわれた新東宝作品『性と人間』／週刊文春1960年5月2日号より

Ⅲ　エロダクション・統合と分離

エロ本を読み耽る人と、ピンク映画好きの人との間には大きな違いがある。

エロ本を読む時間は、いくつかに限定される。昼飯を食べた後の休息時、夜寝る前の一《ひと》時《とき》、テレビあるいはラジオがまったく面白くない時、その三つがほぼエロ本を読むに費やしうる時間である。なぜなら、人はそれ以外の時間、労働しているからなのだ。

ピンク映画を観るためには、疲れた身体をオールナイトに運ぶようなことをしない限り、昼間それなりの時間を作って映画館へ足を運ばねばならないのである。〝ズームアップ映画賞〟の審査員を見れば、すぐ分かる。そのほとんどが暇を持てあます学生なのであるでなければ自由業と称する人たちなのである。

これでは、断絶がそこに存在しても不思議はない。エロは、偉大だ。エロは〝商品〟である。訳が分からなくても、エロであれば勃起する。それを分かろうと努力する。分かって勃起しようと努力する。なんと人間の勤勉であることか。だからエロ本の内容は、もっともっと難しくても構わないかも知れない。でも、観れもしないピンク映画の話題をこれみよがしに、語り合う若者たちは鼻持ちならない。それは、もっともなことである……。

エロダクションの盛衰は、エロの宿命を物語っているのではないか。誰かが新しいエロに手を染める。続いてそれが儲かると分かれば、次々にいろいろな人たちが手を出し、限度を超える。〝ブーム〟は終わり、定着するべくして残るものだけが残り、他は消え去って行く。資本の論理において、それは至極当たり前のことなのだ。エロを必要とする人々の許容範囲にも当然限度があるから、無限にエロ産業が伸びたり拡大することはない。ひとつのアクションがあれば、必ず伴うリアクションがあり、取り締まりの側もそれを熟知している。だから、エロはエロたりえているのではないか。

ピンク映画も、エロ産業のひとつである。

国映と大蔵映画の軌跡は、ピンク映画を製作・市場サイドからとらえるのに重要である。

国映は、ピンク映画誕生の引き金となる『情欲の谷間』（関孝二監督・一九六二年）を製作した。それまでの教育映画製作から一転してお色気あるいはエロを狙う新商法であった。矢元照雄社長には勝算があった。映画界全体にエロティシズムに向かおうとする流れがあったことを察知していた。あまり儲からない教育映画に代わって輸入した〝ショー映画〟を配給するようになっていた。輸入物が当たるなら、自分たちで作ればもっと当たるかも知れない。赤坂などのナイトクラブでストリップショーを撮影した短篇のショー映画を製作・配給した。それらは、予想以上に当たった。

そこで劇映画『情欲の谷間』が作られることになる。ではなぜ『情欲の谷間』が映倫による成人指定を受けていないのか？　性表現がドギつくなかったからか？　ほのぼのとした作品だったからか？　いや、そうではあるまい。国映の佐藤プロデューサーはハッキリとは語らないが、要するに映倫に提出せずに配給していたのである。

「その頃は、映倫とか別にキチンといまみたいになっていなかったからね。」

国映には、映倫審査にフィルムを提出せずに輸入物を配給し、それが猥褻罪に問われた例が何度かあるという。

「あたしはね、ある時みんなが警視庁に逮捕されちゃってね、仕事をする人がいないっていうので助っ人に来たのよ。それまでは普通のOLやってたのよ。」

佐藤啓子プロデューサーは、国映の社員が社長以下全員逮捕されてしまった時に、急遽手伝いにやって来て、そのまま社員になった。

「あんまり昔のことで忘れちゃった」と言うが、国映はかなり警視庁に睨まれていたようなのである。今日のように、エロに市民権はなかった。たぶん『情欲の谷間』は映倫の審査に提出されていなかったのだろう。故に成人映画に指定されていないのだ。

『情欲の谷間』は、国映独自のルートで全国的に上映されバカ受けした。国映作品で成人指定を受けるのは、映倫の記録によれば『新婚の悶え』（沢賢介監督・六三年）が初めてだった。二本目の女ターザン『情欲の洞窟』からは映倫審査を通過して、成人指定を受けていることが映倫の記録でもハッキリしている。教育映画から転換した国映の新商法は大成功、以後エロ一筋の会社となる。国映は、エロダクションの元祖なのである。

大蔵映画の場合は、少々異質だ。大蔵貢は新東宝社長就任以来、一方で『明治天皇と日露大戦争』（渡辺邦男監督・五七年）といった戦争大作を作るが、もう一方で数々の〝エログロ路線〟と呼ばれた作品群を製作した。『女王蜂』（田口哲監督・五八年）、『白線秘密地帯』（石井輝男監督・五八年）、『狂った欲望』（小林悟監督・五九年）などの低予算でセックス描写を売りものにした作品が続々と登場した。

「映画は、見せ物である」という発想の大蔵貢の映画製作は、常にスキャンダラスだった。『明治天皇と日露大戦争』で皇后役に抜擢された女優高倉みゆきは、大蔵貢の〝二号〟と言われた。久保菜穂子、三条魔子などの〝肉体派女優〟も育てた。『肉体の市場』を撮った小林悟、『新婚の悶え』の沢賢介、『妾』でデビューした小川欽也、後にピンク映画で活躍する監督たちが新東宝からは多く出ている。

スタッフも役者も新東宝からピンク映画へと流れた人々は多くいた。エログロとスキャンダラスな映画作りは、そのままピンク映画へ移行する。

一九六五年からの〝エロダクションブーム〟では、年間三百本以上のピンク映画が生み出された。日活の『にっぽん昆虫記』（今村昌平監督・六三年）の大ヒットに刺激され、松竹の『黒い雪』（武智鉄二監督・六五年）の摘発事件を誘発し、東映の『徳川女系図』（石井輝男監督・六八年）からの五社系ポルノ路線を呼び起こすという日本映画界激動の三年間であった。六八年、東映、日活がなりふりかまわぬポルノ路線を敢行してピンク映画に打撃を与え、〝エロダクションブーム〟は去った。

エロダクシヨンは、それぞれ結束してチェーン化され東映や日活に対抗する。統合と分離の渦中で、弱小プロダクションは消えて行った。能力ある監督を中心とした製作者集団と、数多くの劇場を有する配給会社だけが残った。

その後は七一年の日活ロマンポルノ登場まで、ピンク映画界全体に大きな変化はない。ブームの渦中から渡辺護、向井寛、山本晋也といった監督たちが生き残り注目を集めた。若松孝二とその一党は、よりユニークな映画作業を押し進めて行く。

ピンク映画水滸伝は、また新しい展開へと向かう。

最後に新東宝興業について触れておこう。

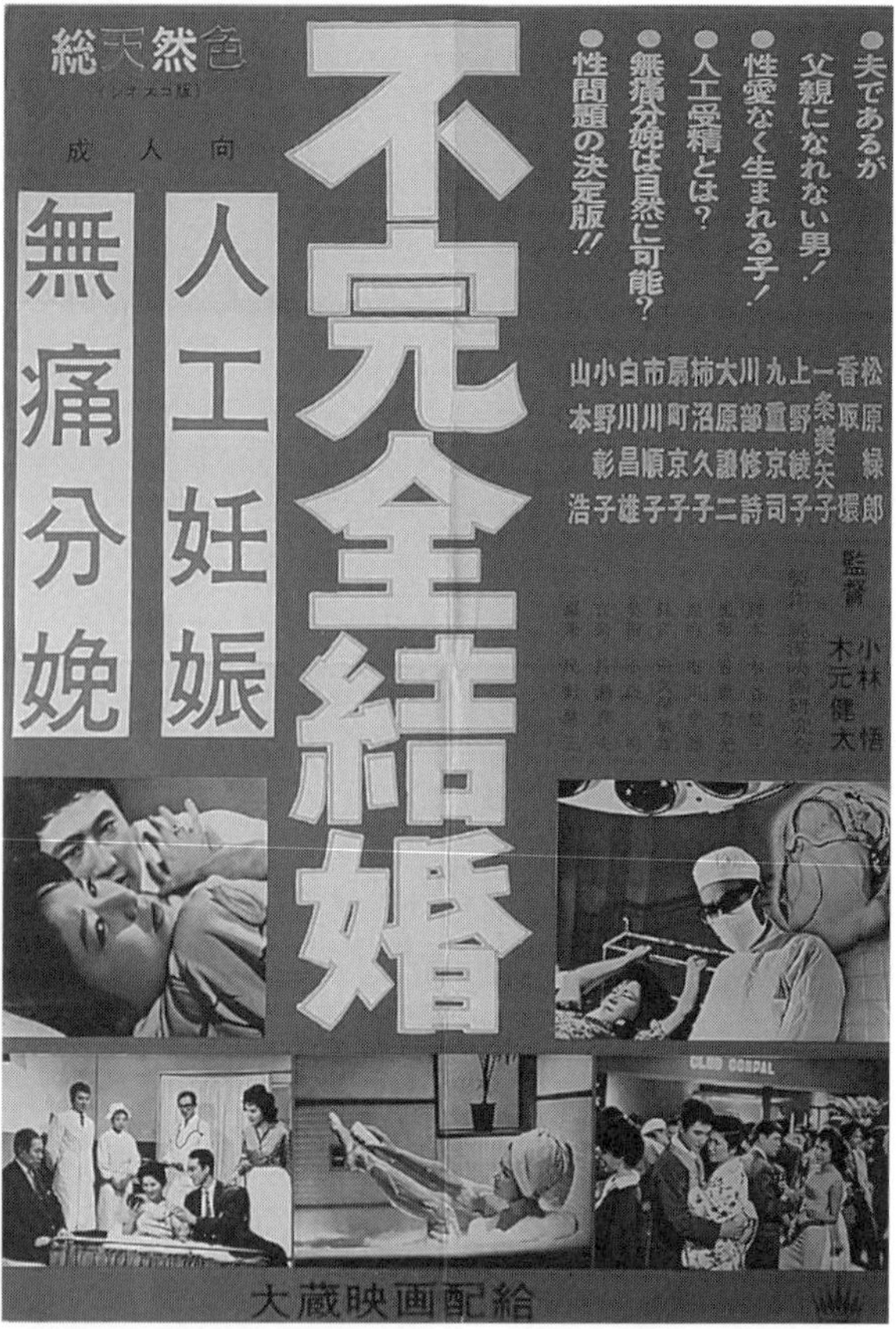

大蔵映画の成人指定映画第二作だった『不完全結婚』（純潔映画研究会製作／1962年）

八二年現在、一ヵ月に四本、年間四十八本のピンク映画を配給しているのが新東宝興業である。解散した旧新東宝に勤めていた営業部員らが、ピンク映画の配給をしようと起こした会社で関西に本社がある。自社製作もするが、国映、葵映画、若松プロなどのプロデュース作品も配給している。公開本数的には大蔵映画とほぼ同数で業界を二分している。

これに、後発だが意欲的な作品を配給するミリオン、獅子プロ作品を中心に配給する東映セントラルがそれぞれ月に二本、松竹系の東活が小林悟作品を軸に月に三本を公開している。にっかつの買い取りによる配給作品を含め、ピンク映画の年間製作本数は二百本を少し上回る。

Ⅳ ピンクプロデューサー・大井由次

「当時、映画館に入ってね、ドアがねぇ、開いたままだったね。客が一杯でね。僕らが観に行ったって、観られないんだもん。ドアが閉まんないんだ。途中から行くと、その映画が終わるまで観られなかったね。一杯で入れない。

当時は、製作費が一週間も新宿あたりの劇場で掛ければ元が取れた時代だもの。もの凄い入りだった。いまや考えられないですよ。」

ピンク映画創世期、いかに客が集ったかを大井由次は目を輝かせて語るのだった。

大井由次、四十七歳。名刺には〝現代映像ゼネラル・プロデューサー〟〝青年群像代表・プロデューサー〟とある。

〝現代映像〟はにっかつ配給を中心に、〝青年群像〟はミリオン系を中心に、ともに今日現在活躍し続けているピンク映画の独立系製作プロダクションだ。

小諸次郎というペンネームで、脚本を書き、監督もするが、本業はあくまでプロデューサーだ。コンスタントにピンク映画専門で作っていた時期もあるが、いまはPR映画などと半々だ。

「成人映画だけじゃ飯食えないしさ、いろんなことやらなきゃならない。成人映画やって借金を残してるみたいな形だね。成人映画の借金は、成人映画じゃ埋め合わせできやしないよ。」

大井由次は、もともと〝日米映画〟という映像製作会社にいた。製作担当として助監督がかける公衆電話の十円まで計算して予算を組んだ。テレビ映画、PR映画、教育映画、さまざまな映画の製作を担当した。

そんな大井由次が、六五年、国映で『やめてくれ』（河村治彦監督・渚ヒロ子主演）というピンク映画をプロデュースするまでには、いろいろな経緯がある。

「その頃、俺はテレビ専門だったからね。成人映画なんて、全然やる気なかったんだけどさ。若松孝二がね、東京企画の三田と組んで成人映画を作ってたんだ。俺がね、その時、テレビでゴチャゴチャしちゃってさ、番組から退いてたんだよ。そこへ、若松が『大井さん助けてくれ』って泣き込んで来たんだよ。『どうしたんだ?』って聞くと、『いや、三田んとこで組んで三日ばかり撮影したんだけど資金がなくなっちゃって、後が続かなくなっちゃった』って言うのよ。『で、どの位撮ったんだ?』って言うと、『フィルムも現像されたのもある、それを観ることもできるし……』て言うんだ。『それじゃあ!』ってんでね、若松を国映のオヤジさんに紹介してあげたのよ。国映の矢元社長が、これから成人映画をやろうという時にラッシュを観せたわけだよ。僕は安サラリーマンだし、若松も金がなくてさ、二人で時計を質屋に入れてラッシュの試写室をとってね(笑)。

若松は、俺がテレビで『矢車剣之助』というテレビ番組をやってた頃、助監督で来たばかりだった。まあ、仲間内っていう気があったからさ。助けてやれるんならって思ってさ。それで、国映のオヤジさんが観てね、『ああ、これだったら後続けて金を出すからやりなさい』てことになって、若松は国映でやるようになった。」

大井は、教育映画の関係で知り会いだった国映に若松を紹介した。国映は、教育映画からピンク映画へと方向転換をしようとしていた時期だった。

「俺が、成人映画の製作に入ったのはね、〝日米映画〟ってところがなくなっちゃって、〝テアトル〟ってところでテレビ映画を作って、『娘の結婚』かな、東宝の作品だ。

それから岩波映画に行って、羽仁進さんなんかと12チャンネルの『ハローCQ』っていうアマチュア無線の話を作っててね。その時に僕が呼び集めたスタッフがいて、テレビが一本終わると仕事がなくなっちゃうわけなんだ。おい、映画やるぞって集めといて、ハイ、ここで十三本終わりました、二十六本終わりましたっていうと後はもう誰も知らん顔なんだ。僕はまだ給料貰ってたんだけど、一緒に働いていた連中が『大井さんなんかないか？』って来るでしょう、岩波映画にさ。テレビ映画を俺がすぐに撮るわけにはいかないんでね、声がかかんなきゃやれないんだから。だけど、『それじゃ、一発やるか！』って言うんで作ったんだ。当時は、ピンク映画なんて名前付いてなかったからね。

若松なんかやってるところへ我々だけで喰い込んでね。俺は一本だけ作るつもりだったの、そん時には。それで、『やめてくれ』っていう映画を作ったんだ。ところがね（笑）、なんってったってそれまで子どもの教育番組を撮ってた連中だからさ、裸なんてのは全然意識してないから。俺自身もね。でき上がった映画は、びっくりするようなカタイ（笑）、いま観りゃ教育映画ですよ（笑）。いま掛かっている『泥の河』なんてのよりも、もっとおカタイ作品。国映さんがびっくりしちゃった。村井実さんとか『映画情報』にいた後藤敏さんが観て、『これは、映画じゃない』って言うんだよ（笑）。つまり、成人映画じゃないという意味なんでしょうね。

でも、これは、認める人は認めてくれたからね。ウチの監督のところへ、野村芳太郎監督から電話がかかって来てね。『砂の器』の予算が高くなって、どうしても松竹の社長さんがハンコを押してくれなかったんだろうね。あれを三百万円で作れるんなら一緒にやらないかって。監督の河村が一人で行くのコワイから一緒に行ってくれと言うんで、俺も行って、一時間か二時間話して予算まで組んだ覚えあるよ。それでも、それはやりましょうってことにはならなかったよ。まあ、その後、野村芳太郎は十年ぐらい頑張って『砂の器』を作ったよね。」

『やめてくれ』を監督したのは、『ハローCQ』でチーフ助監督をしていた河村治彦。チーフは、当時セカンドだった山本晋也。山本晋也は、その後、まもなく、日本シネマでピンク映画の監督になる。山本晋也、二十六歳。

「だからね、成人映画が出てくるもとというのは、いろんなのがあるね。新東宝が潰れて、セールスが映画館があるんだから何とかして組織を残そうということでやって、残ってる新東宝興業さんみたいな会社。お金を貸して、金を返してくれないんでプリント押さえたけれどこのプリントで何とか元をとらなきゃって知り合いの劇場に持ち込んでさ、それから映画の配給や製作に手をだんだん出し始めた国映さん。そこから別れて、俺もやっぱり映画の配給をやろうって始めた、国映のセールスをやってた鷲尾さんの日本シネマ。旧新東宝をぶっ潰した大蔵貢さんが、やっぱり儲かりそうだって始めた大蔵映画。まだ、その他その連中が始める前にコチョコチョやってた人間もいるのよ。

それはどの辺の系列で来てるのか分からんけどね。ある館主さんからお金を引き出して

大井由次プロデューサー

大井由次監督作品『禁じられた性』（1966年公開）

来て映画を作ってそっちへ流したりとか、当時、よく分からないけれどもなんかコチョコチョ始めてましたよ。結局、細かいのはどっか行って潰れちゃってね。まあ、でも十何社かは残ったんだな。

それらが最終的には大蔵に吸収されたり、新東宝に吸収されたりしてね。いまも国映とか日本シネマとかは一つの窓口としてはあるけれど、後はみんなどっか行っちゃった…。」

感慨深げに大井由次は語り続けた。ピンク映画という一群の映画たちは、こうして日本映画の最底辺から湧き起こり、淘汰され、やがて消えていった。それが運命だった。

『やめてくれ』から十六年、一本だけのプロデュースのつもりがどっぷりとピンク映画に足を突っ込んでしまった。

「また新しいモノを探していかないとね、業界も固まっちゃったからね」と言う大井由次に、いまもなお映画変革の志はあるようだ。果たしていまのピンク映画にとって、新しいモノとは何なのか？　ATGをはじめとするメジャーへの進出なのか、ポルノビデオという市場なのか。それは、まだ大井自身にも明確にはとらえきれてはいないようだった。

第三章 ピンク映画黄金時代

＝▽月刊「ズームアップ」１９８１年４・５月号連載、他は底本書き下ろしに加筆・修正。

『情事残酷史』（1968 年／山下治監督作品／野上正義）

I　小川欽也と新東宝

「若松なんか、七〇ミリの大作を大蔵で撮ったでしょ、『太平洋戦争とひめゆり部隊』（六二年・小森白監督）っていうの。一年以上かけて撮ったんだけど、そん時若松孝二はカチンコを叩きに来ていたんだから。バカ松！　なんて怒られてたんだ。その若松が監督をしたっていうんでね、えー、バカ松が監督したのかよって言ってたんだよ……。」

この時期、忘れてはならないピンク映画監督が、もう一人誕生する。

小川欽也、ピンク映画ファンなら御承知かも知れないが、いまや大蔵映画の首領《ドン》的存在。衰えない多作ぶりで知られるベテランである。今年四十八歳。

小川卓寛、小川和久……ペンネームを駆使しながらも大蔵ピンク一筋。そもそもは歌舞伎俳優を父に持ち、その道を志すが肉体的に恵まれず、中央大学を卒業した後、フリーの助監督となる。連合映画、富士映画、京都映画、日本電波映画等を渡り歩きながら、渡辺邦男、渡辺裕介、近江俊郎、小森白、小林悟ら新東宝の監督たちに付き、その大蔵貢体制下の新東宝で育ってきたのだから、大蔵ピンク一筋もまんざら頷けなくもない。

テレビ映画で監督になっていたが、新東宝解散後、小林悟監督の『肉体の市場』にチーフ助監督で付く。それを手始めに国映で『妾』（六四年・牧和子）を、同じく国映で『独立グラマー部隊』をと、いわゆるピンク映画を監督することとなる。

「『肉体の市場』の助監督を、どうしてもやってくれってんで。コバちゃん（小林悟）の新東宝時代からチーフ助監督をやってたから、仕様がないんだろうってんで付いたんだ。安い予算で、何かとタイアップで、一緒にストリップ映画か何か撮ったんだよ。それでギャラ一本分っていうことで。そんな安い映画できるかよ！　って言ったんだけど、それもくっつけて正規に一本分のギャラ払うからやってくれって。それで、じゃあやろうかって……。それがピンク映画の最初かな。

でも、その頃、僕、テレビで監督やってたから。ずっと、テレビをやってたの。たまたま、国映に直俊一っていうテレビの製作屋が製作部長でいつのまにか収まってね、監督に逃げられちゃったから、そんで、助けてくれって言って来たんだよ。僕は、京都へテレビを撮りに行く予定だったんだけど、渋谷の駅前の喫茶店で会って脚本を見てさ。それが、『妾』だよ。シネスコの映画撮らしてくれるっていうんで、テレビよりいいだろうって思ってね……。」

「さて、例の〝羞恥嫌悪の情〟さほど初心《ウブ》な折、アタクシ、映画界始まって以来初の〝映倫カット〟監督というクンショウをもらいました。あれは確か『妾』と題する一作、金貸しの親父が妾《メカケ》をせっかんし犯す場面で、親父が上半身を受け持ち、下男の小人が下半身を受け持つ、いわゆる〝代理性交〟というやつです。当時はこれが一大センセーションを巻き起こしてフィルムはズタズタにカット。

ショックと言えばショックなんだが、なに、転んでもタダじゃ起きませぬ。うまい具合に、主演の松井康子クンが斜め前から撮ると山本富士子そっくりの顔立ちのうえに、彼女、学習院出身の、いとやんごとなきムードときてる。封切前から話題騒然、興収をあげて、これは会社の〝高官〟たちがエビス顔でありました」（週間大衆「マエバリ無用四十八手」より、小川欽也一九七六年～七七年連載）

〝映倫カット〟と〝ピンクの山本富士子〟松井康子（牧和子）の話題性で稼ぎまくった『妾』、儲けさせたんだからもう一本撮らせろと言って当時評判の岡本喜八監督『独立愚連隊』をパロッて撮ったのが『独立グラマー部隊』。二本のピンク映画を国映で撮っても、小川欽也は判断を決めかねていた。果たしてこのピンク映画のバカ当たりはいつまで続くのだろうかと考えていた。

しかし、そんな小川欽也をピンク映画に走らせる出来事が起こる。すでに小林悟監督でピンク映画を撮っていた大蔵映画で、その小林倍と大蔵貢社長がモメたのである。その時呼ばれたのが小川欽也だ。

「大蔵映画でもって、小林悟監督が社長とぶつかっちゃってね。呼び出されたわけ。おまえも映画撮ったそうじゃないかってね。それで撮ったのが、『雌・めす・牝』という映画なんだ。社長がどうしてもやれって、大蔵にいままでいたんだし、これはおまえ、大蔵最後の映画になるかも知れないからやってくれって言ってたの。大蔵社長が、三百万円で映画できるそうじゃないかって言うんだよ。それで、できますよってわけで。ネグリジェ歌手だった内田高子を使ってね。TBSでゼネラル石油のCMをやってた女の子を引っ張って来て、脱がせちゃった。ゼネラルとモメたりしたけど（笑）。硫黄島の戦闘場面なんか入れて、正月に封切ったんだけど、これがすげえ大ヒットしたのよ。

そしたら大蔵が、こんなに儲かるんならどんどん作れってんでさ。社長も、小川ドンドン作れって言うわけよ。大蔵映画がピンク映画を始めたきっかけだね。それで、毎月一本ずつピンクを撮るようになった。で、上手い具合に撮る作品が次々ヒットしちゃったからね。でも、当時は撮影所もあったし、セットも新東宝の第二撮影所がそのまま残ってたんだから。よその三百万とは違うんだ。大蔵の三百万は五百万以上のスケールの作品になったからね。それでどんどん撮った。それ以来、大蔵さんに離さないって言われてね。年間何億って儲けさせたからね。ウチのチーフ監督だと言われてね、死ぬまで大蔵社長と付き合った。未だに大蔵のメイン監督みたいなことになっちゃってさ、いまもって撮ってるけどね。もう二百本以上になるわな。もう、ねえ……。」

一九六四年暮れに撮影し翌新春公開した『雌・めす・牝』（内田高子・久爾さとる他）は、大蔵社長を狂喜させる大当たり。それまでためらいのあったピンク映画路線本格化を英断させたのであった。かくして、大蔵映画と小川欽也の運命は決まる。一心同体となって今日まで、ピンク映画の世界に君臨する。

大蔵貢亡き後、大蔵貢の息子が跡を継ぐ現大蔵映画にあっても、小川の発言権は強い。美矢かほる、谷ナオミ、辰巳典子、二条朱実、三条まゆみ、原悦子など、育てた女優は数知れない。それでも飽き足らぬとみえて、同じく新東宝出身である松林宗恵監督とともに〝日本芸術センター〟でタレントの養成にも当たっていると言う。

時には台湾へも渡り、現地スタッフを指導して映画を監督している。

いわく「台湾の映画は、日本より十年遅れている」。フリー時代の仲間が多数渡り、映画製作をしている台湾では「センセイ、センセイ」と大歓迎されるそうだ。怪談映画など異色作もいくつかあるが、その作風は、極めてオーソドックスだ。

小林悟、本木荘二郎、三輪彰、沢賢介、若松孝二、そして小川欽也、さらには『日本拷問刑罰史』(六五年・小森プロ・松島洋子)でピンク映画に手を染める小森白などピンク創世期の監督たちは、新東宝撮影所の経験者が多かった。

「『このあいだ古巣の撮影所に寄ってみたら、すごく活気があるので驚きました。むかし、一緒に仕事をしてきた助監督の諸君や現場の仲間たちが、テレビ映画では日本一の会社にするのだと張切っているのです。うれしかったですね』──これは、新東宝から東映に移り、大当たりの〝ギャング路線〟で東映現代劇のドル箱になっている石井輝男監督の話。

その新東宝撮影所では、新築早々の製作部室で黒板いっぱいに書かれた製作スケジュールを指して、並木製作部長が『この通り、現在放映中の連続テレビ映画は〝パパの育児手帖〟〝柔道一代〟(以上TBS)〝チャンピオン太〟(フジテレビ)の四本、準備中のものは〝パパと歩こう〟など三本。テレビ映画のプロダクションとして、数のうえではようやく日本一になりました』と胸を張った。スタジオのなかでは佐野周二さんの主演でホーム・ドラマ〝パパと歩こう〟の撮影が進行中。背中合せのセットでも、単発の一時間ドラマ〝若い火花〟を撮っている。映画界きっての〝働き者〟と以前から評判だった、この撮影所の人たちがあわただしく動き回り、人数がやや少ないことを除けば、劇映画をつくっていたころとちっとも変わりない活発さだ。劇映画用の大きなステージ四棟は東京映画とＮＨＫに貸し、撮影所の敷地の半分を日本大学に売り、その資金で仮設も含めて七棟のテレビ映画用のステージを建て、設備は整った。近く新築披露パーティーを盛大に開きたいと、春がよみがえったように明るい表情だった。」（朝日新聞「よみがえる新東宝」より、一九六三年三月二十四日付）

新東宝の撮影所は、今日の国際放映である。

〝働き者〟〝映画バカ〟といわれた新東宝のスタッフたちは、概ねテレビへと移動していった。テレビの急成長は、それほど加速度的だったのである。

にも関わらず、相変わらずの〝映画バカ〟といおうか、〝エログロ路線〟が体に染み着いたゆえといおうか、テレビに背を向け、ピンク映画監督として一本立ちしていく一群の男たちがいた。彼らは言ったことだろう。

「低予算？　どうってことないよ。」

そして、ピンク映画は始まった。

他社やテレビへ移っていった大監督やスターたち、さまざまに飛散していったスタッフたち。なのに――。新東宝がまさに潰れようとする時、〝最後の従業員たち〟は、こう語っている。

「予算はだんだん少なくなっちまうし、スタジオは焼いたり富士映画にもっていかれたり。超勤手当の節約てんで残業もできない。おまけに、一週間のものを四日で仕上げろとくる。どだい、ムチャなはなしですよ」——大道具の高橋仁造さん(42)

「ライトをもっとあてたいなんて思ったって、製作費の節約とかでそのままキャメラをまわしちゃう。ロケに行けば、なるべくライトをつかわないようにというんで、明るいうちは七時だろうと八時だろうとメシ抜き。こたえますよ」——照明係のFさん(29)

「映画資本家というのは、文化的な人であってほしい。映画をつくるのに、ナベやカマをつくって売るセンスじゃ、たまりませんよ。『明治天皇』はよかった。映画に天皇をもってきたという点でね。しかし、次に同じ戦争ものをやるなら『独立愚連隊』(東宝)のような企画をたてたらどうですか。続けて天皇をひっぱり出すという古さ、なぜヒットしたかという分析がないんです。皮相的な考え方しかできないんです」——助監督の高橋繁夫さん(29)

「お恥しいはなしですが、わたしの月収は妻子三人の手当を入れて一万八千円ちょっと。しかし好きで入った道です。仕事にやり甲斐がありゃガマンもします。ところがこのごろ

小川欣也監督／中央のサングラス　『妾』撮影現場にて

小川欣也監督作品『好色妻』／1967年・ワールド映画／林美樹

の映画─わたしゃ試写をのぞいたこともありません」──大道具の矢口文男さん（39）

（いずれも週刊スリラー「新東宝・最後の従業員たち」より、一九六〇年十一月十一日号）

切り詰めるだけ切り詰め、もう映画じゃないとまで言わせしめた予算削減、大蔵ワンマン体制が問題となって、撮影所は火を吹いた。エログロ路線の新東宝にあって、問題はより深刻だった。渦中の栗を手にするように、撮影所を飛び出した男たちは、エロダクションと呼ばれた独立プロダクションへと流れて行く。

一群の男たちは、ピンク映画に手を染めた。儲かるからか。映画監督と呼ばれるからか。カツドウヤたちは、ピンク映画に立て籠もったのだった。

Ⅱ 渡辺護物語

少年は、映画が好きで好きでたまらなかった。それは〝カツキチ〟とあだ名されるほどだった。それというのも、自分の家が映画館だったのだから仕様がない。映画と一緒に育ったようなものだ。

「いろんな映画をもう浴びるほど観たね。阪妻、千恵蔵、アラカン、時代劇はたいてい観てるよ。大都映画の近衛十四郎、杉山昌三九、阿部九洲男、全勝、極東とかの安っぽいチャンバラとか、新興キネマじゃ市川右太衛門だな、そいから、内田吐夢の『人生劇場』とか松竹の『純情二重奏』とか覚えてるんだよな――そいから……」

映画の話になったら、後から後から出てくる。留まるところを知らない。あの映画のあのシーンはこうだったとか、あの映画のあの役者の演技はどうだったとか、始まったらもう止めるすべはない。そうなったら、さあどうぞ、しゃべってくれって感じで聞いているしかこちらはない。

少年時代、〝カツキチ〟とあだ名された渡辺護は、昭和六年、東京は王子滝野川の生まれ。その父親は映画館を経営していた。四人兄弟の三番目だった護少年の映画狂いは相当なもので、小学生の頃から小遣いを貯めては近くの映画館に入り浸り、小学六年からバスに乗って浅草へ行くことを覚え、神田の錦城中学校に進んでからは授業に出ず浅草あたりをうろつく毎日となる。

映画が好きとか一人で映画を観ると言ったら不良呼ばわりされた時代である。そしてまた、戦争という暗い時代に差しかかりつつあった。

「浅草は俺の故郷だ」と語る渡辺護は、当時、世の中は大東亜戦争で大騒ぎしているのに、一人で浅草の映画館や芝居小屋に入り浸り、六区やひょうたん池のあたりを徘徊する不思議な不良少年だった。

戦後、観る側から作る側へと転じてくるのではあるが、渡辺護にとって映画とは常に生きることそのものであっただろう。

王子で生まれて育った映画少年護は、兄の影響などもあって早稲田大学文学部演劇科に進学した。入学するとほぼ同時に八田元夫演出研究所に入り以後八年間、通い続けた。高校から大学にかけて、文学に、左翼に、そして演劇にと傾き、よく学びよく遊んだ。

やがて、岡本愛彦に抜擢されてテレビの東芝日曜劇場の主役へ、そして大映のニューフェイス。テレビの助監督をやったり脚本を書いたりしていた時期もある。

そんな渡辺護がピンク映画に足を踏み入れることになったのには理由がある。テレビの助監督を、監督とトラブルを起こしてやめてしまったからだ。パチンコ屋で遊んでいたら「仕事やんないか」と声をかける奴がいた。本編というのでやることにした。それが『殺られた女』（第八芸術映画・南部泰三監督・南理洋子）というピンク映画だった。プロデューサーは俳優の十朱久雄の弟で十朱三郎。

一九六八年春、渡辺護はピンク映画の助監督をやる。まだ、これを続けるという決意はなかった。

渡辺護が助監督として付いた南部泰三という監督について触れておこう。登場順では、若松孝二に続く八人目のピンク映画監督ということになる。それでなのか第八芸術映画と名乗るプロダクションを起こして、『女体難破船』（六三年・風間玲子）を皮切りにピンク映画作りを始める。

南部の映画界入りは、新国劇の理事をやっていた叔父の俵藤武夫の紹介で大都映画から。毎日新聞社映画部から戦時中には満州へも渡っている。後に満洲映画協会へ参加。四九年に帰国し、戦後は独自のプロダクションで各種の映画を撮ってきた。『血だらけの乳房』（六四年・内外フィルム・アンジェラ・ウィシー）、『赤い牝猫』（六四年・第八芸術映画・朝日陽子）と続けてピンク映画を監督して、ピンク映画四本目となるのが渡辺護が助監督に付いた『殺られる女』である。

渡辺護は、『ただれた愛欲』（六四年・第八芸術映画・朝日陽子）、『しゃぶりつくせ』（六五年・高千穂映画・松風はるみ）と、南部泰三の作品に連続して付いている。

ある日、渡辺護は次回作のシナリオを配給会社に届けに行った。「内容を説明してくれ」と言われたので自己流に説明したのが良かったのか、「キミ、今度監督をやってみたまえ」ということになった。

渡辺護がピンク映画の監督として登場するのは六五年、〝エロダクションブーム〟の渦中においてである。第一作の『あばずれ』（扇映画／飛鳥公子）は、オトコができて工場主である夫を裏切り破滅させたその妻に、義理の娘が復讐する物語。舞台となったのは浅草だった。

クランクイン前日から、渡辺監督は浅草に泊り込んでいた。

翌日早朝から撮影を控えているのになかなか眠れない。持っていた台本がボロボロになるほどカット割りを書き込み、ああでもないこうでもないと考えては、明日は大変だと思うといよいよ目が冴えてきて眠れなくなってくるのだ。そうして、とうとう朝になってしまった。

うたた寝はしたがついに一睡もせずに夜が明けてしまった。その時、その旅館の障子に柳の模様があったのをいまでもハッキリと覚えていると言う。

当時から、スタッフの集合場所は安田生命ビル前で、七時三十分集合だった。全員集合して新宿を出れば、第一現場である浅草言問橋には八時十分に到着する予定である。眠れぬ夜を過ごした渡辺は、一人でいてもたってもいられずに七時三十分には言問橋にやって来ていた。

タバコを何本吸っただろうか。タバコを吸いながら渡辺監督は、自分で役者になりカメラになり一人で何やらブツブツ言いながら動作を繰り返していた。ここをこうアップにして、こう切り返して……たった一人で予行演習をする渡辺監督は街行く人たちの目にはどう映ったことだろうか。

しかし、言問橋へロケバスが到着したのは予定の時刻をはるかに過ぎた九時であった。一人の役者が集合時間に遅れたためだった。

撮影日数は十七日間、撮影は松竹や大映で活躍し溝口健二に付いたこともある竹野治夫、照明は黒澤明の『酔いどれ天使』のチーフ村瀬英治だった。

「あれから二百本以上だから、もう前の日は酒飲んで寝ちゃって何もしないよ。後は現場のカンで作ってるね。ただ、初心忘るべからずなんてよく思うんだけどね」

人一倍責任感の強い渡辺は、「監督がストップしたら十何人がストップする」という張りつめた気持ちで十七日間のスケジュールを消化することができたと言う。六十五キロあった体重は、六十キロを切るまでに痩せた。ラストカットを撮り終えるとその場に倒れ込んだ。スタッフたちがみんな駆け寄って来た――。

主演の飛鳥公子は、当時十九歳。巣鴨のコロッケ屋の娘で小柄な女の子だった。初めての打ち合せを喫茶店でやった時のことだ。

「キミ、パンティは女高生の役なんだからいつも清潔な白をなるだけ用意してくれ」

そう渡辺監督が言ったが早いか、奮然として彼女は、

「監督、不潔かどうか見てください」

と言って立ち上がり、スカートを捲り上げた。白いパンティが見えた。

「その頃さ、ものスゴイ趣味の悪い、不潔なパンティを穿いている女優が随分いてね。あいうことはやりたくないと思ってね。だけど凄い見幕だったな。彼女は、最初は梓英子と間違えてね、来ちゃったんだよね。だけど、その後歌手になるって言ってやめてったけど、どうしたかな……」

飛鳥公子は復讐する女高生の役で主人公。そして夫を破滅させる悪妻を左京未知子が演

ることになった。

　プロデューサーは、〝ピンクの山本富士子〟と異名をとる松井康子を選んできてくれたのだが、渡辺監督はまさかピンクの大スターとは知らずに打ち合わせ。

「いい脚本だけど――、お客さんに憎まれるから。あたしの役は悪女で救いがないから損だわ、脚本を変えて欲しいのよね」

　と言う松井康子に、すかさず渡辺監督は、

「あの女優は要りません」

　プロデューサーに言った。代わりにやって来たのが左京未知子。彼女は新東宝出身でピンク映画開始以来使われてきたベテラン女優。そんなことも渡辺監督は知らないから言う。

「左京さん、悪女つうのは悪女の顔したら悪女じゃありませんよ」

　現場では新人監督のくせにテストを十何回も繰り返す。ああだこうだとうるさいことしきり。だが、最後の日、左京未知子が言った。

「あんた、いい監督になるわよ」

　日本国中、戦争だ、本土決戦だと言っていたのにも関わらず、ただただ映画ばっかり観ていた少年は、その思い出の街浅草で晴れて映画監督となった。

　その日から、ピンク映画監督・渡辺護の長い、ながーいカツドウヤ人生が始まった。

監督となった渡辺護は、一九六五年六月に処女作『あばずれ』を完成、続いて八月に『紅壺』（扇映画・真山ひとみ主演）を、十月に『情夫と牝』（扇映画プロ・中島京子主演）を、いずれも浅草をロケーションして撮り上げる。ようやく浅草を離れて十一月には『濡れた素肌』（扇映画・可能かづ子主演）を、明けて六六年一月には『女の狂宴』（扇映画・清水世津子主演）をとピンク映画で監督作品を発表している。

「愛ってのが美しいとしたら、カミソリでスパーッと切ったら血が一筋出るみたいなのが撮りたいからね。二本目の『紅壺』っていうのは、そんな映画だったんだよね。『紅壺』っていうのは、マノン・レスコーなんだけどね」

さて、だが初期の渡辺護監督は決して本数の多い監督ではなかった。六五年四本、六六年六本、六七年五本と相対的にピンク映画全体からすれば多作、あるいは乱作の監督ではなかった。どちらかと言えば、ひとつひとつの作品をじっくり構えて撮る。またそうありたいと思っている監督だった。

それが、年間二十本を平気でこなす売れっ子の監督へと転化するのは七〇年。六九年あたりからその作品の正確さが買われて徐々に本数が増えつつあったが、この年言わば渡辺護の代表作ともいえる二本の傑作が誕生する。

その二本とは、『おんな地獄唄・尺八弁天』（関東映配・香取環主演）と『㊙湯の街・夜のひとで』

『尺八弁天』が（わたなべプロ・関東映配・大月麗子主演）の二本である。ともに脚本は大和屋竺、六月、『夜のひとで』が八月に作られた。

「ずいぶんヒットしたし、若い連中から評価されたね。『夜のひとで』を観て助監督になりたいっていう奴が後から後からやって来たね。あの頃は、わたなべプロダクションって事務所借りてて、稲尾実なんかが助監督やっててね。作れば全部ヒットした時代だよね。ま、いまでもそうだけど（笑）。」

『尺八弁天』は、背中に弁天様のあやしき入れ墨を彫った女ヤクザ・弁天のお加代（香取環）が、寝込みを襲われ捕えられる。刑事によって取り調べと称して売り渡されていくお加代を救うのはセイガク（国分二郎）。香取の絶品の艶技と立ち回りが何と言っても見どころだ。『夜のひとで』は、温泉街の売春婦に大月麗子が扮して、ブルーフィルム作りに明け暮れる男と女の情感あふれる話である。そして、この二本のフィルムだけは渡辺護監督自身が十六ミリ版を焼き直して持っているのだ。次々にジャンクされ消耗品のように扱われるピンク映画界で、渡辺監督はこの二本を永く自らの手元に置きたいと考え、十六ミリにして所持している。筆者自身も機会を得て、八〇年七月に二作品の上映会を主催した。ともによりすぐれたピンク映画であり、それに出会えたことはとても嬉しいことであった。

「ボクが一体なにを狙ってなにをテーマに映画を撮るのか――というと〝悪〟を追及した

いということですね。どんな人間でも〝悪〟を持っている。チラリとのぞいたり、バレたり、表面化させないで巧妙に立回る人間とかいろいろだ。人間から悪をとりのぞいたら人間的でなくなるしおもしろくない。犯罪を構成しない悪、法にふれる悪、人間の根底にひそむ悪をドラマ性の中に構築しながらメスを加えて、人間の本質に迫りたいですね。エロテイシズムは、映像の中の一つの色どりですよ」（月刊成人映画、一九六九年十一月号・No.46）
「いかなる犯罪も、常に時代の頽廃をあからさまにする。大久保事件とて同じだ。一九七一年。平和。幸福そうな日本。GNP二位。イメージ選挙。みのベスマイル。沖縄返還。浅丘ルリ子結婚――。時代がどんなに平和そうに進行していようとも、どんなに隠そうとしても隠しきれない頽廃の膿を犯罪は吹き出してくれるのである。しかし……だからといって、私は、大久保清を肯定しない。」（映画芸術、一九七一年七月号）
「私はピンク映画の〝職人〟として映画を撮り続けてきた。私は、この〝職人〟という言葉を愛する。かつても、いまも芸術家意識に貫ぬかれているような、トンマな監督がまともな映画を作ったためしはない。私はあたりまえの人間がこの世を生き抜いていく、その哀しみとこっけいさとを撮り続けたいと思う。革命とか反体制を表看板にして一部の学生のゴキゲンをとるようなことはしたくない。」（月刊成人映画、一九七二年十一月号・No.82）
「こんどは女高生売春でいこうとホンヤさんにいったのが確か四月のアタマ。十五日頃までにというのに一向に書いている気配もなく、相変らずゴールデン街で飲んだくれているらしい。とにかく三十日にはホンが欲しい。もうアイツはツカワナイ、ホントに今の若い奴はなどと助監督に八ツ当たりしていると二日の夜青い顔をしてデキマシタと届けにくる。実に不健康な生活を送っている。目を通す時間も惜しんで、即、印刷屋へ送り込む。タイトルは『制服の娼婦』印刷が上がったのが四日夜遅く。悩ませられる撮影になりそうなホンである。とにかく八日インする。」（映画芸術、一九七四年六～七月号）

「次から次へと、撮っては飲み、飲んでは撮る。自分自身で自分がどういう状態なのか、もう、よくわからない。そんな昨今だ。昨日も深夜二時まで、打ち合せをしながら飲んだ、だが、午前八時には目が覚めた。午後二時の新幹線に乗らなくてはならない。今日は、大阪の〝ピンクリボン賞〟授賞式に出演することになっている。新幹線の中では、走り行く景色を眺めながら休もうと思っていたのだが、どうも次回作の『日本の痴漢』のことなどを考えてしまい気が休まらない」（日本読書新聞、一九八〇年七月七日号）

大急ぎで、渡辺護語録を再録した。

七〇年以後の渡辺護監督は、まさに売れっ子中の売れっ子。量産態勢へ入るとともに作品水準も決して一定程度を崩さず堅持し〝ピンクの黒澤明〟と呼ばれるほどの巨匠ぶりであった。

あまたの秀作、傑作の中からいくつかの例を引けば、まず七一年の『日本セックス縦断・東日本篇』（東京興映／今泉洋主演）が挙げられる。これは、御存知連続強姦魔・大久保清の映画化である。

「事件が起きてから、まだ一ヵ月経ってなかったからね。群馬へ行ってロケするでしょ、だから『アンタらテレビ局の取材かね』なんて街でよく声を掛けられたね。実際に現地へ行ったりしたからね。そういう意味ではハイスピードだったね」

この作品も興行的には大ヒット。渡辺護の名を広く知らしめることになる。この頃よりいわゆる〝情念の作家〟から幅を広げて、まさにいろいろなタイプのピンク映画を渡辺護流に味付けする職人肌を前面へと押し出してくることとなる。それは、女性上位のセックスシーンを誰よりも早く描写したり、後背位とか座位とか、ベッドシーンの演出でも他に類なき〝職人性〟を発揮するのだ。

『明日なき暴行』（七〇年・国映・林美樹主演）、『16才・愛と性の遍歴』（七三年・大東映画・城新子主演）、『痴漢と女高生』（七五年・大蔵映画・島田智恵）、などなど評価の高い作品に触れていくととても紙数が足りない。いや、まったく渡辺護ほどバラエティに富んだ作品系譜と、その純度の一定さを持ったピンク映画監督はいるまい。何でもこなす、人情劇から復讐劇、かと思うと諷刺劇から喜劇。また時代物だろうが現代物だろうがなんでも撮る。そしてそれが、渡辺護の映画世界としての糸で結ばれているのだから驚く。

自分の体の中に染み込んだものを、パターンに合わせて器用にギヤチェンジする切れ味の良さを持ち、ありがちなテーマに寄りかかり過ぎて作品的に破綻するというミスをまったくと言って良いほどしない。新東宝映画がピンク映画で本格的に〝縛り〟を始めてからは〝縛りのナベさん〟の異名を取るほどSM映画を撮っているが、そのどれもがキワモノになることを極度に恐れた作品的構成に重きを置く作り方である。SMに至る心理描写が執拗に描かれるのである。

「女の子は、クールな方が好きだったね。青春の愛ってのは、女を知らないから傷つくじゃない。女の打算性しかないわけだしね。女は男を理解するほど聡明じゃないわけだからね。愛は感じてても現実の中でね……」


〽強いばかりが男じゃないといつか教えてくれたヒト――

浅草で見た夢は現実となった。〝カツキチ〟は〝カツドウヤ〟になった。チャンバラ映画ではなく、ピンク映画として――。

「浅草は、俺の故郷だね。でも、あと一、二年すると六区にビルができてデパートになっちゃうんだろ。淋しいよな。俺の故郷がなくなっちゃうんだからな」

八〇年、渡辺護監督は、〝ズームアップ映画賞〟の作品賞、〝ピンクリボン賞〟の監督賞に輝やいた。それはピンク映画界における渡辺護の存在をいまさらながら証明してみせた。

渡辺護、五十歳。まだまだ老いる歳では到底ない。川島雄三が〝死に急ぎ〟なら、渡辺護は〝撮り急ぎ〟だろう。渡辺護監督の頭の中は、いつも次の作品のことで一杯である。あれを撮ろう、これを撮ろうという抱負は膨大にふくらんでいく。そして、そのどれもが筆者にとっても、観たい映画ではある。冗談めかして言うなら、渡辺護監督には『雪之丞変化』を、必ずや撮って欲しいと思っているのだ。最早、数少なくなってしまった映画監督ではない〝カツドウヤ〟を、そこに見る思いがするからである。

渡辺護　月刊「成人映画」
1969年11月号より

助監督だった頃の渡辺護／南部
泰三監督の現場で

監督デビュー作『あばずれ』／
1965年・扇映画／飛鳥公子

『ニッポンセックス縦断・東日本篇』／1971年・東京興映／今泉洋

監督第二作『紅壺』／1965年・扇映画

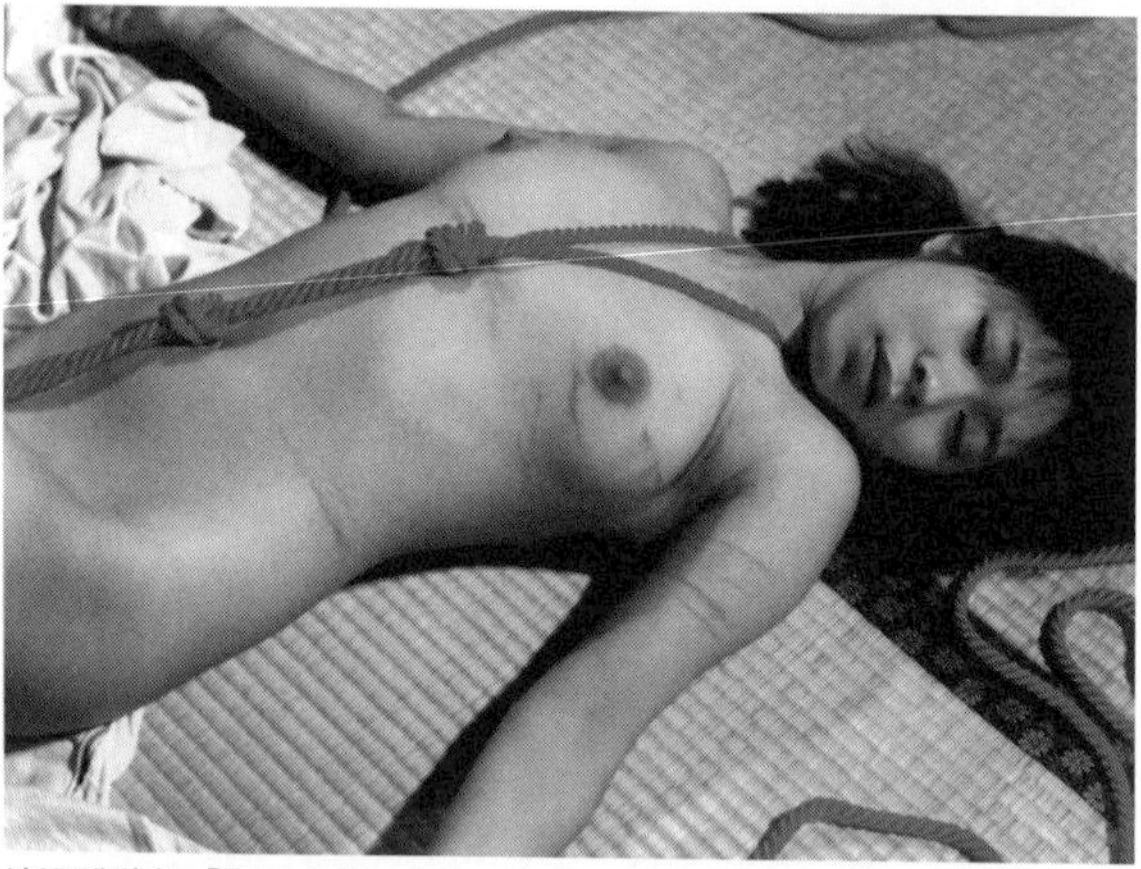

渡辺護監督『聖処女縛り』／1979年・新東宝／日野繭子

Ⅲ　向井寛がゆく

渡辺譲と相前後して、一九六五年の〝エロダクションブーム〟の渦中にデビューした大物監督が、もう一人いる。

四月に『肉』（東京芸術プロ製作・内田高子主演）を撮りピンク映画に殴り込みをかけた向井寛は、六月に『砂利の女』（東京芸術プロ・森まこ）、八月に『密戯』（東京芸術映画・谷口朱里）、十一月『色舞』（東京芸術映画・内田高子）、『破戒女』（轍プロ・内田高子）、十二月『人妻の予定日』（オリジナル映画プロ・内田高子）と畳み掛けるように撮り、一挙に〝ブーム〟の最前線に踊り出る。

六六年に入り二月に『悪女日記』（東京芸術映画・奈加公子）、『二股をかける女』（岡プロ・内田高子）、四月『続・情事の履歴書』（東京芸術映画・北御門杏子）、六月『悪憎』（東京芸術映画・内田高子）、七月『艶やかな夢』（東京芸術映画・桝田邦子）、八月『餌』（東京芸術映画・城山路子）、九月『情炎』（オリオン興業・香取環）、十月『異常な体験』（日本芸術協会・内田高子）、十一月『禁じられたテクニック』（日本シネマ・美矢かほる）、十二月『かよい妻』（日本シネマ・谷口朱里）『学生妻』（日本芸術協会・若月ヒトミ）、とペースは限りなくハイで一年間に十二本。月一本の割で作品を監督し、ピンク映画を代表する監督として存在を広く知らしめるに至るのである。

〝毎日グラフ〟が六ページにわたって活躍ぶりを特集したというくらい、それまでCMやPR、文化映画などで監督をしていた向井寛の『肉』を引っさげてのピンク映画への挑戦は衝撃的で勇猛果敢だった。デビュー作『肉』はオムニバスで、人妻、女子大生、街娼の女性三態を描くという手法も鮮やかだった。主演の内田高子は、水を得た魚のように極めて大胆な艶技で注目された。向井は、内田を起用するために四時間かかって口説いたという。二人は、後に夫婦となる。

「劇映画が撮りたかったんだよ」と言う向井監督は、劇映画の魅力は「自分以外の、他の人生が描けることにある」とも言った。すべてを意のままに、感動も怒りも自由に操れること、それは監督という仕事の快感に他ならないないだろう。

そんな向井も、初めから映画監督を志したわけではない。

貿易商の息子として満州の大連に生まれた向井は、敗戦の前年八歳の時に鹿児島に移り住み育っている。「オヤジが貿易商だったから、もう敗けるっていうのは分かってたもの」。

九州大学経済学部に進むが、二年の時にスカウトされ新東宝の教育映画の俳優になった。

「親の仕事を継いで貿易商をやろうと思ってたんだよね。ところが……」

NET（現テレビ朝日）のテレビ映画『愛の鐘を鳴らそう』では、三田佳子と共演した。

「ある日、キョーレツなことがありましてね……」役者の素質なしと諦めて、監督志望に転向。劇映画の助監督のかたわら、二十五歳で児童教育映画を監督した。文化映画での一本立ちは早かった。

「助監督に付いたのは、野村浩将さんが多かったですね。古いでしょう。知ってます？『愛染かつら』。松竹で第一回の『愛染かつら』を撮った監督ね。その人が、新東宝に移った頃からです。新東宝でも、いろいろ撮りましたね」

松竹から新東宝へ移籍した野村浩将監督と、新東宝発足以来参加していたやはりベテランの佐伯清監督、二人の娯楽派の監督に主に師事した。

「佐伯さんは、割と人生的な上でも教えてくれた人。映画の本質を語ってくれた人でした。映画は、素直な感動がなきゃいけないって。だから、僕の映画は複雑な映画ってないんですよ。映画って何かが分かんなくなって聞いたことがあるんだ。そうしたら『映画は素直な感動がなければダメだ』って言われました。その言葉を大事にしています。非常に単純な言葉だけどね、みんな忘れてることなのね。テクニックを使って複雑にするのが良いと思ってるのが、現在の映画の在り方でしょう」

東映の『越後つついし親不知』では、今井正監督にも付いている。劇映画と文化映画を往還しての映画修業は、ピンク映画で見事に開花する。作品の評価は批評家にもファンにも高く興行成績も確かだった。向井の業界での評判は監督デビュー当初から手堅く、活躍が続いた。

「僕の映画、悪人が出ないからね。人間は性善説だから。現在は悪人であっても、悪人じゃないんだよ。社会のしがらみで、そうなってしまうことがあるんだ。世の中に出て行こうとする時、向こう側の崖を壊そうとする時、人間は何かを起こすんだよ。だけど、それは絶対、悪人じゃないんだよ」

砂利トラックの運転手たちと娼婦たちの生活を背景に、少女と在日韓国人青年との悲恋を描いた『砂利の女』。頭で稼ぐと称するペテン師と腕自慢の暴れん坊が組んで脅しをやったり、刑事に化けて一仕事をしたりインチキ易者で稼いだりする『密戯』。舞踊に精進する神楽坂芸者が視力を失い温泉芸者となり、師匠にも裏切られて転落。愛人の努力により手術を受け視力を回復するが、結局愛人殺しに至る『色舞』。暗い過去を持った女が尼僧になろうとする『破戒女』。新鮮な空気と刺激を求め、倦怠期の家庭を後にした妻に訪れる幻滅と絶望のドラマ『人妻の予定日』。

戦時中、中国人から奪ったダイヤを脚の骨の中に隠しているやくざの親分を巡るスリラーストーリー『悪女日記』。肉体女優との関係を逃れて旅に出たシナリオライターが、尾道で女優に似たバーの女に出会う『二股をかける女』。男に犯され、その復讐のために転落を重ねてしまう『続・情事の履歴書』。

不幸な運命のため寺に養われ育った青年僧が周囲の悪に裏切られ、女人遍歴を重ねてはついに身を滅ぼしていく戦中、戦後を描く『悪僧』。性に関する三つの話『艶やかな夢』。有閑マダムの遊びの相手になっていた貧しい家の青年が復讐する『餌』。琴の師匠が昔の恋人に脅迫され、生みの親とも知らず慕ってくる青年と死ぬ『情炎』。一卵性双生児は目に見えぬ電波のような絆によって支配されるのではないかとの仮説に立った勧善懲悪『異常な体験』。不能になったボクサーが女のひたむきな愛で男性復活し、人生にも自信を取り戻す『禁じられたテクニック』。堕ちた女が昔の純愛を取り戻そうとして果たし得ない悲恋物語『かよい妻』。貧しい女子医学生が男たちを操って金をため学業を終えるが、男の一人に殺される『学生妻』……。

デビューから二年間の向井寛作品のストーリーを見ると、そのシリアスで本格志向の姿勢は顕著である。ピンク映画で、日本映画の主流に負けぬ力を発揮してやろうとの意気込みが感じられる。一気呵成に撮り続け走り続けた。

「プログラムピクチュアがあって、ヌーベルバーグがあって、その次に出てきたのが、このピンク映画なんでしょ。そこに個々の性格、体質を持った監督たちがそれぞれいて、複数の配給会社が複数に配給したっていうことなんですよ。だから、ピンク映画は第二のヌーベルバーグっていうか、日本映画の夜明けっていうか……」

その後も、ベトナム戦争を背景に差別問題を扱った『続・肉』（六八年・朝倉プロ・麻矢夕子）、自分の肉体を高く売ろうとして男たちに反逆する苦闘の青春を描いた『ブルーフィルムの女』（六九年・朝倉プロ・橋本実紀）、実在のヌードモデルの悲惨な自殺事件に材を得ている『あるモデルの性と死・薔薇の讃歌』（七〇年・朝倉プロ・山田三枝子）など……公開当時からの話題作は多い。

向井作品の多くが社会構造や事件を背景に、女の生き方をテーマとしているのが興味深い。撮影所で学んだ娯楽映画のセンス、文化映画の現場で体得したドキュメンタルな映像美、それらを上手くミックスさせ、作品を成功させている。教育映画を撮っていた関係から、国映との繋がりも深く、国映配給作品が多い。『続・肉』などの朝倉プロとは、国映の若社長朝倉大介のプロデュース作品という意味で、配給は国映だった。ピンク映画界への本格的な進出を決断させたのも、国映のぼろ儲けに驚いたことがあったからだという。

忘れてならないのは、『ナオミ』上映中止事件だ。『禁じられたテクニック』のタイトルで国内公開された向井作品を、イタリアのバイヤーが五千ドル（約二百万円）で買い付けて、ヒロインの名の〝ナオミ〟をタイトルにしてローマ市内で封切ったのは、一九六九年五月。ところが、客の入りは良かったのだがローマ検察庁からクレームがあった。ついには上映中のイタリア全土からフィルムが没収され、上映禁止となってしまう。若松孝二がベルリンで問題を起こしたのに対し、向井寛はローマで作品が問題視されたわけである。

「ちなみに、製作プロは日本芸術協会。笑わせますな。ローマ在住の日本人は、この『ナオミ』騒動で、みんなうつむいているそうですよ」（週刊新潮「イタリアを騒がせた『ナオミ』の周辺」、一九六九年五月三十一日号）といった記事も出て散々だったが、イタリア追放による凱旋上映は大盛況、逆にひと儲けすることになった。この時、早稲田大学の講堂で『ナオミ』の上映会を主催したのが、その後向井寛の助監督となり、いまや〝若衆頭〟を務めている佐野日出夫（当時一年生）だった。

その佐野日出夫を筆頭に、中山潔、西田洋介、滝田洋二郎ら、向井監督門下生が集結しているのが獅子プロだ。〝唯一信じきれる集団〟と向井監督自身が言うだけあって、団結力とチームワークはバツグンだ。東映セントラル系配給のピンク映画を量産している。

獅子プロの運営を中心に監督作品は年に数本だけに抑え、プロデューサーに専念している向井だが、『生贄の女たち』（山本晋也監督）、『下落合焼とりムービー』（山本晋也監督）、『餌食』（若松孝二監督）など、東映系で公開されたプロデュース作品はどれも成功している。

もちろん、まだまだ監督は辞めないと目を光らせた。

「まだ、自分としては百パーセント満足のいく作品を作ったことはないからね。いつもこれから、これからっていう気持ち。バカみたいにね（笑）」

向井寛　月刊「成人映画」1969年2月号より

向井寛監督／1980年頃

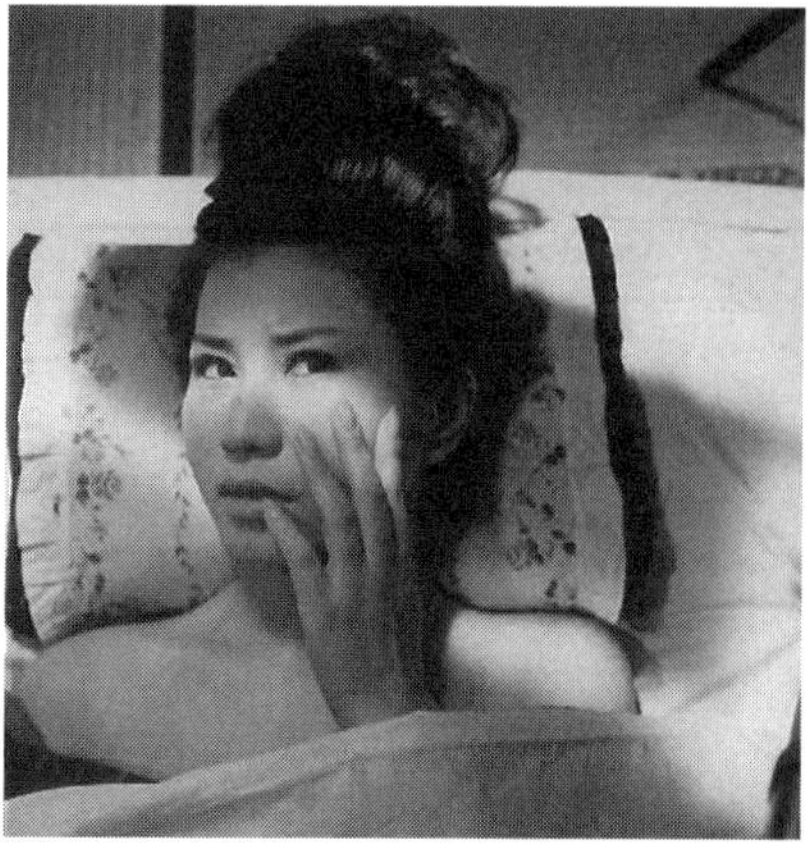

監督デビュー作
『肉』／1965年・東
京芸術プロ製作・国
映配給／内田高子

『悪僧』／1967年・東京芸術映画製作・国映配給／内田高子 津崎公平

Ⅳ　山本晋也と黄金時代

山本晋也を知らない映画ファンは、いまやいないだろう。それほど山本晋也監督は、時代の寵児だ。テレビに、ラジオに、雑誌にと、映画監督というよりは、タレントである。マネージャーが常に付いていて、分刻みにスケジュールを組んでいるそうだ。

ピンク映画の監督が市民権を得て、こんなにもモテハヤされるとは、誰が思ったことか。ピンク・ポルノ映画が社会的市民権を獲得する速度は、予想よりはるかに速い。まさに、ポルノ解禁・性の解放は、すぐそこまでやって来ているかのようだ。だが、それは錯覚かも知れない。この方向にポルノを解禁したり、性を解放したりして良いのだろうか。そんなことをしたとしても何も変らないのではないか。権力とマスコミが一体となった〝性革命〟なんて、人間をより不自由にするだけではないのか。

タレント山本晋也は、ピンク映画を監督する艶笑芸人といった役割を演じている。ポルノ映画界の代表者はおのずと〝ポルノクラート〟（ポルノの権威者）に奉られる運命にあるのではないか。不条理劇に見える山本晋也の作品も、良い意味で斎藤寅次郎監督以来の日本的なスラプスティック映画を継承している。落語的センスは、『男はつらいよ』シリーズの山田洋次作品にもよく似ている。

デビュー当時の山本晋也は、『狂い咲き』（六五年・日本シネマ・松井康子）などもっぱらシリアスな作品が多かった。喜劇作品が多くなるのは『女湯物語』（六九年・東京興映・小島マリ）がヒットした頃からだ。ピンク映画の黄金時代が終わり、生き残りを賭けた路線を喜劇に求めたとも言えるかもしれない。

山本晋也と渡辺讓は、小森白のプロダクション「東京興映」の両輪だった。

日大芸術学部から岩波映画を経て、ピンク映画の世界で一本立ちしたのは、「一本撮って四万円というギャラが魅力だった」（週刊サンケイ、一九七五年十二月二十五日号）からと本人は言っている。その初期の作風は硬軟併せ持ち、小川徹映画芸術編集長の絶賛を受けるほど巧みだった。映画評論家には〝ピンク映画のヌーベルバーグ〟とも言われていた。佐藤重臣映画評論編集長にも評価は高く、七四年九月号の映画評論では「山本晋也監督のオピンク十年史」という特集座談会を組んでいる。さらには、月刊成人映画編集長の川島のぶ子女史も作品ベタホメで、山本晋也は一躍ピンク映画を代表する人気監督となっている。

日活ロマンポルノ裁判で参考上映された『大色魔』（七一年・東京興映・篠原玲子）も、竹中労や斎藤正治ら裁判を傍聴したジャーナリストから激賞されている。

ピンク映画監督がマスコミの表舞台に登場した順番は、若松孝二、向井寛、山本晋也という順だろう。それまでピンク映画を批評の対象としていなかった映画雑誌が一斉に取り上げ出したのは、一九七〇年前後のことだ。時あたかも〝アングラブーム〟。寺山修司や唐十郎らのアングラ文化は、ピンク映画にも影響を与えたと言われている。

山本晋也は、テレビの助監督や岩波映画で羽仁進に師事していた。ピンク映画を撮るようになってからの師匠は新東宝出身の小森白監督だ。山本の映画の底意には、旧新東宝的なドタバタ喜劇とエログロナンセンスの作風が受け継がれているようでもある。

小森白は、ドタバタ喜劇『一等女房と三等亭主』（五三年・新東宝）で監督デビュー、戦争大作『太平洋戦争と姫ゆり部隊』などを経て、ピンク映画初のＳＭ作品『日本拷問刑罰史』を撮る異能派だった。アクの強いエロティシズムと徹底した娯楽主義で、ピンク映画の監督・プロデューサーとしても活躍した。山本晋也は、作品の個性と多彩なチャレンジ精神では小森を遥かに超えている。これからがより注目される監督だと思うのだが……。

一九六五年、エロダクションは約九十社と絶頂期にあった。前年には約二十社だったものが一年間で突然膨れ上がっている。

ところが、翌六六年には約二十社で、早くも淘汰が始まる。六五年がピークだった。この状況を生み出したのは、大島渚、今村昌平、武智鉄二の三人だった。この三監督は、それぞれスタイルは異なるが、性をテーマとしてメジャーで表現を拡大した。〝性の解放〟は戦後社会の一貫したテーマだったし、社会風俗においても性表現の拡大を意識しない時代はなかった。

テレビの普及率も、日本映画に大きな変化をもたらした。映画は地方からダメになった。映画各社は、作品系列を都会中心の大作主義に切り換え、製作本数を減らし始める。本数が減っても依然として三本立て興行を続けなければ客は来ない。いわゆる二番館、三番館ではフィルムが足りなくなり、独立系のエロダクション、ピンク映画がその間を埋めていくことになる。ドラマやスターをテレビに奪われた日本映画は、話題性で押すしか活路は残っていなかった。裸が氾濫するのも、成り行き的帰結だった。

六〇年代末から七〇年代初頭にかけて、若松プロが疾走する。六八年段階には早くも限界に達したピンク映画の市場から、軽やかに突出し独自の世界を構築するのが若松プロだ。若松プロに関しては、次章「若松プロの疾走」で詳しく論及しよう。

メジャーによるポルノ攻勢が激しかった。それによる製作費のアップではないダウンがあった。メジャーが大型ポルノを作り、ピンク映画の人気女優まで持って行ってしまう。

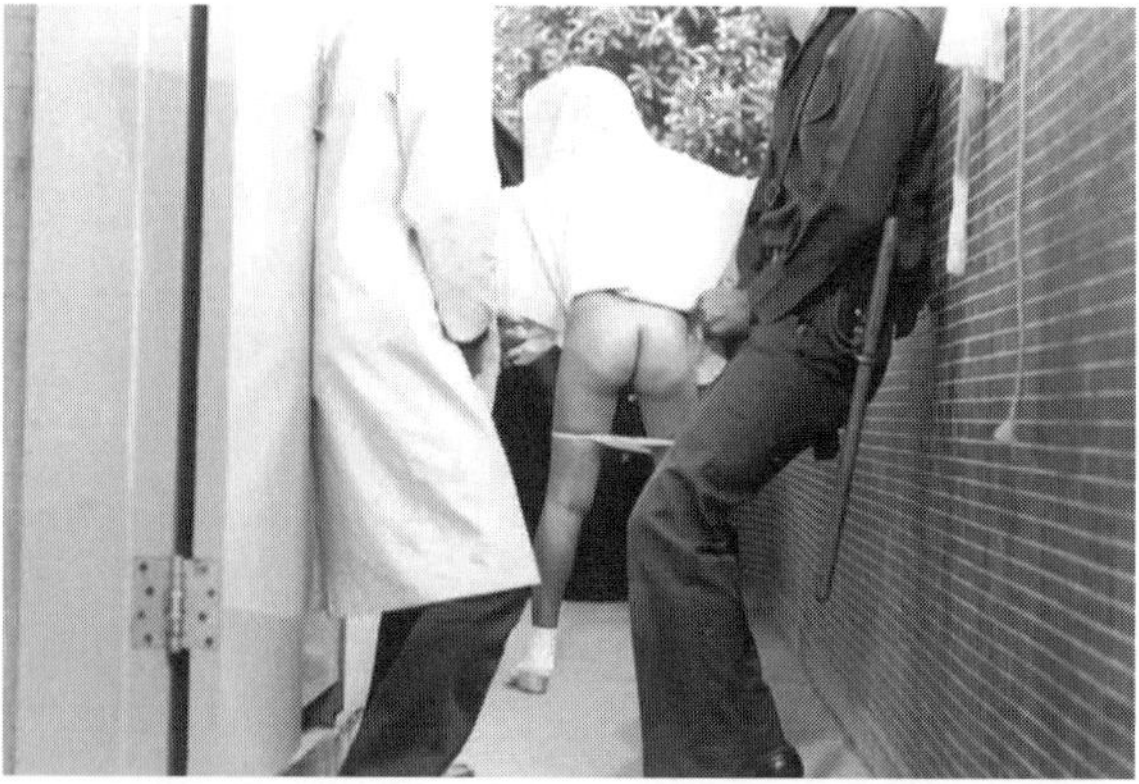

山本晋也監督『痴漢365』／1967年・東京興映／野上正義、堺勝郎

山本晋也監督『女湯・女湯・女湯』／1970年・東京興映／松浦康

煽りを喰ってピンク映画は下降する。映画本数は飽和状態まで作られたが、客足は止まった。

石井輝男〝性愛路線〟を筆頭にメジャーが盛んに繰り出すエロ映画に出口を塞がれたピンク映画は混迷する。欲求不満の捌け口、ストリップには負けるが女の裸のオンパレードだけなら製作費を多く使うことはない。物価も上がってきたことだから、安く作って儲かるように――。映画としての上昇ではなく、ピンク映画はセックス産業の一分野として存続しようとしていた。

黄金時代からそうではあったが、くだらない映画もゾクゾクと作られた。初志はどこへやら……。予算が減ればトラブルも起こる。従来三百万円から四百万円が〝良心的作品〟の予算だったが、この頃は二百二十万円から二百三十万円までに落ち込んだといわれる。もちろん結果的に評判は悪くなる。ピンク映画の出口は、なかったのか――。

V 新藤孝衛と消えた監督たち

新藤孝衛監督に会った。

待ち合せた銀座の喫茶店で、約一時間。録音テープを回さないことを条件に会ったのだが、なぜ大映を辞めたのか、ピンク映画を始めたのか、そして辞めたのかと聞きたいことはヤマほどあったが、まるで取材にならなかった。

「もう、過去のことについては語りたくない」と繰り返された。

「ピンク映画史に、僕は必要ないんじゃないですか」

「正攻法、オーソドックスな手法で知られる新藤孝衛。この世界では若松孝二と肩を並べて初期のピンク界を育てた一人である。」（月刊成人映画「脱がせ屋の素顔(4)」、一九六九年四月号）

一九六三年『おいろけ作戦　プレイガール』（国映）で、ピンク映画にデビューした新藤監督は、大映撮影所の出身だ。退社は五七年。以後は、主にＰＲ映画の監督を務めていた。

『同　プレイボーイ』（若松孝二監督、ともに四十五分）とのカップリングで一本として上映された。ガールハンターの渉猟冒険ぶりを喜劇仕立てに描いたものだった。二作目の三人のBG（ビジネス・ガール）がそれぞれ愛情と自己の肉体について自己主張する『狂ったうめき』（六四年・青年芸術映画協会）から、自分のプロダクションを起こして本格的に映画製作を開始する。その〝青年芸術映画協会〟を基盤に『恐るべき女子学生』（日本シネマ配給・黒岩三代子主演）、『砂の上の痴情』（日本シネマ・金光満樹）を監督、六四年には年計三本の監督作品を発表している。六五年は、『色と欲』（日本映画・香取環）、『雪の涯て』（青年芸術映画協会・新高恵子）、『００の乳房』（青年芸術映画協会・飛鳥公子）、『腐肉の端ぎ』（青年芸術映画協会・新高恵子）と四本の監督作品を見せ、どれもが話題を呼び、ヒットした。

さらに多くの作品を作っていくのだが、七五年に至って『発情娘・セックス体験』（ミリオン・南雲孝ネームで監督）を最後に、ピンク映画業界から姿を消している。十一年間のピンク映画監督生活だったということになる。

中でも後に有力スターとなる新高恵子が初めて脱いだ『雪の涯て』（一部地域では『青春０地帯』という題名で公開）は、作品的な頂点に位置し、映画関係者や雑誌記者に絶賛された。雪深い僻地の故郷を捨てて、都会の片隅に生きた男女の純愛と絶望の物語。初めての社会派ピンク映画と伝説的に言われている。

「僕は、別にピンクというつもりで撮っていたのではないから。映画は映画なんだから」

ピンク映画につくづく愛想が尽きたという新藤孝衛は、現在も時折、記録映画の仕事をしているが、体調を崩していまはやっていない。

喫茶店を出て、「話してもいいというような気持ちになられた頃に、また……」と言うと、「うん、そうだね。また、状況が変ることもあるさ」と言い残し、雑踏の中に消えて行った。

新藤孝衛――四十歳。自らに極めて生真面目な人なのである。

月刊成人映画の六八年十月号は、「五社のピンク攻勢くそくらえ！」と題して、編集長川島のぶ子の司会で六人の監督たちによる座談会を組んだ。

メンバーは、渡辺護、山下治、向井寛、奥脇敏夫、佐々木元、新藤孝衛。

『徳川女系図』（東映・石井輝男監督）、『女浮世風呂』（日活・井田探監督）など、折からの五社ピンク攻勢に負けじといった、意気盛んな座談会だ。しかし、皮肉にも六人のうち四人は既に、いまはピンク映画の世界に残っていない。座談会でしゃべりまくっている渡辺、向井両監督がいまでも頑張っているのは暗示的だ。弁舌さわやかなる者が、商売もまた上手ということにはなるのだろうか。

業界で残っていくには、それだけの腕力と商魂が不可欠な要素なのかも知れない。

などと書くと、渡辺、向井両監督は作品よりも商売が上手かった、ということになりそうだが、あくまでも商品あっての商売だ。鑑賞に耐えうる作品を作って初めて商売も成り立つ。ピンク映画界には、商売や人間関係だけで延々と居残っている監督が何人かいるが、渡辺護、向井寛両監督はまさに作品の質的水準の高さによって今日があると言えるだろう。

作品と商売、どちらの要素が欠けても長続きはしない。これは、映画に限らずどんな分野にも言えることかも知れない。

消えていった監督たちのほうにも、理由がある。

外的内的条件によって撮れなくなってしまった監督もいたし、撮るのがイヤになってしまった監督もいた。他の分野の仕事に移った人も多い。それでも、実に大勢の監督たちが、いまもピンク映画を作っている。それだけピンク映画は魅力的なマーケットなのだろう。

「マスコミの人はね、物を分けちゃうでしょう。ピンクは、ピンクって。ジャンルとしてね。映画は、アクションとかメロドラマとかそういう分け方はいいと思うんですよ。しかし、メジャーとピンク、しかも最近はロマンポルノとピンク、ポルノって分けているでしょう。この分けていくことね！　例えば、女優でもレッテル貼られる。一生懸命やってても〝ピンク女優〟ですよ。表方にはなれないわけですよ。非常に排他されている。アウトローは、アウトローの良さで良い。僕は、表に出る必要はないと思うけどね。

だけど、ATGでも東映でも、いまやメジャーで僕らが監督をやるようになって来たというのは、本当に力のある奴は誰だったかってことが出て来ているわけですよ。それをいままで押さえてきたのは、何かって言ったらマスコミなんですよ。マスコミが区分けしてきた。これは東宝、これは松竹、これはピンク映画、あるいはアクション、メロとかって分けないで欲しい。そのことによってどれだけ大勢の人間が排他され、どれだけの大勢の人間が泣きをみたか。生き残ったのは、日活を経由した宮下順子や白川和子とかそんなもんでしょ……。

でも、今度は実際問題として安い予算でよりパンチ力のある映画を作れる監督が欲しくなって来た。というのは、メジャー作品が金がかかるから。力があって低予算で作れるのは、ピンクにしかいないんじゃないかって思う。そうすると、こっちの監督は要求されるわけですよ。ますますこっちの監督は忙しくなっていく。メジャーから育った監督が、ますます仕事がなくなる。どうするかというと、今度はテレビがワイドのドラマで欲しくなる。いま、監督が入れ替ってる状態ですよ。力のある奴は上にいく。メジャーでやっている力のない人は、おかしな状況になる。だから、撮影所は大騒ぎになっているでしょう。ストライキがあったりね。

マスコミは、そういうことを分かってやってるのかないのか。じゃあ、日本の文化って、一体何だ！　みたいなことあるわけでしょう。日本の文化をダメにしたのは、マスコミだと思うから。まず枠組で決めちゃう。これはこれだ、と。農耕民族の一番悪いところだね。保守的なんだ。」

向井寛はいまでも激しくしゃべりまくる。攻撃することを忘れない、それが最大の防御でもあるから。

マスコミの問題、差別の問題は置くとしても（差別があったからより過激で優れた作品ができたのだ！）このアジテーションは、的を得ている。

今日のピンク映画は、多かれ少なかれメジャー資本と共同・提携したところにできている。例えば日活ロマンポルノの三本立て〝第三作目〟に当たる買い上げ作品は、すべてピンク系のプロダクションで製作している。東映は東映セントラルという子会社を作ってピンク映画を配給しているし、松竹も東活という名前でピンク映画を配給している。潰れてしまった大映は別として、東宝以外はすべての大手映画会社がピンク映画を配給しているのである。こうなることを誰が予想しただろうか？

その黄金時代、ピンク、エロダクションはいつの日か、メジャー映画を圧倒し粉砕するだろうと言われたが、それは大いなる野望に過ぎなかった。大手映画資本の延命はしぶとく、ピンク映画をもやがて系列化してしまう底力を持っていた。

ピンク映画も手をこまねいて見ていたのではない。六八年暮れには、エロダクションを結集し対抗しようと配給網の確立・強化を狙う。だが、監督やスタッフ各人各様の個性が災いして成功しなかった。一人一党ともいえる個性派集団は、ピンク映画全体の利益など考えはしなかった、考えられなかった。

ピンク映画にも相次ぐ統合と分離があった。七〇年代に入れば日活ロマンポルノも始まった。ピンク黄金時代は、長くなかった。創世から約六年、ピンク映画のブームは六五年から六八年までの三年間なのだ。その後は、低迷、再編成を何度も繰り返して今日に至っている。

「四日間なり五日間なりという日にちは、寝てられる日にちじゃないんですよ。普通のメジャーの八時間労働、掛ける二なんですよ。一日を二倍に使っている。そうすると、メジャーの八日間から十日間に匹敵するわけでしょう。そうやって四日間なり五日間なりで撮っている。なぜ、やるんだって言われりゃ、それまでだけど。いまは、ここが一番やれる場所だから。」（向井寛）

〝ブーム〟の渦中に現われ、七〇年代の中期までに、さまざまな形でピンク映画業界から去っていた監督たちとデビュー作を列記してみよう。

湯浅浪男、六四年『夜の魔性』（第七グループ製作・広川真樹子主演）で監督デビュー。当初は安藤昇の映画界入り第一作『血と掟』（六五年・第七グループ・松竹配給）を撮り名を馳せたが、その後ピンク映画を手がけた。六六年頃から台湾に渡り映画監督を続けたが、現在は台湾に移住している。

小森白、新東宝撮影所出身のベテラン監督であることは述べた。六四年『日本拷問刑罰史』（小森プロ・松島洋子）でピンク映画に手を染め、独立プロ・東京興映を起こして監督、製作・配給を兼ねた。渡辺護や山本晋也を起用しピンク映画を量産したが、業界の再編を機に第一線から身を引いた。現在は隠居して悠々自適、たまにPR映画を演出する。

山下治、六五年『未成熟』（ナオプロ・津村冷子）で菜穂俊一ネームで監督デビュー。二作目の『女の痛恨』（ナオプロ・大野悦子）より山下治の名前で活躍、佳作も多い。六九年末頃ノイローゼになり、行方不明といわれる。

奥脇敏夫、六七年『処女ざくら』（ワールド映画・飛鳥公子）で監督デビュー。それまではテレビの脚本を書いていたがピンク映画に転じる。後にピンクの女王・香取環と結婚するが、続かなかった。サラリーマンになったと言われる……。

佐々木元、二十六歳の若さで六六年『原色の世代・脱がされた制服』で監督デビュー。九年間に百二十本以上の監督作品を送り出し、一時は業界をリードする売れっ子監督となる。現在は監督を引退し、湘南方面で酒場を経営していると聞く。

酒匂真直、武田有生、中野弘也、藤田潤八、深田金之助、福田晴一……まだまだ、星の数ほどいる。いまはどこでどうしているのか、不明である。懐かしきはピンク黄金時代よ。

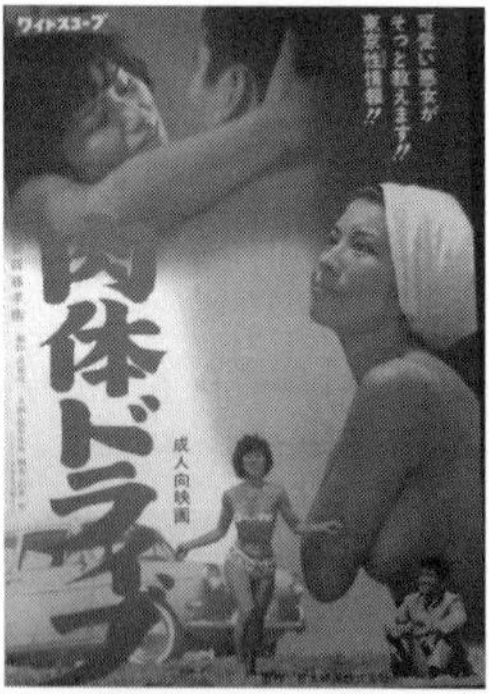

新藤孝衛監督『肉体ドライブ』／1965年／内田高子

新藤孝衛　月刊「成人映画」1969年5月号より

新藤孝衛監督『もだえる丘・秘密クラブ』／1969年・青年芸術協会

Ⅵ　黄金時代来たり去り

「朝日陽子っていうＳＫＤダンサー出身の女の子が主演した『ただれた愛欲』という映画にチーフで付いたんだよね。朝日陽子は、踊り子らしい筋肉質のいい体でね。その時に、脇で出た二路あおいってのがいたんだけど、一日来て次の日来ないんだよ。火石プロっていう事務所から来てたんだけど、別な女の子が来てるわけよ。女優たって、そこのプロダクションの娘はだいたい街で拾ってきた女の子だけど、別な娘を寄越すっていうのはどういうことだ！　映画がつながらないじゃないかって怒って電話したらさ、向こうは、いいんだおまえの出る幕じゃないんだって言うんだ。余計に頭にきてね。そんで、向こうが撮影現場の深川まで来て喧嘩になりそうになってね。向こうは空手ができる奴で、板を持って来て割って見せたりしてね（笑）。

まあ、結局話がついて、そうか分かったってことになったんだけど。真相は一日目に来た二路あおいっていうのが監督との話でスターにしてやるから監督と寝ろってことになってたらしいんだ。ところがその日来たら、あんまりおじいちゃんなので嫌だってことでさ。それで、次の日来た女っていうのは前の晩、監督と寝た娘だっていうんだよ。それを聞いた時は、こんな世界はやめようと思ったね、俺は……。」（渡辺護）

火石プロダクション、それは初期ピンク映画への女優供給源だった。

まさに街で声を掛け、スターになれるからと口説いて裸にしてピンク映画の撮影現場へ送り込む。近頃のように、少々ギャラを弾み、それなりの必然があれば脱いでくれる女の子が、あまたいる時代ではない。やくざ紛いの商法といえども、彼らも大変だったに違いない。

火石プロは、岩手県から青雲の志を抱いて上京した火石淑夫によって作られた。火石は中学卒業後、仙台の青果店、青果市場などを経て、東京では雑誌の行商をやりながら同好の士を集めバンドを組んで孤児院や結核療養所を回った。バンドマンとの関係からマネージャー業へと転じていく。一九五七年頃から首を突っ込んだ芸能界で、五九年には〝火石プロ〟を名乗った。

「そのときから〝将来はハダカの時代がくる〟と、ハダカ候補の女のコたちを集めて、連日、売込みに出かけていきました。ハダカの草分け的な存在でしたから、〝火石＝ポルノ〟といわれたくらいで、これまで出したタレントは四百〜五百人くらいはいるんじゃないかしら。最盛時には百二十〜三十人くらいの女のコがいました」（週刊大衆「ポルノの〝帝王〟火石淑夫氏が亡くなって裸タレントたちは何処へ？　火石夫人睦子さん談」、一九七五年二月六日号）

火石淑夫がいなかったらピンク映画のブームはかなり遅れていたのではないかと言われるくらい、女のコの数では圧倒していた。そんな火石淑夫が死んだのは、七四年九月。「百姓のオレがモテるわけないよ」と言いながら商品には手を出さず、〝ハダカ商売〟に徹したと言われ、ストイックな男だったという説もある。四十五歳の若さで心筋梗塞だった。

ピンク映画界でスター女優たちを補完し、出ては消え、脱いでは去っていったのが火石プロの女優たちであった。

「お友達が、やっぱりモデルやってたのね、で、ホラ、あの頃、アタシ十八か九で、アルバイトでモデルやってみないかって。別にお芝居が好きでやったわけでもないし、お芝居完全に素人だしね。それが最初のキッカケね。単純なのよ。モデルを三ヶ月位やったのね。それから、何か映画やってみないかって言われて、いきなり主役をやらされたんだけど……とにかくね、芝居やったことないから最初タイヘンだったワ」（辰巳典子）

新藤孝衛監督に口説かれてピンク映画に入った新高恵子が、『大山デブ子の犯罪』を皮切りに寺山修司の天井桟敷に参加しアングラへと移ったのは六七年。小川欽也作品からピンク映画に出演した内田高子が、向井寛監督と結婚したのが七一年（引退はその後）。辰巳典子も、七一年にはテレビの照明マンと結婚し引退した。

辰巳典子さんは、現在、下北沢駅前でスナックを経営している。取材に行くと、小生の顔を見て、「あなた、私の映画見たことないでしょ」と、早速言われた……。

黄金時代にスターだった女優の誰かに会っておきたいと思った。

渡辺護監督、九重京司さん、野上正義さん、小川欽也監督、誰に聞いても必ず辰己典子の話が出てきた。

「もっと大女優になれただろうに……」それが口を揃えた意見だった。だから、当時作品をほとんど見たこともない往年のピンク女優にドキドキしながら会いに行った。

ハラハラであった。しかし彼女は、優しく迎えてくれたし、往年のスターらしい風格さえ身に付けていた。なるほど、なぜ、彼女が監督や男優さんたちから評判が良いのかが分かったような気がした。小柄だが引き締まった肉体と、キリッとした顔つきは日本人男性の最も好むタイプだとも思った。既に三十三歳、一児の母でもある。

新高、内田、辰巳に代わって出て来た白川和子、宮下順子、谷ナオミは、僕にも馴染みがある。日活ロマンポルノのスクリーンで何度となくお目にかかっている。向井寛監督に見出されたという白川、スカウトされ小林悟監督作品に出たのが始まりの宮下、九州から出て来て田舎娘が右も左も分からぬうちに出たのがピンク映画だったと言う谷、彼女たちはみんなピンクにとどまらず日活ロマンポルノを経由してスターとなっている。言うならば彼女たちは、前の世代が破れなかったメジャーへの壁を突破して行ったことになる。それは、また時代の要求でもあったろうか。

市民権を得たピンク・ポルノ映画にあって、彼女たちもまた市民権を得た。

「若松孝二も助監督だった頃に、船床定男っていう早撮り名人のテレビ映画監督がいて、『月光仮面』とか『隠密剣士』とか撮っていた。もう亡くなったけども。僕は、もともとは役者でね。アルバイトで助監督をやっていた。『一休さん』っていう船床組のテレビ映画を撮った時に、若松孝二も来ててね。そこで知り会って、彼が一本目を撮る時に役者で出たんだ。そんで二本目の『激しい女たち』から助監督で付いたわけね。それがピンク映画界に入るキッカケだね」と語るのは、梅沢薫監督。

新潟県出身。児童劇団〝N・B・K〟に所属していた時の同期に野上正義がいる。六五年『十代の呻吟』（国映・石井マリ）で監督デビュー。折しも若松孝二が『壁の中の秘事』でベルリン映画祭に出席している最中だったため、若松監督の了解のないまま一本立ち。帰国後に若松の逆鱗に触れ、その後『乾いた処女』（若松プロ・志麻みはる）を最後に若松監督のもとを去り、向井寛監督の一党に与した。向井の助監督を経て六七年『素肌の罠』（日映企画・成瀬恵子）で向井が付けてくれた東元薫の名で本格的にデビューした。以後、コンスタントに作品を発表。日映企画から古巣の国映に戻ってからは梅沢薫の名前を多く使い、勝新太郎のそっくりさんを主演に起用した『好色座頭市・四十八手斬り』やピンク映画の名場面や街頭インタビューで構成した『ピンク映画十年史・性のあけぼの』、ピンクアクションの頂点ともいうべき『濡れ牡丹・五悪人暴行篇』（大和屋竺脚本・主演）などを六九～七〇年にかけて監督しどれも話題を呼んだ。

梅沢の当時チーフ助監督だったのが、中村幻児である。梅沢は、日活買い上げ作品『女高生芸者』（七一年・プリマ企画）が警視庁によって摘発されてからは、元気がなく職人ふうに徹している。東映セントラル、国映でいまなお作品を量産している。「アクション映画をまた作りたいねえ……」と、しみじみ語ってくれたのが印象的だった。

「いままでに、いろいろ撮ったけどね、結局、自分たちの映画っていうのは、初号試写までですね」というのは、木俣堯喬監督。

江戸っ子だが、京都で自分のプロダクションを起こしている。一九一五年生れだから古い。美術学校で彫刻を学び、彫刻家としても活躍した。演劇に手を出し、東映京都撮影所で時代劇などの俳優としても活躍した。やがてピンク映画に乗り出して、〝プロダクション鷹〟と名乗り『赤いしごき・日本毒婦伝』（風魔三郎監督・香取環主演）をプロデュースしたのが六五年。『野武士』（倉橋良介監督）『背徳』（倉橋良介監督・新高恵子主演）を製作したのに続いて、『肉体の河』（六六年・扇町京子主演）から自ら監督した。フロアショーのダンサーの姉妹の話だった。その後約十本のピンク映画を京都で撮るが、六八年の『狂った牝猫』より東京へ進出した。大蔵貢と喧嘩して大蔵チェーンからパージされたり、若松プロと業務提携して異色作を撮るなど、多々あって今日へ。ピンク女優の珠留美は妻、若手監督の和泉聖治は息子である。一家でピンク映画人なのである。

黄金時代来たり去り。苦悶の時代がやって来る。

女優も監督も新旧交代した。去りゆく女優、消えた監督たち。残る者、新たなる者、入りつ乱れつ激動の季節へ突入していった。

六八年、米原子力空母エンタープライズ佐世保入港、金嬉老事件、新宿騒乱、三億円事件、アングラブーム、鈴木清順問題、ＡＴＧ〝一千万円映画〟。

六九年、奥崎謙三天皇をパチンコで狙撃、東大安田講堂攻防戦、永山則夫逮捕、『男はつらいよ』第一作公開、映画観客三億人を割る。

七〇年、万国博、大映と日活が提携＝ダイニチ、よど号ハイジャック事件、内田吐夢監督死去、三島由紀夫割腹自殺。

木俣堯喬監督　月刊「成人映画」1969年8月号より

梅沢薫監督　月刊「成人映画」1969年4月号より

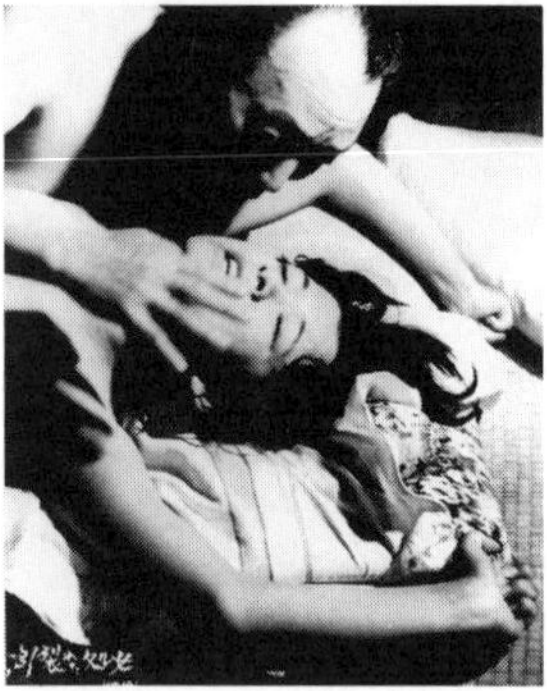

白川和子　『引き裂かれた処女』より

辰巳典子　『婦女惨殺』より

七一年には、日活ロマンポルノが開始する。

ピンク映画は、苦しんでいた。出口を求めて彷徨う。渡辺護、向井寛、梅沢薫、山本晋也の活躍が目覚ましかった。若松プロの疾走も激化を極め、はるかにピンク映画から遠い地点へ突き抜けようとしていた。時代が、そうさせたのかも知れない。映画の本質へ肉迫する若松と仲間たちの飽くことなき挑戦は、ピンク映画の初志を貫徹していた。

ピンク映画の初志とは、エロスを武器に独立プロが、大手資本に攻撃を仕掛けること。配給系列を喰い破り、映画市場のアナーキーを創出することにあった。

新東宝撮影所という日本映画最底辺の現場から出立した監督たち、大部屋からやって来た女優たち、メジャーからはみだした者たちによって夢が語られ、満身の力を発揮して作られたのが、ピンク映画という世界だった。

七〇年代に入り、ピンク映画は堕落していくようだ。ピンク映画としての活力と可能性、誕生期から続いた激戦は六〇年代とともに終ったかのようだった……。

大蔵映画がピンク映画を量産するキッカケとなった『雌・めす・牝』
（小川欣也監督／1964年）

第四章

若松プロの過激な疾走

Ⅱ～Ⅲ▽月刊「映画タウン」1980年10月号掲載、他は底本書き下ろしに加筆・修正。

『水のないプール』演出中の若松プロ・スタッフ

I 若松プロの過激な疾走

いま、若松孝二とその仲間たちは燃えているか――!

かつて日本の映画界を根底からゆさぶった若松孝二の一党は、さまざまに散っていた。彼らは、いま、それぞれの戦場でそれぞれのより激しい闘いを展開している。若松孝二もまた、怒り、腹を立てて、映画現場での闘いを闘い続けている。

まだまだ、若松孝二は激しい。

そして、新たな世代として若松プロへ入って来た若松プロの若手たちは、若松孝二より以上に熱い心を胸に秘めているに違いない。若松孝二が、その激しさを持続している以上きっと、新しいエネルギーが、若松プロを体内から変動させてゆくことだろう。

人間・若松孝二と運動論としての若松プロダクション、この二つのテーマが現在形の形で、いくらかでもここに照射することができれば、それで成功である。

若松孝二という豪傑の星が、戦後日本の映画の最底辺を基盤に、さらにいくつもの星たちと出会って、どのように戦略を展開してきたのか。そして、展開してゆくのか。それが知りたい。それを検証してみたかった。

一九三六年生まれ、今年四十四歳になる若松孝二を主宰者とする映画集団は一九八〇年、どう胎動し、どう宣戦し、どう待機しているのか。

数多い若松孝二の人物論に筆者は目もくれず、ひたすらいまの若松孝二を、明日の若松孝二と若松プロをと独りよがりを試みることにした。若松孝二は、いまも伝説の人などでは決してなく、有り余るほどのエネルギーに満ちて生き、語ってくれた。

という決意をもって、一九八〇年に〝ズームアップ〟と並行して僕が関与したポルノ系映画雑誌「映画タウン」で若松プロの特集を行った。「総力特集」十一ページ、若松孝二のクローズアップインタビュー、若松プロスタッフ座談会、亀和田武による若松孝二論「若松孝二の突出した観念性が世界を異化する」、若松プロ専属女優だった島明海の独占インタビューの四部構成がその全容だが、ここでは若松孝二インタビューとスタッフ座談会を採録して筆者自身による若松プロ理念を展開する。

若松孝二　月刊「映画タウン」1980年10月号／若松孝二特集扉ページ

Ⅱ　若松孝二かく語りき

若松孝二へのインタビュー、そして若松孝二を取り上げることは、若松孝二が映画界に登場してから今日まで数限りなく行われている。それほど若松孝二は、スキャンダラスな、そして人間として魅力のある人だ。

若松孝二は、常にスキャンダルという怪物と二人三脚してきた人物だ。暴行シーンの激しさで売れっ子になるデビュー当初、ベルリン映画祭で文字通り一大スキャンダルを繰り広げた『壁の中の秘事』事件、足立正生の参加を得てからエスカレートしていくその戦闘的な時代、〝スキャンダル〟は、若松孝二に付きまとい続けた。

だが、若松孝二の信条とするところこそは、スキャンダルそのものである。自らを、スキャンダラスな人間として規定して、社会総体へ常に闘いを仕掛けるその腕力が、若松孝二を若松孝二たらしめる源泉なのである。

そして、いまの若松孝二は――。そのスキャンダルな腕力をどう持続しているだろう。ここ数年のピンク映画ブームとは逆に独自に、その世界を広げているとも思える最近の活躍は、これからの若松孝二をどう方向づけてゆくことになるのだろうか。まずは、本人の口から聞いてみるしかない。

新作の『聖少女拷問』を見てきたんですが、やはり力作っていうか、スゴイなって感じで、テーマにしろ映画にしろ……。

うーん、それはね、いま、戦争を美化した風潮、つまり再軍備にいろんな世論がだんだんなってきている。今日の新聞なんか見ててもそうだけど、ボーイスカウトにまで戦車の操縦を教えるとか、そういうふうにだんだんなってきているわけだ。

かつての日本で、軍部が一番威張って、権力を持って来つつあった時代、隆盛して来た時代には、やはり前提には日本の人民が、要するに貧乏になってゆく、生活が苦しくなってゆくということがあったんだよ。そういうことを、この頃戦争を美化した映画が、あまりにも当たり過ぎているんで、その辺をひねってみようということで、ああいう感じの映画になった。

映像が印象的だったんですが、主人公（島明海）が売られてきた女郎屋を巡って四季を描いている。かなり凝って作られてるなって思ったんです。

映像っていうより、いまのピンク映画っていうのは、僕は共同便所の落書だと思っている。あまりにも、ただただ〝見せもの〟ばかり多いんで、一応映画に関わる以上は、少しは落書らしい落書を作ろうかっていうことだ。

あれを見たピンクの監督連中が、ただただ何でもかんでも撮ればいいってことではなくて、少しでも刺激になれば、別にそんなにお金がかかる話じゃないから、やればいいんじ

若松孝二作品リスト
1963〜1982

1963年（昭和38年）

■甘い罠（東京企画／宝映）
五所怜子、香取環、竹田公彦

■激しい女たち（国映）
橘桂子、香取環、若杉嘉津子

■おいろけ作戦・プレイボーイ（国映）
牧和子、久野四郎、香取環

1964年（昭和39年）

■悪のもだえ（日本シネマ）
松井康子、中康介、寺島幹夫

■不倫のつぐない（新栄フィルム／日本シネマ）
路加奈子、佐久間しのぶ、三鬼弘史

■雌犬の賭け（日本シネマ）
松井康子、早良純、香取環

■赤い犯行（日本シネマ）
路加奈子、神山卓三、寺島幹夫

■恐るべき遺産（クレンズヒル映画）
美田芳江、花ノ本寿、劇団ひまわり

■網の中の女（日本シネマ）
野上正義、矢城那美、公敦子

■鉛の墓標（ダイヤプロ／国映）
築地洋子、野上正義、田代かほる

■逆情（日本シネマ）
公敦子、寺島幹夫、扇町京子

■乾いた肌（日本シネマ）
宮村京子、三井由紀子、里見孝二

■白い肌の脱出（日本シネマ）
若原珠美、扇町京子、佐久間しのぶ

ゃないかということだ。要するに話を広げるためにも一つはあるけれど、つまりピンク映画でも、これくらいは安い予算でもできるんだっていうことを僕は言いたかったんだね。

撮影は、長田勇市さんですね。

今度のやつはね。ポスターに印刷会社で間違って伊藤英男って書いてあるんだが、あれは長田勇市です。いいでしょ、あれ、なかなか？

やはり、ワンシーンワンカットみたいな考え方を意識されているわけですか。

そうじゃなくて、話そのものが、そういう話だから、あんまりコセコセカットを割るよりは、ああいう具合に長回ししたほうが、人間の哀しさとか、そういうものが出るんじゃないかっていうんで、なるだけカットに割らないようにした。いま、ラブシーンでもなんでもただただ割ってベトベト撮ってるのが多いから、ドーンとかまえて撮りたかった。

僕は長回しは案外多いんですよ、昔は。ただ役者が下手だから割るだけであってね（笑）。役者が巧かったら、長回しが好きなほうなんだ。役者が下手だと、どうしても割らざるを得ないんだよね、芝居が持たないから。

前から撮影していても、使わないなんてこともあったんでしょうか。

前も、四分とかそんなのいくらでも撮ったことあったけどね。長回しして持つか持たないかってことなんだよ。

本当言うと、持つんだったら長回しのほうが、見てる客がテレビでチャカチャカ見せられているから映画見た時に、スッとすると思うんですよ。僕自身がそうだからさ。ロングサイズとか見るとほっとするんだな。テレビも、僕はよく見てるけど、あんまりボンボン寄りサイズばっかりだから、ふっと引くと安心感みたいなのがある。僕は寄りか引き以外

1965年（昭和40年）
■離婚屋開業中（日本シネマ）
松井康子、扇町京子、西朱美
■情事の履歴書（日本シネマ）
千草みどり、明石健、三枝陽子
■太陽のヘソ（国映）
ティアーレ・ウッド、睦五郎
■壁の中の秘事（若松プロ）
可能かづ子、藤野博子、吉沢京夫
■冒瀆の罠（国映）
森まこ、藤田功
■歪んだ関係（国映）
城山路子、新高恵子、吉沢京夫
■欲望の血がしたたる（若松プロ）
叶美智子、上野山功一、香取環

1966年（昭和41年）
■血は太陽より赤い（若松プロ）
大塚和彦、若原珠美、桂奈美
■愛のデザイン（第七グループ）
路加奈子、大野雅子、松井康子
■ひき裂かれた情事（若松プロ）
加山恵子、寺島幹夫、林田光司
■胎児が密猟する時（若松プロ）
志麻みはる、山谷初男
■白い人造美女（若松プロ）
向井まり、水城リカ、山本昌平
■情欲の黒水仙（若松プロ）
向井まり、津崎公平、大和屋竺

『赤い犯行』

に撮らないんだけど、どうしてもロケセットの場合は、中途半端なサイズに、なっちゃうってところはあります。

シナリオはどなたですか。

掛川正幸君と僕と一緒にやったんだけど。それでも掛川は自分の名前ではなくて、若松プロの一員として出口出にして欲しいということで。

掛川さんというライターは前から?

僕の映画は四本くらい書いてるかな。『十三人連続暴行魔』の主役をやったデブ、あの、自転車乗っていろいろ殺して回った奴いたでしょう。彼が、そう。『十三人連続暴行魔』の時も、あのシナリオは彼が書いたんだけども、俺はこういう人間とこういう人間を殺したい。おまえも殺したい奴を全部書いてこい。それでおまえが主役だから、腹立つことなんでも書いてこいと言って、ああいうシナリオができてきた。（掛川正幸は、馬津天三という役者名で、『聖少女拷問』にも軍人の役で出演している）

ピンク映画は、年に三本ぐらいなんですか。

いや、仕事が来ないんだよ。僕の場合は予算的に、普通の人より高いんだ。結局、僕は安いのではやらんからね。配給会社の連中がもっともっと劇場から金を取って来て、みんなに金を出せばいいのに、全然出さないわけだよ。

みんな、配給会社の言いなりになってさ。結局バカバカ映画を撮ってるから、こんなふうに買い手市場になり過ぎちゃうんだよ。僕はそれが嫌だから、こっち側がある程度主導権を握る意味で、自分の嫌なものは撮らんと。自分の撮りたいものしか撮らんと。そうすると自ずから、お盆とか正月くらいしか仕事が来ないということになる。

1967年（昭和42年）

■網の中の暴行（若松プロ）
野上正義、タルス・テーラー

■或る密通　第3話「口紅」（日本シネマ）＝向井寛、山本晋也とオムニバス
伊地知幸子、野上正義

■日本暴行暗黒史・異常者の血（若松プロ）
野上正義、山本啓子、山本昌平

■性の放浪（若松プロ）
山谷初男、新久美子、水城リカ

■性犯罪（若松プロ）
吉沢健、高月美夜、瓜生良介

■乱行（若松プロ）
船山純子、林美樹、吉沢健

■続日本暴行暗黒史・暴虐魔（若松プロ）
山下治、林美樹、坂本和江

■犯された白衣（若松プロ）
唐十郎、坂本道子、林美樹

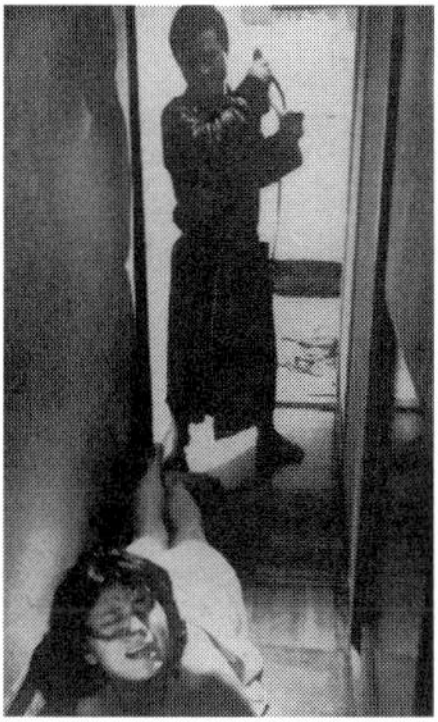

『胎児が密漁する時』

若松監督の場合、予算はどのくらいなんですか。

それは、ちょっと言えないけど（笑）。予算は、みんなより多いから。雨を降らせたり、いろんな小道具とかそういうものが使えるというのは事実だ。ああいうシナリオだから、会社も予算を少し多く出した。

若松プロの事務所は、前によく出入りしていた頃とあまり変わっていなかった。しかし、久しぶりに事務所に入るやすぐに目についたものがあった。それは『戒厳令の夜』のポスターだった。インタビューを行った日は、『戒厳令の夜』の封切りから二週間ほど経過していた。『戒厳令の夜』については、完成するまでにいろんな経緯があったと聞いている。いろんな人がいろんなことを言っている。だが、若松孝二にそのことを聞かないわけにはいかない。

話は飛ぶんですが、この間『戒厳令の夜』のプロデューサーをなさったということですが、その辺で何かありませんでしょうか。

僕は、プロデューサーって言ってもつまり、自分もその映画を一緒に監督してるっていう気持ちで、映画を作ってるんですよ。仕事を分けるとプロデューサーっていうことになるんだろうけど。監督と一緒に俺も演出しているっていう、自分も一緒にそれに関わってるっていう気だからね。助監督みたいな仕事もやるし、制作進行みたいな仕事もやるし、それから売り込みも。あらゆることをやっちゃう。だから、僕がプロデューサーとして関わると監督はある程度、仕事がやりいいんじゃないですか。

プロデューサーは何回目ぐらいになりますか。

大きい仕事は、『愛のコリーダ』と『戒厳令の夜』の二本です。

1968年（昭和43年）
■腹貸し女（若松プロ）
門麻実、吉沢健、津崎公平
■肉体の欲求（若松プロ）
山谷初男、若杉聖子、吉沢健
■新日本暴行暗黒史・復讐鬼（若松プロ）
吉沢健、津島明子、相原香織
■金瓶梅（ユニコンプロ／松竹）
伊丹十三、真山知子、若松和子

1969年（昭和44年）
■狂走情死考（若松プロ）
吉沢健、武藤洋子、山谷初男
■処女ゲバゲバ（若松プロ）
芦川絵里、谷川俊之、林美樹
■通り魔の告白・現代性犯罪暗　黒篇（若松プロ）
芦川絵里、福間健二、花村亜流芽
■初夜の条件（若松プロ）
美矢かほる、江島裕子、森美千代
■ゆけゆけ二度目の処女（若松プロ）
小桜ミミ、秋山未知汚、青木幽児
■肉の標的　逃亡（国映）
野上正義、香取環、相原香織
■婚外情事（国映）
野上正義、香取環、木南清
■現代好色伝・テロルの季節（若松プロ）
江島裕子、吉沢健、佐原智美
■理由なき暴行・現代性犯罪絶叫篇（若松プロ）
浅香なおみ、東条瑛、江島裕子
■裸の銃弾（若松プロ）
林美樹、芦川絵里、吉沢健

その他はずうっと、いままでの、大和屋竺とか足立正生とかいろんな連中のプロデューサー。若松プロのやつだね。

若松プロの他の監督さんの時には、全部プロデューサーということになってるわけでしょうか。

プロデューサーというより、僕が話を決めてきたら、後は任せっきりだね。若松プロの場合は。どうぞご自由にって言ってさ。できた時、ボロクソに言うぐらいで。(笑)

高橋伴名明の場合は、自分で独立したっていう形にはなってますがね。

高橋プロっていうのは、いつからなんですか。

正式には、今年からかな。

若松プロは、さまざまな人間たちを輩出している。足立正生、大和屋竺、沖島勲、小水一男、高橋伴明、他にも中村幻児、梅沢薫、山下治などなど限りなくいる。その昂揚期に若松プロを通過した人物は、数えきれない。それだけ若松プロは、映画と時代を牽引してゆく力を持っていた。

――いまも、若松プロからも新しい動きが、徐々にではあるが起きようとしている。

最近、若松プロからということで磯村一路さんが監督として撮っていますね。

まあ、これからじゃないですか。今度撮るのは、三本目かな。だいたい高橋でも三本はどう仕様もなかったよ。四本目にやっと映画らしい映画を撮ったよ(笑)。僕は、やっぱり一番最初に撮るのがいちばん面白いか、一〜二本撮って三本目か四本目かでやっとコツというのかな、やっと分かってくるかのどっちかだと思うな。最初は、ただ夢中で撮って

1970年（昭和45年）
■性教育書・愛のテクニック（若松プロ）
芦川絵里、矢島弘、江島裕子
■真昼の暴行劇（若松プロ）
一星ケミ、芦川絵里、鏡甚平
■新宿マッド（若松プロ）
江島裕子、谷川俊之、吉村隆史郎
■日本暴行暗黒史・怨獣（若松プロ）
辰巳典子、島絵梨子、野上正義

1971年（昭和46年）
■性輪廻《セクラマグラ》・死にたい女（若松プロ）
香取環、島江梨子
■いろはにほへと　性賊《セックスジャック》（若松プロ）
秋山未知汚、笹原茂朱、加賀美好子
■愛の行為・続愛のテクニック（若松プロ）ドキュメンタリー
北美マヤ
■私は濡れている（若松プロ／国映）
芦川絵里、島たけし、津崎公平
■秘花（若松プロ）
横山リエ、吉沢健、足立正生
■赤軍-PFLP　世界戦争宣言（若松プロ）ドキュメンタリー
■性家族（若松プロ／国映）
宮下順子、今泉洋、香取環

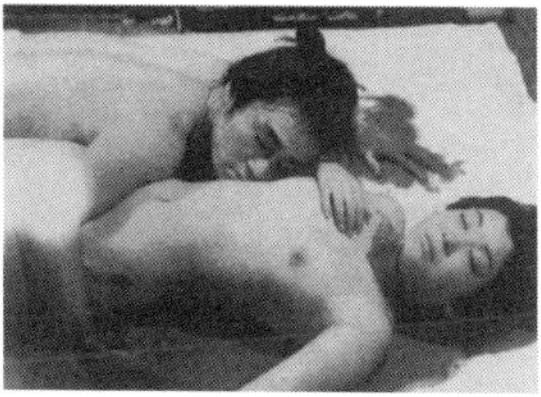

『日本暴行暗黒史』

るだけで考える余裕がなくってさ。

磯村監督は、これからずっと撮っていく感じになるんですね。

それは、仕事がくれれば、ずっとね。

磯村さんが監督になったというのは、去年作った新人監督共作のオムニバス作品で認められたということになると思うんですが、ああいうスタイルの映画を作られた動機は？

三人助監督さんがいて、三人撮ってその中のいちばんいいのは先輩、後輩もなしで監督として育てる。僕と配給会社が見て、誰に撮らせるか決めるということでね。それで磯村がなんとかパスした。後の人は、当分まだ助監督やらなきゃいけないっていうことだ（笑）。

磯村一路のどんなところを評価なさっているわけですか。

つまりああいう映画がピンク映画にあっていいと思うし、ピンク映画っていうとすぐに何でもかんでも殴ったり縛ったり、ただただラブシーンばっかりを撮っている。だったらストリップを見に行ったほうが早いんだしさ。そうじゃなくて、作家がある程度、作る姿勢みたいなものを持たないといけないと思うんですよ。

高橋伴明監督の最近の作品に関しては、どういうふうにとらえられていますか。

正直な話、配給会社にやっぱ媚び過ぎちゃって。本人から言わせたらそうじゃないって言うけども、僕から見るとサービス過剰なところがあるね。

具体的には、どういうことですか。

例えば、映画のお話というのじゃなくて、縛りとかラブシーンとかをしつこく撮ってる

1972年（昭和47年）
■天使の恍惚（若松プロ／ATG）
吉沢健、横山リエ、荒砂ゆき
■現代日本暴行暗黒史（国映）
篠原千恵、宮下順子、山本昌平
■㊙女子高校生　悦惚のアルバイト（若松プロ／東映）
早川みゆき、今泉洋、布川徹郎
■性と愛の条件（若松プロ）
山本昌平、宮下順子
■黒い獣欲（若松プロ）
バーナード・ジョンソン、ドナ・ケイ

1973年（昭和48年）
■㊙女子高校生　課外サークル（若松プロ）
秋山ミチヲ、水城マコ、佐藤慶

1974年（昭和49年）
■濡れた賽ノ目（若松プロ）
司美智子、吉沢健、青山美沙
■淫欲輪獣（若松プロ）
中島葵

『処女ゲバゲバ』

っていう形がある。その中に本人の言いたいこともあるんだろうけど、僕の目に映った感じではね。ただ、よその監督さんなんかと違うのは、あいつは利口な奴ですから。だから、来年アメリカに留学したいって言ってるし、僕自身もそれは物凄く賛成している。このまんまずるずる、緊縛の映画撮ってるよりも、そういうレッテルを貼られるだけだから。いろんな自分の映画を撮れる監督になったほうが、僕はいいんじゃないかと思う。そういう意味では、撮れる才能を持った人だからね。

若松監督自身の今後の作品は、次は秋ぐらいになるんでしょうか。

七、八月は仕事にならないだろうし、だから八月頃からシナリオを書き始めて『餌食』の続編みたいなのを撮りたいと思ってるんですよ。

独立プロになるか、メジャーになるかは分かんないけれど、とにかくそういう企画をもう一度。八〇年代はレゲエの時代だと言った以上は（笑）やっぱしもう一本くらいは撮らないと。あれ一本でポシャったんじゃね。音楽、ロックをテーマにしたものを、もう一本やりたいと思っています。

もちろんちゃんとピンク映画も撮る。ただ、ピンク映画の場合は新東宝しかないからね。後は僕の映画、難しいというか観念的だということで敬遠される。それでも、不思議なんだな。この前の『聖少女拷問』でも、配給会社のセールスマンが映画らしい映画がやっとできたって言うんだ、そういう評価はするわけです。僕は、こういう映画を撮るようになってからの志というものをワンパターンと言われようが持ち続けて、撮り続けるとは思いますよ。

去年の三本のピンク映画の脚本は佐々木美規慎さんですが、シナリオライター佐々木美規慎はどうですか。

1975年（昭和50年）
■デルタの掟（新東宝）
南ユキ、月田昌也、山崎あい
■売春婦マリア（ミリオン）
中島葵、野上正義、石井寛史
■拷問百年史（新東宝）
中島葵、今泉洋、南ユキ
■実録　女高生集団売春（新東宝）
宮下順子、橘ゆき、今泉洋

1976年（昭和51年）
■現代性拷問（新東宝）
橘ゆき、茜ゆう子、十時じゅん
■残忍女暗黒史（新東宝）
小倉リカ、十時じゅん、下元史郎

1977年（昭和52年）
■女刑御禁制百年（新東宝）
野口美沙、野上正義、市村譲二
■聖母観音大菩薩（若松プロ／ATG）
松田英子、佐久田修、浅野温子
■日本御禁制　女人売買（新東宝）
沢木ミミ、今泉洋、国方二郎

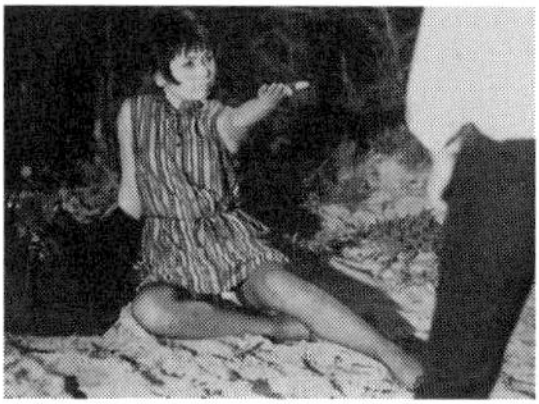
『性の放浪』

どうって、僕は凄くいい子だと、いい子っていう言い方はアレだけど、うん、シナリオライターとしては良かったですよ。ただ凄く意固地なところがあるからね。僕がシナリオライターだからあんまり現場に来ないで欲しいと言ったのが、ウチに来なくなった理由だと思うけど。やっぱり撮影やっているうちに、条件とか考えが変ってくるわけですよ。彼は、俺はシナリオライターだって、私の脚本はこうだって言い方するから。仕事やりづらいから現場に来るなって言ったら、それからウチに来なくなったんだよ。

「餌食」の続編で具体的に考えてらっしゃったり、やりたいっていうことは。ロック映画っていう感じになるんだと思うんですけれど。

ロック映画になるか、ヤクザ映画になるか、つまり僕は音楽を使いたいということです。まだ頭とケツだけしかできてないんだけど……。

ロックのコンサートやってると、急に電気が消えて、ロック歌ってる奴がどっかから射たれて死ぬところから、ずうっと探って行くとロックを潰そうというひとつの組織みたいなのがあって、それにだんだん復讐していくっていう。いつも復讐劇になるんだけどさ。

まあ、そういうのにするか、それともヤクザ映画のパターンを取り入れて撮るか、その辺はまだあやふやなとこです。

役者とかも、全然未定ですか。

僕は、裕也さん（内田裕也）でいきたいと思っています。それとも、たまにはメロドラマでも撮ってやろうかと思ったり、いろいろ。いまの映画の時代っていうのかな、『戒厳令の夜』はズッコケたし、何撮っていいか分からないですわ（笑）。

1978年（昭和53年）
■暴虐女拷問（新東宝）
中野リエ、野上正義、今泉洋
■十三人連続暴行魔（新東宝）
馬津天三、山下エミ、杉佳代子

1979年（昭和54年）
■残忍連続強漢魔（新東宝）
飯島洋一、岡尚美、野口美沙
■現代性犯罪・暴行監禁（新東宝）
山谷初男、島明海、中野リエ
■餌食（東映セントラル／東映）
内田裕也、多々良純、栗田洋子
■現代性犯罪・全員殺害（新東宝）
島明海、浜崎マヤ、谷本一

1980年（昭和55年）
■聖少女拷問（新東宝）
島明海、下元史郎、水紀ゆき子

1981年（昭和56年）
■密室連続暴行（新東宝）
島明海、あおい恵、今泉洋

1982年（昭和57年）
■水のないプール（東映セントラル）
内田裕也、MIE 、中村れい子

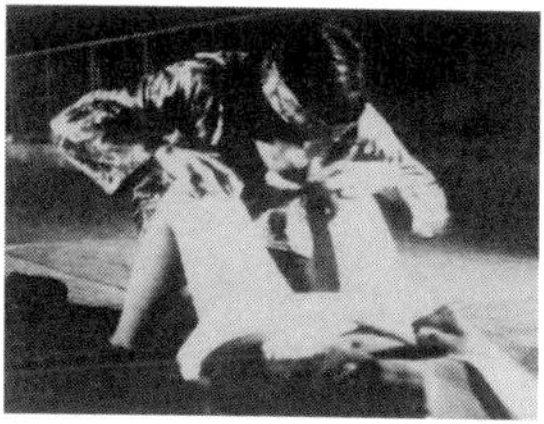

『ゆけゆけ二度目の処女』

『餌食』は、七九年、レゲエがブームになってくるタイミングの中で、ボヴ・マリィ、ジミークリフ、サードワールドとレゲエのミュージシャンが続々と来日するという好条件のもとで作られた。若松孝二が〝レゲエ〟をテーマにするということは、極めて正当に思えたし、若松孝二にしか〝レゲエ〟の最も過激なこころは描けないはずだった。ただ、その映画のスタッフ全体がどれだけ〝レゲエ〟を理解したかは定かではないが。それが評価を分けた原因であったかも知れない。だが、『餌食』は、面白かった。決してベストではないにしろ、一九七九年の若松孝二がそこには表現されていたからだ。

『餌食』では評価が分れて、確か斎藤正治氏なんかは、成田空港云々ということで批判してましたよね。あの辺はどうなんですか、反論あるんじゃないですか。

いや、僕も成田には反対してるから。それを撮ったということは、僕自身も自己批判はしてますけどね。ただ、僕は、映画評論家だったら、映画の内容で叩いて欲しかった。ただ成田を撮ったということじゃなくて。まして、足立の同志たちが泣いているだろうなんて批判じゃなくて、ちゃんとした映画の内容の批評を書いて欲しかった。それは、ボロクソに書かれようが構わないですよ。映画なんて見る人によって違うわけだから。でも、あの人「人民新聞」にまで書いてるからね。

「人民新聞」にまで書くということは、政治的にあの人、これからちゃんとやってくんだろうし。ましてあの人が、成田から飛行機で飛んだり帰って来たりしたら、俺はあの人をペンの暴力ではなく鉄拳を振るう。斎藤さんに言いたいのは、僕に暴力を振るわせないためには成田から飛んだり帰ったりしてもらっちゃ困ると、僕はもちろん成田から外国に飛んで行くし、帰って来ます。

だから、つまり斎藤さんの言ってる成田を撮ったということは、僕としては痛い話だけども、だって飛行場はあそこしかないんだもん。僕は、そんなことじゃないと思うのね、運動っていうのは。それは、小川紳介に言われるんだったら、まだ納得するよ。斎藤正治あたりに、あいつ何やって来たの、いままで。ほんとだよ。日活裁判だってそれを飯の種にして、要するに生活の糧にしてるだけでさ。ほんとに日活裁判を考えてさ、ワイセツを考えるんだったら一度自分がワイセツ行為をやって、自分自身が被告になってやってみるべきですよ。

ピンク映画とかいう枠ではなくて、映画界全体について言いたいことがありましたら。

そうだね、やっぱし良い映画は入るってみんな言うけど、いま、良い映画っていうのは果たして何か。小ホールなんかでやる場合だったら、良い映画も入るだろうけどメジャーの場合は、宣伝っていうのでしか客が来ない時代、これもどうにもならない時代じゃないかと思いますね。

　戦争映画が次から次へ出てきてる。この世の中の世相っていうのは、やっぱ変だね。作る映画屋さんも考えなくっちゃいけないんじゃないか。そういう映画を作っている人たちも、空襲とか戦争の悲惨、それから朝鮮戦争からベトナム戦争を全部体験してきてる時代の人たちですからね。戦争を美化したような映画をかっこ良さだけで撮ってもらうと、僕はやっぱ困るね。

　それともうひとつは当たっている映画を見てみるとさ、全部旅の映画なんですね。『幸福の黄色いハンカチ』だって北海道の旅だし、まあ寅さんもみんな旅の映画だけど。『復活の日』も南極が見たいということでね。中国を撮っただけの『天平の甍』とか、版画家の男が撮った『エーゲ海に捧ぐ』とか。全部当たった映画を見ると、女の動員っていうのかなOLの動員っていうのはその要素がある。

『戒厳令の夜』がズッコケたんで、いろいろ自分なりに毎日のように、なぜこれが入んなかったかとかいろんなこと考えると、僕は映画的にはそんなに悪い映画だとは思ってないわけですよ。やっぱ当たった映画は、こうしてみると旅の映画になってる。だからもう内容なんかどうでもいいんじゃないんですか、ただ風景を見たいんじゃないですか。南極が見たいとか（笑）。

観光なんだよね。見てないけど山田洋次の最近の『遙かなる山の呼び声』ってのもさ、北海道の旅の映画なんだよな。北海道行きたいとかさ（笑）。

だけど、九州なんていうのはないんだよね（笑）。俺は、これからそういう映画撮ったら絶対当たるような気がするね。おそらく『戒厳令の夜』もね、後半のつまんないタヒチに行って、タヒチからチリに入って行くあの航路を延々と見せたら、絶対女が来たと思うね。映画的には一番おもしろくないとこだもん、それは（笑）。撮る側としてはさ。

タヒチからあの辺の島を、いろいろ渡ってやっとチリに入って行くわけだから、それをずうっと撮り続けたら、これ、絶対、女が一杯来たよ。そういうのもう考えただけで、ヘドが出ると思うからさ。つまり俺たちは、金儲けはできないんだよ、やっぱしな。

映画界について、若松孝二はとめどもなく話した。若松孝二がそれだけ怒るほどいまの映画界はドン底なのだ。ドン底の映画界をどうしたらいいのか。それは、まだ若松孝二自身も掴んではいないようだ。『戒厳令の夜』が興行的に失敗した状況下で、若松孝二は悩み、新しい活動への模索を手探りしているのかのようだった。若松孝二はニヒルな笑いさえ浮かべて自己を総括し、そして新たな抱負を語った。

それは、若松孝二が四十四年間、さまざまに生きてきた自信から出る迫力のように思えた。映画監督若松孝二を支えるスキャンダラスな生き方は、人間若松孝二を常に時代の激流の中に置かずにはいないだろう。

人生っていうと大袈裟ですが、振り返って生きてこられて、どうですか——。

大変な質問だな（笑）。僕は、もの凄くラッキーな人生を送ってきたんじゃないですか。しんどさとか苦労とか人間にはどんなことでもあるけど、そういうしんどさとか苦労とかが、いまになってくると物凄くラッキーな、おそらくよその人から見れば、こんなに幸せに生きた男はいないいんじゃないかと思うぐらいだ。僕の生き方というのは、そんなふうに言えるんじゃないですかね。

いまでもしんどいですよ。毎日毎日しんどいけどね、よその人から見ればほんとに好きなように、人に遠慮しないで、映画撮って来たりさ、平気でパレスチナに行ったりね（笑）。いろんな弾圧受けながら、へこたれずによくやったって、周りから見れば。

僕自身は、そりゃしんどいけど、ずうっと時間が経ってみると、いいことやって来たと思いますよ。それは、ある時期、自分がそう思ったんだから。いつ死ぬか分かんないんだからさ、てめえが死ぬ時に、てめえの人生振り返って、やっぱ間違っていない生き方をして来たと思うような人生を生きたいと思ってます。

良いとか悪いとかは別にして、僕自身によその人から見れば批判もあると思いますよ、それは。よそから見ればウジムシみたいにしか思わないだろうけど、昔〝ゴミ〟って言われたこともあるからね。その時は僕は、ドブ川に咲く一輪の花だってあるんだゾって言ってやったこともあるけどね。僕自身は、もの凄くラッキーな人生だと思ってますよ（笑）。

（一九八〇年七月二十二日、若松プロにて）

若松孝二　月刊「成人映画」1969年7月号より

『犯された白衣』より　唐十郎

Ⅲ フリートーク・若松プロスタッフ

――いま、若松プロっていうのは、どうなっているんだろうか。それなりにガンバッているにしても、その辺が知りたいということで、現在それぞれの形で若松プロのスタッフとして活躍している皆さんに集まってもらい、若松プロとは何かということについて議論してもらいたいと思うわけです。喧嘩の一つ二つ出る感じで、バシバシやってもらえればと思います。

掛川　二通りの関わりがあるんだ。若松さんがすぐれた作品を出していた一九六〇〜七〇年代に、その上映会を各大学で行う。その中で映画を見て入って来た奴と、そうじゃなくて、全然別の分野にいたのが引っ張られて来る。それは、要するに映画をやっている人間の二通りという気がする。根っから映画が好きな奴とそうでない奴と。

――そういう意味では、どっちが最近は多いんでしょうか。
掛川　映画が好きだって奴のほうが多いんじゃない。
磯村　昔は、どうだったんですか。
掛川　昔は、映画なんか関係なくゴロッと来てた連中が多かったんじゃない。
樋口　昔もそういう人が居れたっていうのは、若松プロぐらいでしょう。
磯村　若松孝二を主宰者としたプロダクションがあって、そこに何らかの参加をしたり個人的に私塾したり、ある時来たり来なかったり、本来開かれた場所なんだよ若松プロは。
掛川　ある意味では、全共闘運動と似ているんだよ。思想的な信条とか綱領というのは、ほとんどない。そういうことで集まって動けるっていう幅の広さはある。そこが政治と映画の違いだけど、政治だとそれがゆえに崩壊してしまうということはあるが、映画の場合は組織的に誰が監督で誰がカメラということでなければできない。そういう意味では、非常にすぐれた組織だと思う。生活の面倒は見てもらえないが、その気があれば自分の位置は、保証されていくっていう。七〇年代の初めくらいに演劇で言えば、運動論、組織論を問題とした〝現代人劇場〟とか〝演劇センター〟だとかができて来たけど、いま見てみると組織論なり運動論なりことごとくない感じで、どれだけ実践しうるかということ。そこのとこで言えば、能書きを入れなかっただけに非常にいいものを持っていると思う。

磯貝　僕なんか、人間若松孝二として惚れてるから、作品としてはでき上がった時にいいなあって思うことも、失敗だなって思う時もあるけどね。仕事は厳しいよ。未だにボロクソに言われるから（笑）。

掛川　運動として言えば、赤軍というものを孕んで産み出した時に一段階終わっている。普通だとそういうものっていうのは、そこで崩壊するはずなんだけど、そこで残ってゆくっていうところに、若松さんの絶対の存在感なりリアリティがあるわけだ。だから、この次は何が生まれてくるのかっていう興味みたいなものもある。若い人どうですか。

福岡　運動論としての若松プロと、人間若松孝二ということですか。

掛川　関わってきた部分で言えば、アッちゃん（足立正生）だとか、それ以外いろんな人た

フリートーク出席者紹介
（1980年当時）

磯貝　一
昭和11年7月25日生まれ。44歳で若松孝二と同じ歳だ。映画には、初めエキストラのアルバイトで参加したが、あんまりピンハネされるので、ムカついているところへ黒沢明監督の『七人の侍』で照明係が足りないというので手伝いに行ったのが照明マンへのキッカケだ。若松孝二作品には、デビュー作の『甘い罠』以来、ずうっと付いている。

磯村一路
30歳。目黒のスナックで仲間と映画上映会を企画、第1回のゲストに若松孝二を呼んだのが若松監督との出会いとなる。その後、若松プロに出入りしていたが、『聖母観音大菩薩』を見学に行った時、若松孝二から、「次から助監督をやってみないか」と言われ、以来3年。今年に入り監督に昇進して、2本の作品を発表している。

ちは、いまいないけども、心情的な連帯はあるわけじゃない。はっきり言ってどこまで連帯できるか分かんないけども、その時に、ひとつの若松プロなり、あるいは若松さん個人にしてもその人と関わるなら、その人のやろうとしていることを支えていく上での連帯感っていうのはあると思う。それは砂漠であろうと、映画の現場であろうと変わりはないんじゃないかと思う。

福岡　若松孝二と若松プロの名前が出る時、かつて足立さんたちがいた時の運動ということが出る。もちろんあることはわかるし、その上での若松プロの動きや形であると思うんだけど、これからのことを考えた時に見えなくなってしまうことがあるんじゃないか。若松さん自身も、脚本《ホン》の段階にしても、昔はこうじゃなかったというのが常に出てしまうというのはまずいんじゃないかという感じだし。必ずしも過去を捨て去ってしまうというんじゃないけど、新しい動き方をしていく上での見切りのつけ方というのを、考えなくっちゃいけないんじゃないかという気がする。

磯貝　それはそうだと思うね。そのためには、若い人たちが積極的に動かないといけない。昔の頃とは態勢も違ってるし、観客も違ってるんだから。それは変えていかなきゃいけないよ。

掛川　若松プロっていうのは政治組織でもなんでもないんだから、そういうことでは、作品の質なんだと思う。そこにはっきりリアルに表われてくるんじゃないか。

磯貝　福岡も一本撮りたいんじゃない。

掛川　女の裸ってのは、自分の惚れた女でも二回か三回寝てればさ、寝てる前ほど見たいって思わないもの。やっぱり、飽きられるってことはあるんだよね。そっからは見たいのは、その女の人間なりなんなり別のものになってくわけでしょう。

磯村　そりゃ、そうだ。

掛川　もう裸はいいやって気もする。ピンク映画はなくなんないだろうけど、こういう不自然な形のままってのは変ってゆくんじゃないかと思う。

磯貝　昔は一本の映画に何ヵ所、ラブシーンがなきゃいけないって契約に決まっていてさ。

掛川正幸
ピンク映画をかなり見ていた頃に若松孝二の『狂走情死考』を渋谷の〝テアトロSS〟という劇場で偶然見る。それから数年後、新宿の飲み屋で高橋伴明と知り会い、その紹介で『拷問百年史』（若松孝二監督）の脚本を書く。その後脚本は4本、いずれも名前は出口出ネームである。最近作としては『聖少女拷問』のシナリオを担当した。

樋口隆志
学生時代に〝足立正生全作品上映会〟を行う。その頃からその打ち合せなどで若松プロの事務所には出入りしていた。足立正生氏が居た当時で、その意味では足立氏からの影響は、大きいという。実際に若松孝二監督の映画に付きたいということで、助監督となったのは去年の6月から1年と半年。25歳。

樋口　いまでもあるでしょう、国映なんかは。契約書っていうの見たことあるな。
磯村　国映なんかは、昔の名残りがあるんだよね。いまは、全体の中で裸の部分が何分って具合になってる。
樋口　濡れ場っていうことで言えば、若松監督の場合は引きでこうずうっと見てる。高橋伴明監督は寄ってカットで割ってみたいなことはあると思う。
水谷　高橋伴明監督に付いてて思うのは、隠されているけど誰でも持ってるみたいなものを見せるというか、ピンク映画が持っているテーマを、見ようとしていることはある。何で一時期あれだけパワーをピンク映画が持ったかということだと思うんです。営業サイドのほうはどんどん言ってくるんだけど、いまや、不自然な形でというか妥協的な形でしか見せられないっていうことになっているんじゃないかと思う。だから、例えば別の形の映画制作を考えるということが出て来てると思うんです。それとピンク映画の中でもやってやれないことはないいんじゃないか、やってみたいなって気はするんです。
掛川　ピンク映画っていうことは成人映画っていうことだよね。で、その中であとやれることと言ったら、お金をかけることだね。製作費をかければピンク映画でもちゃんとした映画は撮れるよね。製作費がないから、このシナリオのここはこう直してくれとか、そういうことは随分経験しているから。だから、僕もピンクのシナリオを結構書いたけれど、若松孝二以外のはあまりやりたくないって思ってる。

磯貝　でも、そういうことでは若手にウェートがかかってるから、ドンドンやってもらった方がいいわな。

――昨年の『レイプゾーン・犯しの履歴書』の企画（若松プロの助監督三人によるオムニバス映画で、担当したのは磯村、福岡と、仕事で座談会に出席できなかった鈴木敬晴）は、画期的だったんじゃないかと思いました。

磯村　若松さんが初めに言い出して、助監督ばかりやっていたから三人でやってみろっていうことでね。

福岡芝穂
池袋の文芸坐で、〝映画裁判について考えるオールナイトシンポジウム〟という催しを企画したメンバーのひとりとして、当日パネラーだった若松孝二と出会う。助監督としては、高橋伴明監督の『日本の拷問』から。去年は、オムニバス映画『レイプゾーン・犯しの履歴書』で、一話を担当した、最近は脚本も多い。24歳。

水谷俊之
テレビ映画の照明をやっていたが高橋伴明監督の『少女を襲う！』を見て、感動したことがキッカケとなり高橋作品の助監督を目指す。助監督は、今年から高橋伴明についている。脚本も書く一方、助監督も続ける彼は、高橋伴明への思い入れもたっぷりな25歳。正式には、今年から独立した高橋プロの人間ということになるそうだ。

磯貝　でも、あれは酷だよね。二十分でまとめろっていうのは。一時間のものを三分の一ずつ撮れっていうのは。

磯村　そういうことを若い人にやらせるっていうのは、若松孝二しかいないんじゃない。一応、商業映画だと助監督何年っていうことあるじゃない、そういうことないから。

磯貝　昔の若松プロだと、助監督三年やると一本撮らせてくれた。

――ああいう企画を、よく配給会社（新東宝）がOKしましたね。

磯村　それは、若松孝二の力だよね。他じゃやっぱりできないよ。

磯貝　年代的には、ポコって空いてるんだよね。俺なんかやたら古くって、中間の連中が、大和屋（大和屋竺）とかガイラ（小水一男）とか。昔は、いろんな連中がいたからね。毎日ね、ボトル頼んだって最後まで飲んだってことまずないね。割っちゃうんだから。それほど喧嘩とかは、毎日だよね。最近はゴールデン街も静かだから（笑）。

福岡　そういう意味では、磯村さんという若松プロの将来を切り拓いて行く先兵がここにいらっしゃるから、後について行く僕らとしては――。

磯村　甘いんだよ。やっぱり自分で切り拓いて行かなきゃ。みんな監督やりたいんだから。

水谷　『変態花嫁犯し』の話でもしたらいいんではないか……と。

掛川　将来っていうことでは、若松さん自身は、作り方をもう一回考え直すんじゃないかと思うね。この何年間か配給会社にプロデュースされた映画を作ってて、そういう作り方がダメだっていうことが凄くあって『戒厳令の夜』なんかに動いてきているんだと思う。若松さんにはそういうのを嗅ぎ分ける触角みたいなのがあるから、ピンクに限るということじゃなくて新しい場を見つけてくるんじゃないかって気はするんだよね。だから、若松さんの映画のシナリオだったらドンドン書きたいね。

福岡　若松さんってのは、付き合ってみるとああだこうだうるさい人なんだけど、最終的に思いを大事にしてくれるし、思いを分かってくれるんじゃないかっていう気を起こさせてくれる人です。

磯村　でも、今日はどうせ俺の悪口を言うんだろうって言ってたよ。

福岡　じゃ、もっと悪口を――（笑）。

磯貝　昔なんかはね、映画を見て助監督になりたいって突然事務所へやって来る奴がいっぱいいたね。

磯村　そういうの少ないんだよね。若松孝二の今度の映画つまんなかったとか言ってね、昔は面白かったたって言ってやって来て俺使えっていうことはあったけど、全体的な風潮か、分かんないけど、今年に入って一人だね。『餌食』を見て、助監督にさせろって言ってね。

で、運転免許証がないから帰れって言った(笑)。

掛川　思いがあればね、ある程度伝わるとは思うんだよね。

磯村　紹介されたとか言ってるけど、具体的にはそういう要素でみんな入って来てるわけだから。若松プロっていうのは開かれたところだから、映画を見てつまんないとか面白いとか、どんどん言って来て欲しいね。若松プロっていうのはそういう場所だから。

――どんどん押しかけていいわけですね。映画やりたい人が。

樋口　満員御礼。

磯村　そのためには、僕らがガンバらなきゃいけないんだけどね。

福岡　それはそうだと思いますね。

磯貝　他のプロダクションと違うのは、寄せ集めじゃないっていうことだ。それは完全に言える。

磯村　これから僕らがっていうことになれば、福岡も樋口も水谷も、ライターの掛川さんも、照明の磯貝さんも、今年から来年にかけて映画でやっていくことでしか答えにはならないと思うんだけど。それは、不言実行で行きたいね。一つだけ言えばね、僕らの若松プロはまだ始まったばかりだ、っていうことだな。

――どうもありがとうございました。

（一九八〇年七月、新宿にて）

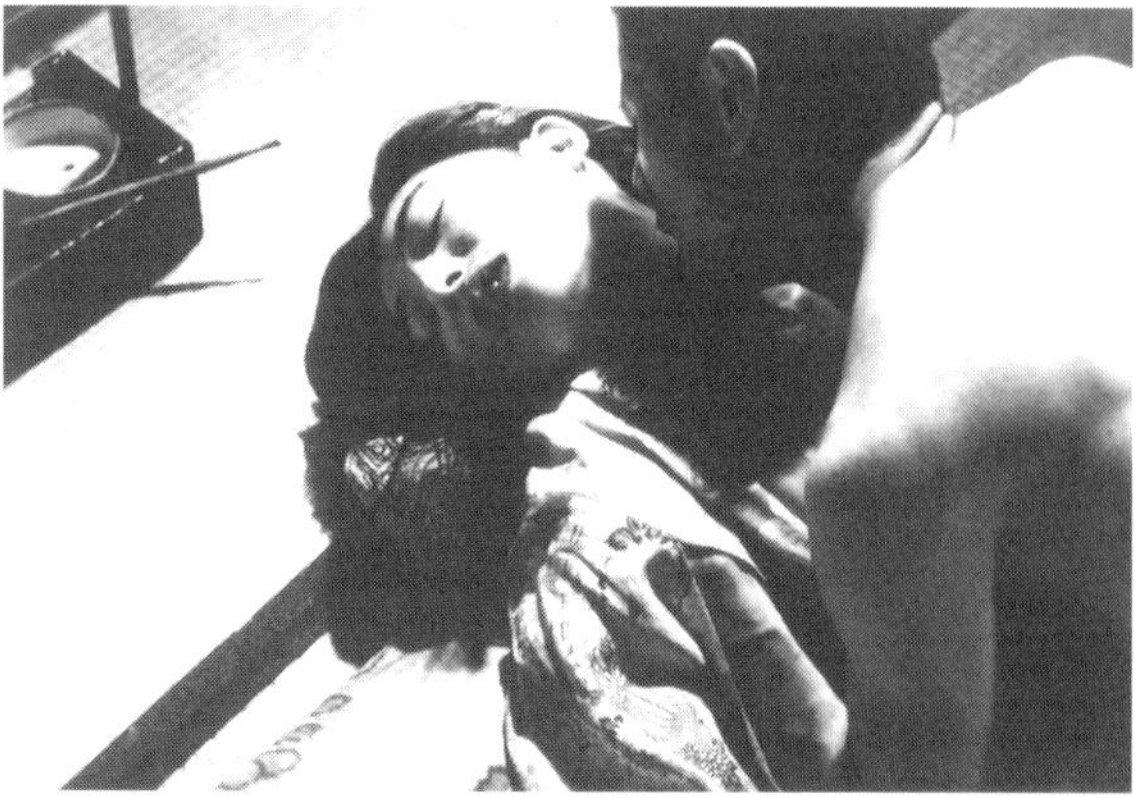

『聖少女拷問』／1980年・若松プロ／島明海

『水のないプール』撮影現場　手前に若松孝二監督

Ⅳ 若松プロの過激な時代

ピンク映画誕生の経緯を、創世期、黄金期と、時代を追ってきた。しかし、この章では手法を変えインタビュー、フリートークにより若松プロの過激な疾走を総括してみよう。それは、当事者たちでなければ語り得ない時代の苦痛や快楽を含んでいるものだと思うからだ。疾走してやまない若松孝二は、常に集う者たちを出立させ続けてきた。一体どれだけの人間が、若松プロから出発して行ったのか。

『ピンク映画水滸伝』は、その誕生から黄金時代へ至る経過をレクチャーした後、一転して一九八〇年代から逆照射するスタイルをとる。

なぜなら、七〇年、それはさまざまな節目であったと同じくピンク映画の分岐点、折り返し地点に位置するからだ。現在へと至る過程をできうる限り逆照射して行きたい。それは、どうして、こんなにピンク映画がダメになってきたのかを見極める作業でもある。

六六年、『血は太陽より赤い』で日大芸術学部を卒業した、当時〝アングラの旗手〟といわれた足立正生が助監督として参加する。続く『ひき裂かれた情事』から脚本も書く。過激な時代の幕明けである。足立正生と前後して、日活を退社した大和屋竺が若松プロに依拠した映画作りを開始。六六年『裏切りの季節』、六七年『荒野のダッチワイフ』、六八年『毛の生えた拳銃』と若松孝二プロデュースで監督作品を発表。一方、『処女ゲバゲバ』など脚本も書き、出口出ネームの一翼を担う。

六七年、小水一男、助監督に参加。すでに参加していた足立正生の日大時代からの盟友沖島勲とともに、加速度を増していく若松プロに必要欠くべからざる人間となる。

足立、大和屋、沖島、小水、助監督に、出口出ネームの共同脚本に、自身の監督作品に、あるいはまた俳優にと、若松プロを支えて走り続けた男たち。

「ひとつの部屋。ひとりの男。ひとりの女。ひとつの寝台」ピンク映画の原点で新たな方向性を見つけ出そうとする姿勢が結実した『胎児が密猟する時』（六六年）。

今村昌平『人間蒸発』の向こうを張って、無目的に時代を漂流する中年男を描いた『性の放浪』（六七年）。

シカゴの大量殺人事件をモデルに、看護婦寮に迷い込んだ少年の幻想と裏切りを唐十郎主演で作った『犯された白衣』（六八年）。

松竹系へ進出して、エロスから入り暴力へと突出してゆく、すなわち〝水滸伝〟に至る出立のドラマ『金瓶梅』（六八年）。

詩的空間を都心のマンションの中に限定し、そこから発露してゆく風景の悪夢をうたった『ゆけゆけ二度目の処女』（六九年）。

新宿のフーテンを背景に、父と子のテーマを追求し、子の偽の近代を打ち破り父なる土着が勝利する『新宿マッド』（七〇年）。

よど号ハイジャック事件をモデルにしつつ、少年テロリストを軸に七〇年代の階級闘争を予見した『いろはにほへと　性賊　セックスジャック』（七一年）……等々、六〇年代から七〇年代にかけて、若松孝二監督作品も著しく変容しつつあった。

出口出ネーム脚本による連作群を新宿蠍座でロードショー公開する一方、大杉虎の監督ネームでピンク映画の番線でも監督。商売にも励んだ。

足立正生の初のピンク映画監督作品は『堕胎』（六六年）。

「しかし68年、〝鈴木清順問題共闘会議〟への一方のリーダーとしての参画は、足立の交友圏を芸術から政治へと一挙に越境せしめる契機となり、佐々木守、松田政男らとの『略称・連続射殺魔』69の共同製作から第二次〝映画批評〟の発刊へと至る活動ジャンルの拡大は、ついに、71年夏のパレスティナ旅行による〈ニューズ・フィルム〉としての『赤軍

－ＰＦＬＰ　世界戦争宣言』の製作―上映へとまさに国境を越えるまでに及び、足立の異能は、この70年代、世界的なフィールドで羽ばたき始めたのである。この間の〈風景論〉から〈報道論〉への転位する過程は、ゴダールとの共時性を念頭におきつつ果敢なポレミークを展開した労作『映画への戦略』に詳しい。74年夏以降、足立の姿は日本国内に見られず、アイヌモシリ独立運動との関連による逮捕状とも相まって、その行方は杳として知れない。アラブかアフリカかヨーロッパか、〈日本赤軍〉のあるところ足立の影あり、と伝える外電の真偽はともかくとして、足立正生が、今や、日本映画から世界革命へと越境してしまったことだけは確かなのである。」（キネマ旬報『日本映画監督全集』76年、松田政男記）

大和屋、沖島、小水、彼らもまた、それぞれにそれぞれのフィールドを求めて出立して行った。

『天使の恍惚』と『赤軍－ＰＦＬＰ　世界戦争宣言』を頂点とする超過激な作品系譜も、七〇年代中期に入って柔軟性を帯びてくる。

黄金時代が去り、ロマンポルノが始まり、ピンク映画が、いつしかそれ自体系列化されていった日々の中で、唯一、若松プロだけは映画の革命を忘れていなかった。

他のエロダクションが、すべてそれぞれのポジションを確立するのに懸命であった時代に「怒り続けているんだ」と気を吐いたのは、若松孝二ひとりだった。

映画の革命――そう、ピンク映画の誕生とはまさに、映画の革命ではあった。向井寛の言葉を借りるならば〝日本映画の夜明け〟だったのである。

七〇年代、ピンク映画総体はエロダクションの映画というよりは、メジャーの番線を穴埋め補完する〝プログラムピクチュア〟となった感がある。

中村幻児、稲尾実、高橋伴明らピンク映画第二世代が台頭するが、彼らが目指した映画は、作家の映画、映画としての完成度であった。いや、そうするより他に方法はなかったかも知れない。

一九八〇年以後、若松孝二は二本の監督作品を発表、単行本『俺は手を汚す』（ダゲレオ出版）を出版、また神代辰巳監督『赤い帽子の女』をプロデュースする。活躍ぶりは衰えることを知らない。

フリートーク出席のメンバーも、いずれもそれぞれの現場で活躍中だ。当時すでに監督デビューしていた磯村一路は、以後も監督作品を発表してピンク・ニューウェイブの旗手的存在と言われた。ピンク映画では、六本目の『色情魔性拷問』を最後に作品はない。

福岡芳穂は、『ビニール本の女・密写全裸』で昨年正式に監督デビューした。これからも撮り続けるよし、今年十月に結婚した。水谷俊之は、高橋プロから『猟色ＯＬ犯す』で監督デビュー、今後が期待されている。

『性輪廻（セクラマグラ）死にたい女』／1971年

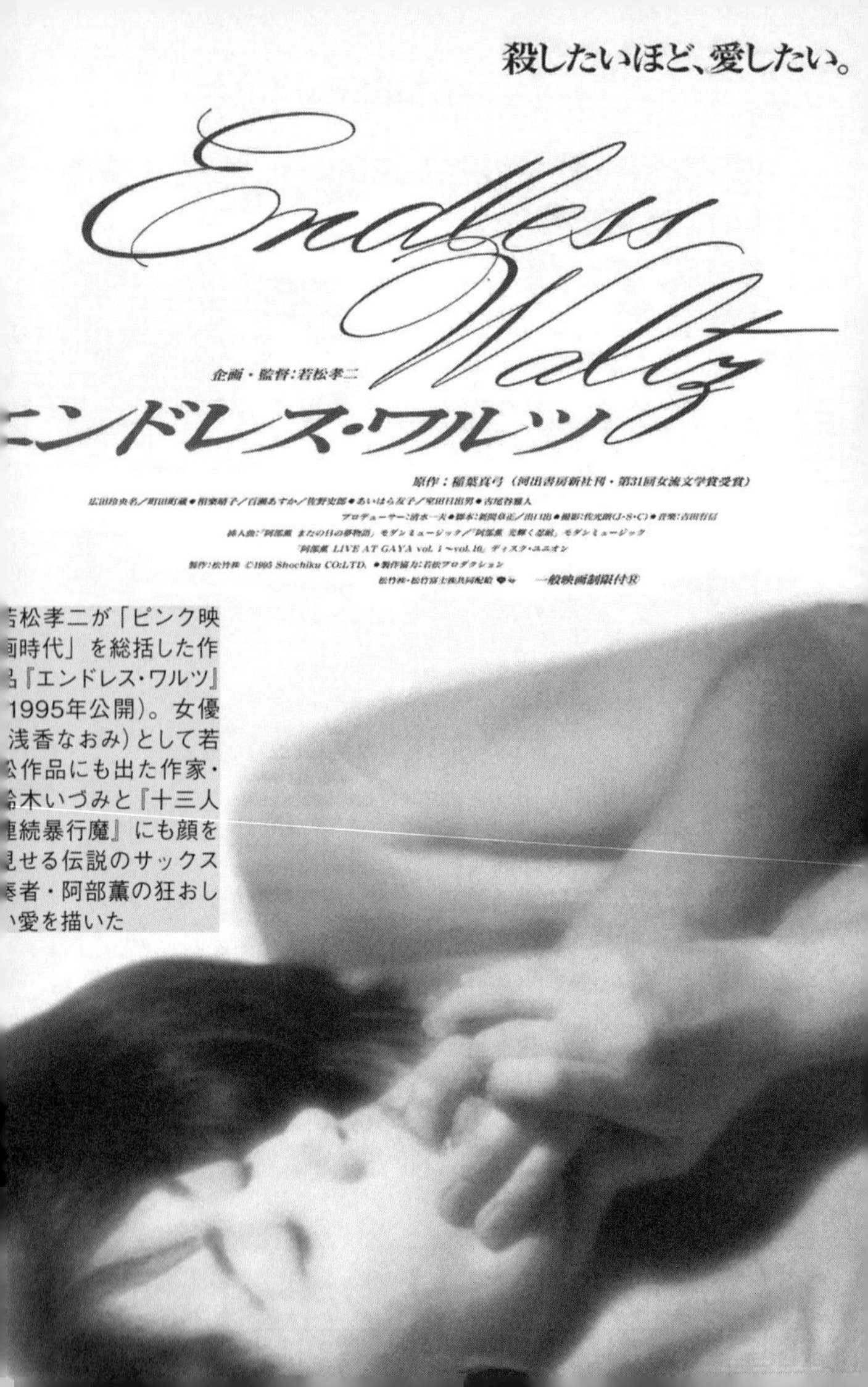

若松孝二が「ピンク映画時代」を総括した作品『エンドレス・ワルツ』(1995年公開)。女優(浅香なおみ)として若松作品にも出た作家・鈴木いづみと『十三人連続暴行魔』にも顔を見せる伝説のサックス奏者・阿部薫の狂おしい愛を描いた

第五章
ピンク映画よどこへ行く

Ⅲ－2▽月刊「映画タウン」1980年11月号掲載、他は底本書き下ろしに加筆・修正。

80年代メジャー進出
左：『オンザロード』（和泉聖治）
右上：『TATTOOあり』（高橋伴明）
『右下：ウィークエンドシャッフル』（中村幻児）

I 日活ロマンポルノとピンク映画

ピンク映画の古き良き時代は去った。

一九六八年からのメジャー映画のエロティシズム攻勢に引き続き、ダイニチ映配路線など試行錯誤を繰り返した日活が、七一年十一月、いよいよロマンポルノをスタートする。二十日封切りの二本立ては、『団地妻・昼下りの情事』（西村昭五郎監督・白川和子主演）と『色暦大奥秘話』（林功監督・小川節子主演）。

「日活が経営ピンチ打開のため、ポルノ路線を打ち出せば、東映もまた日仏ポルノ女優の競艶作品に拍車をかけ、東宝も製作部門を切り離し、東宝映画を発足させ、なかにSFポルノ映画を製作するといった具合で、邦画界はまさにポルノポルノの大洪水だ。〝ピンチ打開はポルノ、ピンク映画〟しかない――というわけだ。」（月刊「成人映画」、一九七一年十一月号、No.70）

ピンク映画から引き抜かれた白川和子は、一躍トップスターとなった。世を挙げてのポルノ映画時代。日本映画は、なべてポルノチックへと向かい始めたのである。

六九年から七〇年にかけて、ピンク映画も奮戦はしていた。若松孝二を中心に、大和屋竺、足立正生、沖島勲、小水一男らが凌ぎを削った若松プロの加速度的なデモンストレーションがあった。六六年に監督デビューし断続的に作品を発表していた大和屋竺（『裏切りの季節』『荒野のダッチワイフ』『毛の生えた拳銃』）、足立正生（『堕胎』『避妊革命』『性地帯』『性遊戯』『女学生ゲリラ』『逆女・夢幻地獄』『噴出祈願・15才の売春婦』）に続き、六九年に沖島勲が『ニュー・ジャック&ベティ』で、七〇年に小水一男が『私を犯して』で監督デビューした。

また、ピンクからの突出は激化を極めた。七一年のニュースドキュメント『赤軍－PFLP　世界戦争宣言』、七二年のATG作品『天使の恍惚』を極限として、足立正生を世界革命へ送り出した。大和屋竺、沖島勲を他の作家たちとの多様な映像フィールドへ、小水一男を映画でなく写真のジャンルへと押し出していった。

ピンク映画界全般でも、エロダクションブーム退潮の後も実力派は踏ん張りと充実を見せていた。向井寛、梅沢薫、渡辺護、山本晋也などの監督たちが、それぞれの作風とスタイルで傑作を創出した。

高揚する時代とも相まって学生・若者たちのピンク映画への支持も熱烈だった。それぞれの監督ともに意気盛ん、次々に問題作・傑作を生んだ。
　向井寛は、それまでの乱作を恥じながらこう書いている。
「それゆえ、この沈滞した動脈硬化的な現状を打破して、明日へ通じる道が閉ざされるのを防ぐには、我々が、今まで犯した数々の誤謬を我々自身の手でつみとり、再び出発点にたち戻り明日へ向けての活動を起さなければならない。」（キネマ旬報編集『ピンク映画白書』、一九六九年十二月発行）
　向井は、まさに時が再生への分岐点にあると警告し、どうやって状況を突破するかを問題提起している。そのジレンマが伝わってくる。
　梅沢薫も嘆いている。
「ピンク映画は、企業映画の思想と方法に対立して生まれたはずだろう？　それが早々とエロダクション・パターンという陥し穴に落込んじまったのはどういうことなんだい。」（同）
　さらにその論稿を、こう締めくくっている。
「常にスクリーンの背後からねらうべき対象にピタリとライフルの照準を当て、狙撃しつづけていかねばならない。断じて、傍観者的ナルシズムにおぼれることなく、通行人の思想に堕さずに……。」（同）
　現在の梅沢薫の粗製濫造ぶりから、当時のこの過激な姿勢が想像できるか――。

渡辺護も言っている。

「ボクらが〝遠慮〟してたところを、日活はかなり大胆に撮っているんですね。もう黙っているわけはない。やりますよ。徹底的にファック・シーンを撮るし、負けられません。

まあみていて下さい。どこまで映倫がカットを要求してくるか、試してみたいもんですよ。審査の時点で、日活とピンクを区別するかどうか、じっくりこの際、答を出したい」

（月刊成人映画、一九七二年一月号、No.72）

渡辺はいち早く開きなおって見せ、ピンク映画もロマンポルノなんかに負けないぞと防衛、宣伝していた。動きは素早く、よし、エロ度をアップするぞというアジテーションだ。死活問題、渡辺護も真剣だった。

観客動員も上々で、順調にスタートを切った日活ロマンポルノに一大事件が起こる。七二年一月二十八日、上映中の『ラブハンター・恋の狩人』（山口清一郎監督）、『OL日記・牝猫の匂い』（藤井克彦監督）、『女高生芸者』（梅沢薫監督・プリマ企画）の三本が、摘発・押収されたのであった。ついに、ヒートアップしたポルノ映画に警視庁が手を出して来た。

出る杭は打たれるのか。ポルノ解禁へ向けた映画の一人歩きを、国家権力は見過さなかった。出鼻をくじいておけという方針は、一月二十九日の映倫手入れに続き四月二十九日に『愛のぬくもり』（近藤幸彦監督）を摘発。そして、山口、藤井、近藤ら三監督、日活社長村上覚、プリマ企画代表渡辺輝男、日活社長村上覚、プロデューサー黒沢満、担当映倫職員三名の計九人が起訴をされた。四本の映画は、スケープゴートとしてヤリ玉に上がったに過ぎなかった。

七三年六月四日、日活ロマンポルノ裁判、第一回公判。

それから足かけ七年、第一審で無罪判決が、第二審でも無罪判決が出て裁判終了したのは八〇年七月十八日だった。しかし、「一七五条と映倫の問題が未解決で、これは小さな勝利だが、大きな負けだ」と法廷闘争を最も真摯かつ戦闘的に縦走した山口清一郎監督は、歯ぎしりするように言い放った。

神代辰巳、田中登、曽根中生、藤田敏八、加藤彰、澤田幸弘、長谷部安春、村川透、小原宏裕、小沼勝……次々に日活ロマンポルノには、有能な作家たちが登場、優れた作品を送り出した。だが、日活ロマンポルノは、山口清一郎という異能なる作家を裁判の渦中で葬ってしまう。日活は、山口をはじき飛ばすことによって延命し、その映画表現として根源的な可能性を閉じてしまった。

日活ロマンポルノの十年間は、ピンク映画の流れから考慮するなら、ポルノ映画がメジャーの一角に路線を確立し、社会的市民権を獲得する過程でしかなかったかも知れない。

ピンク映画の七〇年代は、日活ロマンポルノの興行的成功を横目で見つつ、新旧入り乱れて映画製作の現場を確保した時代だった。

若松孝二も向井寛も、年に数本の監督作品は見せてくれるものの、プロデューサーへの転向を高らかに宣言している。大島渚監督『愛のコリーダ』の日本側プロデューサーとしての参加、最近作『赤い帽子の女』（神代辰巳監督・日本ヘラルド映画配給）のプロデュースは、若松孝二の製作者としての成功を示している。向井寛も、『下落合焼とりムービー』や『餌食』のプロデュースや東映ポルノの企画にと活発に動いて、メジャーへ進攻の歩を緩めない。

あくまで良質なるピンク映画作りを目指す渡辺護、パイオニア精神で喜劇を撮り続ける山本晋也、ピンク映画黄金時代に映画術を鍛え抜いた監督たちは、いまも健在である。

七一年、『色くらべ色布団』（関東映配）で日大芸術学部映画学科を卒業し新藤孝衛、渡辺護、山本晋也らに師事した稲尾実が監督デビューする。二十八歳だった。

『悪女の始末』（青年群像）でやはり日大芸術学部映画科からカメラマンとして梅沢薫組作品『濡れ牡丹・五悪人暴行篇』などで手腕を発揮した久我剛が監督でデビュー、二十九歳だった。

『白い液』（東京興映）で、これも日大芸術学部映画学科から若松プロ経由で、山本晋也の助監督から昇進した栗原幸治が監督となる。三十一歳。栗原は、在学中から足立正生や沖島勲と親交があった。

『完全なる同性愛』（プリマ企画）は、若松プロ、梅沢薫の助監督を経た中村幻児の監督デビュー作。当時二十五歳の中村は、日大ではなく慶応大生だったが中退し、写真学校の出身だった。

七二年、『婦女暴行脱走犯』（葵映画）で、早大出身で若松孝二を除く多くの監督の助監督を渡り歩いた高橋伴明がデビューする。弱冠二十四歳だった。高橋はそのまま監督に専念することなく、脚本、助監督、製作と駆け巡りながら時を待つことになる。

『ある少女の手記・性感』（プリマ企画）で、後に日活ロマンポルノ裁判の被告の一人となる渡辺輝男が代々木忠の名で監督デビュー、三十四歳だった。福岡県生まれ、生花店を経営していたが失敗、ストリップの世界に飛び込んだ、さらにはワールド映画の助監督からピンク映画界に転じた遅咲きだった。

『赤い空洞』（プロ鷹）で、木俣堯喬監督の息子の堯美が和泉聖治という名で監督デビュー。二十六歳だった。ダンプの運転助手やバーテンなど転々と職を変えた後のことだった。

彼らは、ピンク映画〝第二世代〟と呼ぶにふさわしい新人監督たちであった。

メジャーの映画現場や既成の監督に師事することなく、純粋にピンク映画畑で成長した彼らは、次第にピンク映画の世界に足場を築き、新旧世代の新陳代謝を推進した。ピンク映画の七〇年代とは、彼らの時代でもあった。

月刊「成人映画」1971年12月号／71号より

月刊「成人映画」1973年10月号／終刊93号／表紙・相川圭子

月刊「成人映画」1971年12月号裏表紙広告

Ⅱ　大蔵スタジオの閉鎖

一九七一年から七二年に登場した新人監督たちにより、勢力地図は次々塗り変えられた。ピンク映画の様相も様変わりしていく。新人監督群出後の七三年、旧新東宝時代から続いていた大蔵映画の撮影所・大蔵スタジオが閉鎖した。大蔵ピンクの殿堂としてフル使用されていたスタジオも、次第にピンク以外のレンタルがなくなり、維持ができなくなってしまったのだ。スタジオ設備も旧式となっていた。それは、ひとつの時代の終焉を物語っていた。

「ピンク映画の製作もこれでほぼ方向がハッキリしたといえる。製作は儲けがないから配給だけで稼ごうというわけだが、儲かる映画を生み出すのは、やはり条件のいい、スタジオの中から生まれるのだが……。」（月刊成人映画、一九七三年十月号、No.93）

大蔵スタジオは壊され、跡地はテニスコートとなった。

月刊「成人映画」が赤字続きで廃刊したのも、七三年だった。大蔵スタジオ閉鎖を報じた通算九十三号が最終号となった。ピンク映画専門のユニークな小冊子の廃刊は、一方での日活ロマンポルノ人気の高まりとは対照的だった。観客は、ややマンネリ化したピンク映画より目先の変わった日活ロマンポルノや欧米からの新趣向のポルノ映画に移っていた。

ピンク映画を取り巻く状況は、それまでと比較して悪くなる一方だった。

撮影現場は過酷な修羅場と化していた。ピンク映画創世期、エロダクションと差別されようとも撮影日数は約二週間、スクリプターからメイク係までキチンと揃っていた。映画現場としてのスタイルを整えていた。メジャーと違うのは志と心意気だけだった。いつか見ていろ俺たちだってという野心があった。系列化されたメジャーの枠組みを喰い破り表舞台へ出てやるぞという心情が、ピンク映画を水準の高いものとしていた。

そこには独立ピンクゲリラ、カツドウヤたちの青春があった。ところがどうだ。撮影日数は十日、七日、六日と短縮されていくばかり。製作予算と言えば、十年間まったく変わらなかった。諸物価が上がろうが世の中変わろうが、三百万円前後から変わらなかった。いまも俗に「三百万円映画」とピンク映画を貶めて言うのは、そのためだった。薄利多売の配給会社の方針は、当初の意欲的な映画作りから粗製濫造、安直な方向へと進めた。そうなった時にはジャーナリスティックな意味合いで村井実が命名したピンク映画という言葉は、被差別的な形で使われるようになる。

たった四日で、これだけのものを作ると自慢気に語るピンク職人もいたが、それは追い詰められたギリギリの瀬戸際だっただけのことだ。断崖絶壁で這いつくばる過酷な映画作りが続いた。

七〇年代に急ピッチに衰退したピンク映画に、新東宝的な映画人気質を見ないわけにはいかない。日ごと過酷になり、徹夜の連続、予算の切り詰めにも我慢して最後の最後まで文句を言わずエロ・グロ映画を作り続けたが、経営困難に至った六〇年にストライキ。大蔵貢を追い出し再建を計るが上手くいかず、六一年八月に倒産した新東宝映画の最後。ワンマン経営の大蔵貢社長が問題視されたが、それを許して来た会社全体の体質もあった。

映画が作れさえすればいい、毎日汗して働くことができればいいという竹を割ったような素朴な映画人気質。好きで入った道だから、安い給料だっていい、何でもするという考え方。それが新東宝を逸早く映画産業の中で解体させた原因ではなかったか。ピンク映画の初期の監督たちの多くは新東宝系列の出身である。役者たちも、そうだった。彼らもまた、映画が作れればいい、好きで入った道だからという受動的な性格が身についていた。

日本映画を引っくり返してやろうとする初志が貫けなくなっても、彼らは、ピンクと差別されようとも映画が作れればそれで良かった。ギリギリでも飯が食えた。

若松孝二、向井寛、渡辺護、山本晋也ら、志ある者たちは、それでも妥協することなく活躍し続けていた。続く新人監督たちも、さまざまな動きを示し出口を模索していた。

「本木荘二郎さんは、よく大蔵映画へセットを貸してくれって言って来た、俺たちの撮影が終ると、キャバレーだとかマンションだとかのセットを壊す前に借りに来て撮ってたんだよ。最初は新東宝が解散した後、東急系に流した映画なんてのがあった頃から大蔵スタジオに映画のセットを借りに来て撮ってたのが本木荘二郎なんだ。作ってあるセットを利用して、一本映画を作った。それがピンク映画の初歩なんだよね。」（小川欽也）

本木荘二郎が死んだのは、一九七七年五月二十一日。六十二歳だった。

翌七八年九月には、大蔵貢が死ぬ。

ピンク映画の生みの親ともいうべき二人の死は、衰退の途上を転がって来た七〇年代のピンク映画の到達点であったかも知れない。

新東宝の解散からまもなく、巷に湧き出るが如く誕生したピンク映画。さまざまな日本映画のアウトサイダーたち、奇人、変人、怪物、異端児が集まって起こした世界。拭っても拭っても染み込んでくる水のように街中に氾濫した。あくまで映画のようであり、いつしか違う別のようなものにも育った。日本映画本体とクロスして、転形期へ向かう。そんな時、本木と大蔵の死は、象徴的だった。

大蔵貢については多くを記述したが、本木荘二郎については不分明なことが多過ぎる。野上正義、椙山拳一郎両氏から思い出を聞くことができたものの、そのペンネームの多様さも手伝い、どんな映画をどんなふうに撮っていたのかも判然としない。最後の最後までピンク映画を作り続けたというのに。晩年は、アパートに一人住まい。映画を撮っては女優たちに品物を買ってやり、仲間と酒を飲んでは金を使い果たし、なくなればまた映画を撮る。初めは事務所を構えてのピンク映画作りだったが、最後は自分のアパートが事務所代わりとなった。

おそらく本木荘二郎がメジャーのプロデューサーを辞めて、ピンク映画の監督となるには、それなりの理由があっただろう。でも、それはいまのところ明白ではない。本木荘二郎について炙り出すには、ピンク映画関係者だけでなく、多くの人々の取材を必要とするだろう。

その通夜の席は、男優、女優、監督らが集まりひっそりと行われたと言う。大学病院と死体の解剖へ提供を約束していた。告別式は行われることなく、遺体は運ばれて行った。実家といわれた銀座の洋品店モトキからは、誰も来なかった。とうの昔に勘当の状態にあったのだろう。

知られざる本木荘二郎の世界を炙り出してみたいとした当初の思いは、未だに果たさず仕舞いである。しかし、いつかピンク映画という限られた部分だけではない本木荘二郎の映画人生をより克明にレポートしてみたいと考えている。

ピンク映画には、他にも興味惹かれるアウトサイダーが無数にいる。男優野上正義は筆頭だが、『肉体の市場』にも出演している新東宝出身の大ベテラン男優九重京司さん、名脇役で活躍中の杉佳代子さんと椙山拳一郎さんのおしどりピンク夫妻、老いてなおカクシャクとした日本映画最古参の照明マン近藤兼太郎さん等々。今回それぞれ貴重な話を長時間にわたって取材させてもらったが、それぞれの人物にスポットを当てる余裕がなかった。だが、いろいろな記述の裏付けとなったことは確かである。また、別なる機会を得て、人物論ふうに論及できれば嬉しい。

話は飛ぶが、『明治天皇と日露大戦争』を監督した渡辺邦男が死亡したのは、八一年十一月五日である。早撮りの名人は、八十二歳で亡くなった。

この年、五所平之助、伊藤大輔、中村登ら日本映画の中心的存在だった監督たちが死去した。まさに日本映画の黄昏ではあった。そんな中に、大蔵貢とコンビを組んで天皇を商売にした娯楽派の渡辺邦男の死もあった。異端の歴史もいま、ともに消えようとしている。

新東宝末期の監督では、中川信夫、石井輝男、小森白らが健在ではある。

『煙突の見える場所』（五所平之助監督）や『西鶴一代女』（溝口健二監督）などの名作を生ん

晩年の本木荘二郎／後列左から3人目　4人目は野上正義　撮影現場

品川照二（本木荘二郎）監督『女子学生秘話・むしられた若草』1969年／Gプロ製作

だ新東宝も十五年間の歴史の末期には、大蔵貢体制下でいわゆる〝エロ・グロ路線〟を突っ走る。戦争スペクタクルとお笑いモノを手がけたのが渡辺邦男なら、エログロはもっぱら石井輝男や小林悟で、中川信夫は怪談モノを、小森白は喜劇が多かった。

ストライキ相次ぐ東宝撮影所から新東宝は生まれた。良くも悪くも、そこには映画が好きで好きで仕様がない人々が集まったのかも知れない。

新東宝時代の撮影所は解散後、テレビ映画を製作する国際放映と大蔵スタジオとになる。大蔵スタジオはなくなってしまったが、国際放映はいまも、刑事モノや時代劇を量産して活気に充ちている。

Ⅲ 新東宝を知らない男たち

1 幻児、伴明、和泉

ピンク映画〝第二世代〟は、一九七〇年代を席捲した。業界的に市場をブロックされピンク映画界で、囚われることのない新しい映画作りを展開したのは彼らだった。

もちろんそれぞれの師匠である監督の影響下にもあり、個性的で活力のある映画を見せてくれたが、道は多様だった。職人ふうあり青春派ありクール派あり、さまざまだった。

彼らの作品は、性風俗として注目されるようになったピンク映画で、闇の中をうごめくように映画作りを押し進めたパイオニアたちとは形を異にしていた。〝第一世代〟にはない精神の解放さを持っていた。

彼らの可能性はまだ十分に発揮されているとは言えない。八〇年代に入った今日も、前途は楽観することのできない未来に放り出されたままだ。とは言うものの、ピンク映画の主流は、彼ら〝第二世代〟に移りつつある。

中村幻児は、〝西の伴明・東の幻児〟と言われ、いまやピンク映画界に欠かすことのできない実力派で今年三十五歳。

〝西の伴明・東の幻児〟と言うのは、関西では高橋伴明監督の作品が喜ばれ、関東では中村幻児監督作品に人気があるというわけだ。奈良県出身の伴明、栃木県出身の幻児。その作風が関西のネチッコく重い感じの伴明と関東のサラッとしたエロの幻児。

青春路線、喜劇路線、狂気路線の三つのスタイルが幻児のピンク映画の特徴だ。七一年のデビュー以後、二年間で作品スタイルを確立した。若松孝二『犯された白衣』に触発され、若松プロのスチールカメラマンから出発した。写真家志望で写真学校に通っていただけあって、映像作りは丁寧だ。若者の苦悩したセックスを描くことが多い。

梅沢薫の助監督時代はきつかった。マルマル三日間、一睡もせず撮影した時の体験は忘れようとしても忘れることができない。完徹三日目になると、幻聴に悩まされたり、立ったまま眠った。想像を絶する過酷な労働だった。

「その点、却っていまの現場のほうが無理をしないから楽だよ」と幻児は言う。

数ある作品の中でも、『セミドキュメント・処女失神』（七七年・ワタナベプロ）とズームアップ映画賞に輝やいた『濡れた唇・しなやかに熱く』（八〇年・幻児プロ）の二作は、代表作だ。どちらも小川恵と楠正通主演の青春ポルノである。地方出身の屈折した若者、悶々とする都会の若者たちを映像化して鮮やかだ。

そんな中村幻児が初めて一般映画に挑戦したのが、筒井康隆原作の『ウィークエンド・シャッフル』である。狂気とエロスが交錯するあまりないタイプの日本映画になった。秋吉久美子、泉谷しげる、秋川リサらの快演も見どころ。彼のピンク映画における狂気路線の延長だ。これまで青春路線が基調だった幻児の新たな出発を告げる作品で、日本映画界への挑戦状でもある。

「やはり、ピンク映画というのはマニアックなもので、決してポピュラリティはもってないんだから。今後はピンクという、ひとつのジャンルと、ヴィデオ、一般映画とクロスオーバーしてやっていくのもいいし……ン千万、ン億円の仕事の後に数百万円のポルノやるという……他の人は知らないけれど、自分ならできるって気がするね。」(月刊シナリオ、一九八二年十一月号)

高橋伴明(現在三十六歳)は、中村幻児とともに近年のピンク映画界を領導してきた。早大闘争から学籍を抹消され、ピンク映画界に入る。小林悟、新藤孝衛、西原儀一などで多くの監督の下で修行した。二十四歳で一本撮っているが、本格的な監督デビューは七年前だ。

芹明香主演『姉妹を犯す』（七六年）と森都いずみ主演『蕾を殺る！』（七七年）は新鮮な映像感覚で注目され、高橋伴明の名を観客と製作両者に知らしめた。脚本を他の監督に提供しながら、自作も監督していたその頃は、森都いづみ（田島はるか）とのコンビが多い。

伴明作品は、主演女優の個性と相乗作用で開花した。興行的に成功、その地位を不動とした『日本の拷問』（七八年）の日野繭子。東映や日活を経て新東宝専属となった丘尚美を活かした『緊縛の情事』（七九年）などの緊縛路線。新人島明海のあどけなさを近親相姦のテーマにスライドした『少女を襲う！』（七九年）。豪田路世留の独得なアンニュイさを繊細に描いた『少女情婦』（八〇年）。さらには『悶絶飛行・肉唇』（八〇年）などの沖縄生まれで野性的な魅力の朝霧友香、『女刑務所・犯す』などの豊満な肉体を極めてマゾヒスティックに提示した港まゆみ、八一年度ズームアップ映画賞作品『襲られた女』などで伴明と意気の合うところを見せる忍海よしこ……。数え上げればキリがない。いずれも伴明の作品を彩った名花たちだ。力強いフットワークは、どれも女優たちの絶頂期とにダブッて重厚な映画となった。

スキャンダル女優と言われた関根恵子との出会いは、高橋伴明初の一般映画『ＴＡＴＴＯＯ〈刺青〉あり』に結実する。関根とは、仕事にとどまらずプライベートな関係にも発展し結婚まで突っ走る。映画さながらの電撃ぶりだった。ＡＴＧで公開したこの映画は、大阪で起きた三菱銀行強盗事件の梅川昭美を映画化したもので、宇崎竜童と関根恵子の熱演で好評を得た。「オレと仲間たちでピンク映画を牛耳ってやる」と豪語するだけあって、プロデューサー的才能もあり親分肌だ。

伴明のタフネスぶりは、ピンク映画だけに収まらない。最新の動きとしては製作母体の高橋プロを解散、長谷川和彦、根岸吉太郎、井筒和幸らと日本映画変革を唱える〝ディレクターズ・カンパニー〟の結成に参加した。ディレカンの先陣を切って泉谷しげる、宇崎竜童にピンク映画を監督させ、自らの監督作品とともに三本立てで公開し話題になっている。『さらば相棒』（宇崎竜童監督・太田あや子主演）、『ハーレム・バレンタインディ』（泉谷しげる監督・伊藤幸子主演）『狼』（高橋伴明監督・紗貴めぐみ主演）が、その三本。何かしでかしてやろうという野心は衰えることなく持続するだろう。伴明は言う。

「ドキドキしたかったのね。いま何が面白くないかと言うと、ピンク監督連中が面白くないんだよな。やりたい映画ができなきゃ、全員そろって、ピンクを半年なら半年、ボイコットしようって相談しても、若ちゃん（若松孝二）以外は誰も乗ってこない。だから興奮したかったのよ」（映画の城、一九八二年十二月号）

中堅監督として最も脂の乗った仕事っぷりを見せる和泉聖治は、三十六歳。八十本以上のピンク映画を撮っている。

ベテラン木俣堯喬を父親に、親子二代のピンク映画監督。生まれは横須賀、育ったのは京都。京都西高を出て、新宿に出てフーテンに。ピンク映画では器用過ぎてあまりにもピンクらしい作品が多い。

自主製作し松竹系で公開された『オン・ザ・ロード』は和泉聖治監督初の一般映画。かのピーター・フォンダが「八〇年代のロミオとジュリエットだ」と言って、誉めただけのことはある力作だ。フーテン時代に出会ったアメリカンニューシネマを、和泉聖治は〝現代のメルヘン〟として蘇らせた。東京から鹿児島まで恋人を追い暴走する白バイ警官の物語。ピンク映画では父の影響を受け型にはまった映画が多いが、『オン・ザ・ロード』では体に溜まったものを一気に吐き出したようだ。

準備中なのが父の木俣堯喬と共同監督する谷崎潤一郎原作の『鍵』。三国連太郎、松尾嘉代の主演が決定、松竹富士配給で八三年の正月映画だ。やりたい作品やテーマは数知れずと聞く。

「ピンクは予算が少な過ぎる。これさえ解決できればピンクはこれからも大事にしていきたいね。比較的好きなものを撮れる状況というものを。一般映画もいくつか話が来てるけど皆つまらなくてね。十年やってきたんだから、やりたいこともいくつかたまっている。とにかく原作ものなんかじゃなく、オリジナルで勝負しますよ。」（ドリブ、一九八二年七月創

刊号）

この三人の監督たちは、ピンク映画を監督するだけでなく、自分の可能性を追求してやまない。

いかに枠組みが整えられ予算が低下してもピンク映画の厚い壁を喰い破り冒険を仕掛ける。ピンク映画〝第二世代〟は、まさに恐れを知らぬ戦士たちなのだ。

中村幻児監督

高橋伴明監督

2　ガイラは語る

通称ガイラこと小水一男は、一九四六年、仙台生まれ。

先に触れたように若松プロから『私を犯して』（七〇年）で監督デビューしたが、新旧交替の七〇年代にピンク映画から足を洗っている。〝第二世代〟の一角を確保できる位置にありながら。ところが、八〇年、そんな男が帰って来た。

監督再デビュー直後のガイラにピンク映画と七〇年代について聞いた。

ガイラはコンスタントに監督作品を発表し続けているが、波に乗れないでいる。これからもピンク映画監督を続けるなら、幻児、伴明、和泉のようにどこか吹っ切っていかなければならないだろう。ヒューマン・ガイラは、どこへ行くのだろうか——。

新宿に〝びざーる〟っていうジャズ喫茶がありまして、大学（日大芸術学部写真学科）行ってすぐに見つけたジャズ喫茶でね。そこに入り浸ってたのよ。そこに『鎖陰』（足立正生監督）っていう映画あったでしょ、あれの撮影をやった伊藤さんっていう人がいて、その人もジャズが好きでいろんな話してたら、友達で面白いのがいっぱいいるからアルバイトにスチールの日当稼ぎでもするかっていう話になったの。「面白いからやりたいなあ」って言ったら、「じゃあ、いまから、奴らがよく集まる飲み屋があるから行ってみよう」って連れて行かれたのが〝ノラ〟っていう飲み屋で、そこに行ったら足立さんとか沖島さんとかいて、「じゃあ遊びにおいでよ」って言われて連れて行かれたのが若松プロだったわけ。大学一年の終わり、二十一歳の時かな。

一本だけスチールやって、二本目は助監督の真似事やって三本目からは助監督やってた。一本目は『性の放浪』と『続日本暴行暗黒史・暴虐魔』、二本一緒に入ったからね。助監督は『性犯罪』から。そんで吉沢健を〝状況（状況劇場）〟から連れてったんだ。若松プロで仕事する前にジャズ喫茶でタムロしてた頃友達だったの。

だから、直接的には映画の世界とか演劇の世界に興味があって入った部分じゃないんだよね。偶然、ジャズが取り持つ縁だったんだよね。フーテンに近かったし、その頃は……。

あの頃は〝フウゲツ（風月堂）〟なんか溜まってた友達連れてっちゃあ映画作ってた。エキストラなんて言ったていなくてね。フーテンこいてんのみんな声かけてね。だから撮影内容は昔のほうがいまよりリッチよ。昔〝三百万円映画〟って皆がバカにしてた頃だけど、モノクロパートカラーで三百万円使えたっていうのはリッチだよ。撮影だって、バカみたいに四日で撮る三日で撮るっていうのがプライドになってるの最近でしょ……。

こないだ友達の送別会でね、女優の中島葵っているでしょ、あれにねスゴイ怒られてね。ピンク映画ってのは、三日や四日の撮影で女優を何だと思ってるんだって。ま、それ相応のギャランティもないし、ペイもしてないから、そう言われると二の句が継げないんだけど。でも、もっとドアホはいるんだよね。この辛い御時世に百五十万でピンク映画撮れますっていうアホもいるしね。お客がそういう映画、面白いっていうんなら分かるけど。別にピンク映画でもって啓蒙しようなんて思わないけどね、ある種メジャーじゃやれない部分でやりたいことがあるわけじゃない、どう言ったらいいんだろ、少なくとも二年位は先読んでやってないと、縛りがモテるからって、ハイ縛り撮りましょうじゃさ……。自尊心の強い奴に限って安請け合いするんだよ。自分の裁量の中で責任取れると感違いするから、みんないっぱしに職人面するけどね、そいつらに限って皆な自分のこと一番誤解してるんじゃない。普通の人って、みんな自分のこと誤解してるよね、勝手に決めちゃうでしょ僕っていうのこういう人間だって。

うん、そいでもって若松プロで二年間監督やって、二十三歳の時監督やったの。歴史に残る幻の駄作『私を犯して』(国映)。

『私を犯して』っていうのは、厭世的な映画でね。世の中つまらんていう二人がね、〝心中ゲーム〟をしに行くのよ千葉のほうまで。だけど、やっぱり死にきれなくて死にきれない上に客観的な心中っていうのを見ちゃって男が怯えるの、死にたくないって白状しちゃうのよ。女は、あんたつうのは所詮そういう器なのよねっていう話になる。その女っていうのは加虐的な有無を言わさない暴力に飢えてたっていう話で、最後の最後、性欲の臭いプンプンっていう村の青年たちがワアッーと女に襲いかかるの、その時とっても良い気持ちになるんだよね、女の娘が……。ああ、オマ○コっていいもんだっていう映画なの。別に男の思想に惚れたりするわけじゃないからさ、女って。やっぱり男っていうとペニスじゃない。男のペニスに惚れましたっていう映画なの。十年早かったんだって。

それ撮ってからすぐ辞めちゃったんだ。写真をもう一回やろうと思って、長浜治っていうカメラマン、ほらこないだ『不良少年』とか『薔薇の標的』とかのスチールやってた。〝ブルータス〟とか〝ポパイ〟とかの写真やってる。そこにいてね。そしたら、割と映画のこと知ってたからCFの撮影なんか仕切ってやったりね、結構やったよね。一番恵まれない時代だね。

一昨年の暮れからだね。シナリオ書いたりし出したのはね。幻児のとこで二、三本カメラ回してんだよね。ボン（高橋伴明）のとこでもカメラ回したし、その時に日活の『偽産婦人科医』っていうのシナリオ書いてくれって言われたのかな。それまでも、若松プロでもアッちゃん（足立正生）と一緒に随分書いてたけどね。『テロルの季節』なんてのは一人で書いてるけど。

一番醜いものってのは、中に入ると見えないんだよね。フランスの駄洒落話でさ、エッフェル塔スゴイ嫌いな、トラッドなパリジャンがいて、毎日エッフェル塔見ちゃ唾吐いて罵ってる男がいるわけ。そいつが昼飯時になると必ずエッフェル塔に飯喰いに来るんだよね。あんたあんなに悪口言ってたエッフェル塔になんで来るんだというと、ここに来るとエッフェル塔が見えないからだっつうんだよ。俺なんか、映画怨んでるからね未だに。一番ダメな部分でしょ日本の映画界ってのは、映画界の奴らが潰したからね。別にテレビに潰されたんじゃないんだよ。映画のブレーンがあまりにお粗末だって露呈した時にもう下降線を辿り始めてたってことだから……。

渡辺（護）監督とはね、ボンにナベさんっていう監督がシナリオ書く奴を捜してるからっていうんでね、去年から今年にかけてはかなり書いてるよね。

今度の映画も、国映で撮らないかって話がナベさんからあって、ちょっと躊躇したんだけどね、何のことはない十年前と同じだったね。場所がなくて同じ所行っちゃったもんね。製作費とか何とか言ってるとせいぜい足伸ばしてあの辺だから。自分でも驚いてるけどね。まあ、あの映画は説明する映画じゃないからね。見てもらうしかないね……。

いまのピンク映画ってのは、精神年齢が低いよ。精神年齢で言えば人の前で立小便しながらどっちが長く線引けるとか、どっちが高く小便できるか、長くやってるかっていうふうな少年趣味の精神年齢のところで映画作っている。本当に好きな人ってのは、他人にひけらかさないもんでね。皆、安穏と生きてけるっていうのは、精神年齢が低いから国が許すんだよ。だから、国家権力と同じレベルの思考でピンク映画なんか撮ったらね、殺されると思うよ。

上：小水一男監督『バイオレンス・ポルノ　縄姦』1981年／ミリオン
左：小水一男監督
下：井筒和幸監督『女教師覗かれた暴行現場』1980年／大蔵映画

3　ピンク映画の出口

六〇年代末から七〇年初頭、世界的に〝ポルノ解禁〟は映画界の潮流だった。スウェーデン、デンマークなど北欧から西ドイツを経由しアメリカ、そして日本へ至るというコースだった。刺激された。日本の映画状況も大いに変化した。

〝ポルノ解禁〟を叫ぶ声は、六〇年代末のアングラ文化全盛期に起こり、七〇年代に入っても盛んに論議された。マスコミの話題をさらっていた。

ポルノ解禁ムードの渦中に起きたのが日活ロマンポルノ摘発だった。同じ年（七二年）に小説『四畳半襖の下張』が摘発され、特出しストリップの女王・一条さゆりに実刑判決が出ている。

映画はテレビに押され斜陽産業化して、ポルノに頼るしか方途は残っていない状態だった。邦画全体に占めるピンク映画の比率は、メジャー系プログラムピクチュアの減少と相まって増大する傾向にあった。製作本数的には、日活ロマンポルノの量産もあってほぼ一定ラインを維持していた。

人気はロマンポルノにさらわれたが、一般映画の興行不振からピンク映画で番組の穴埋めをする映画館が地方では増加した。安いフィルム代金で、当たり外れを気にせずにある程度の客を見込めるピンク映画は一般映画の低迷を補うのにもってこいだった。やくざ映画二本にピンク映画一本の三本立て興行が、あちこちの劇場で見られた。

七〇年代初頭「心を濡らす裸映画が僕の友達だった」と言うのが、井筒和幸だ。

井筒は一九五二年奈良県の生まれで、高校を出るとピンク映画の小屋に入り浸っていた。

数本の助監督を経て自主製作のピンク映画『いくいくマイトガイ・性春の悶々』（七四年・絵沢萌子・三上寛主演）で初監督する。

「七四年、僕は百五十万で裸映画をつくった。主演した三上寛さんが、それでまた日活の人を知っているから見せて買ってもらえたらと話してくれた。でも僕は、うらぶれ、みすぼらしく、田舎臭く、キレイでもない安モノ映画など、買ってもらえるわけがないと、独り心の中で諦めた。切羽詰まって、まるで自殺でもするみたいにしてつくった自分の作品を見るたび、何度も悲しかった。誰も見る人のない哀れなセルロイドの束を部屋の隅に置き、泣きたかった。日活ロマンポルノが羨ましくさえ思った。世間は僕に関係なくどんどんロマンを作り出していた。日向に出ない、不幸なデビューだった。またすぐ、僕は観客に戻った。」（朝日ジャーナル、一九八一年十二月四日号）

雨の日には決まって、天王寺の新世界へ出るという井筒は、映画館の暗闇の中に身を埋めて何かを待っていた。通天閣の下でまるで『王将』の坂田三吉のように、〽明日は東京へ出て行くからに——と、〝小春〟のような女を求めて街を旅していたのに違いない。

井筒は続けて言う。

「心の濡れる、暴力的興奮に追いやる切ない裸映画を独りで探そう、腋毛と乳首の、ワイセツで貧相な映画を探してみようと思う。僕は思春期のままだ。日活ロマンは市民の友だったが、僕らのような貧相で卑猥な大衆どもの敵でもあった。」(同)

七〇年代から八〇年代へ、ピンク映画は彷徨い続けている。出口もないのに、可能性も少ないというのに、男たちはピンク映画の世界に入って来る。希望の地だからか。ジャンピングボードだからか。ピンク狂いだからか。

ピンク映画は、誕生から黄金時代へ、性をテーマに限られた予算でもスタッフでも、メジャーに負けない映画作りができるのだとアピールしてやまなかった。

一九五八年をピークとした映画入場者人口（十一億三千万人）は、それ以後は減る一方だった。日本映画総体が縮小し沈滞した。

当然の如く、ピンク映画の入場者人口も減った。日本映画の主流にピンク映画が踊り出るという夢は、夢のまま消えた。

ピンク映画は、異端だからこそ光り輝くのか。

六八年にスウェーデンで公開された『私は好奇心の強い女』（ビルゴッド・シェーマン監督）は、七一年にようやくボカシなどの画面処理を加えて公開された。七五年に公開された『ディープ・スロート』（ジェラルド・ダミアーノ監督）も、ボケボケカットの嵐だった。まだまだ日本は性表現の後進国だった。

七四年〜七五年の『エマニエル夫人』（ジェスト・ジェーキン監督）の大ヒットは、ポルノ映画に対する考え方を一変させたと言えるだろう。七〇年代後半に入ると、女性客を含めた一般観客受けするポルノ映画の流行は著しく、邦画にもその傾向は波及した。

邦画におけるエロティシズムは、六〇年代にも増して七〇年代において急激に拡大した。言い換えれば、エロスを売り物としないと邦画に観客が集まらなくなってしまった。

一九七五年、大島渚監督の『愛のコリーダ』が封切られる。日本側プロデューサーには若松孝二、日仏合作による本邦初のハードコア映画だった。

日本で撮影したフィルムを未現像のままフランスへ送り、フランスで現像、編集し完成させた。完成作品を日本に逆輸入するという画期的な方式は、ポルノ映画の方法論を根底から変えてしまうことになる。

〝ポルノ解禁〟となっているフランスやアメリカではそのまま上映されたが、日本へ逆輸入された映画はボカシとカットで当初の作品とは異なったものだった。それにしても、日本で作られたハードコア作品が、世界中で上映されたのだ。ポルノ・ピンクの価値観が一変したのは仕方ないことだろう。

裸映画の出口は、この大仕掛けな方向に唯一あるようだった……。それに反して、ピンク映画はより一層プログラムピクチュア化するしかなかった。日本映画の番線で穴を埋める役割が強くなった。

それでも、井筒ではないが筆者自身をも含めてロマンポルノを敵として心を濡らす裸映画に魅かれ続けた観客が、ピンク映画を永遠のB級映画として支え続けていた。

だが、彼らは次々にピンクの向こうへ越境した。

八〇年から八二年、ピンク映画に新人監督が続出した。若松、渡辺、向井、山本ら〝第一世代〟、中村、高橋、和泉ら〝第二世代〟とも違う新たな才能の登場だ。

実質的には〝第二世代〟に属するガイラこと小水一男の十年ぶりの再デビュー作『ラビットセックス・女子学生集団暴行事件』が号砲だった。

〝第三世代〟の登場は〝ピンク・ニューウェイブ〟と呼ぶにふさわしい勢いだった。〝第一世代〟〝第二世代〟の助監督だった彼らは、苦闘しながら自分たちの方法と方向をまさぐっていた。

佐野日出男、磯村一路、飯泉大、井筒和幸、平川弘喜、西田洋介、滝田洋二郎、福岡芳穂、中山潔、水谷俊之、岡孝通……。連続的に、うねりを上げて彼らはやって来た。

ここでは、彼らについて触れる余裕がない。彼らは、おそらくこれから登場して来るピンク映画育ちの新人監督たちと競合し、新たなピンク映画を形作って行くだろう。彼らにとっては、日本映画もハードコアも関係のない世界だろう。ピンク映画でなく、他の分野に進む作家も出るだろう。とにもかくにも、ピンク映画の未来は彼らの肩にかかっていることだけは確かだ。

中村幻児監督『女高生・私をあげる』1982年／ミリオン

高橋伴明監督『少女緊縛』1980年／新東宝

Ⅳ　最後のプログラムピクチュア

ピンク映画の誕生から二十年の歳月が流れた。〝戦後〟は終わっていた。謝国権の『性生活の知恵』から〝スワッピング〟へ、日本人の性意識は変容した。〝不確実性の時代〟と言われても、なおポルノは解禁されなかった。

文化は、テレビに奉仕する〝アングラ〟のようになった。全共闘は遠く、やくざ映画の季節も遠い。美空ひばりもビートルズも山口百恵も、すべてが伝説となってしまった。

一九八一年の映画入場者数一億四千九百四十五万人、ピンク映画誕生の年の六分の一。いや、ピークたる一九五八年の十分の一以下。全国の映画館数は、八一年調べでは二千二百九十八館で、まだまだ減少する傾向にある。

映画館は凋落し、これまでの映画は終わった。より特権的空間として映画は再生されることだろう。ピンク映画は、どこへ行くのだろうか――。

新東宝撮影所の崩壊から衝撃的に登場したピンク映画は、さまざまに変化して今日に至った。総体としての活力はなくなりつつある。個々の作品を見れば、いまもなお希望と期待を持てるものもある。けれども、これまでこの〝ピンク映画水滸伝〟がピンク映画個々の映像表現を問題としてこなかった以上、ここでもそれらには触れないことにする。

本書の意図は、ピンク映画の二十年間を構造的にとらえるところにある。映像表現の華麗なエロスとこぼれ話を御希望の向きには不満が残るだろう。それらを所望される方は、村井実監修『ドキュメント・成人映画』（ミリオン出版、一九七八年発行）に当たられたい。川島のぶ子編集で発行された唯一のピンク映画の機関誌、月刊「成人映画」のダイジェスト本として貴重だ。本書も多くを村井、川島両氏に学んでいる。

それは、ピンク映画の流れに崩壊した新東宝映画の痕跡を見つけ、そのルーツを辿り当てる作業でもあった。一回性の産物であるピンク映画が葬り去られる前に、闇の中のカツドウヤたちの軌跡をルポルタージュしておきたかった。ピンク映画の黄金時代にポイントを絞り、そこにあったものは何かをまさぐるように取材して来た。

本木荘二郎が死に大蔵貢が死んだ今日、若松孝二や向井寛がプロデューサーを志向する現在、加えて新たな作家が続出する状況下にあって、ピンク映画も内側からさらに大きく変ろうとしているのではないかと思う。

現実は、ストリップやピーピングシアターを当面の敵として客を逃がさないことに思案せねばなるまい。映像文化がポピュラーになった時代に、性的映像が商業的に生き残る道は過酷だ。

再び、大蔵貢を引こう。

「私は少年時代『女は買わない』と虎ノ門の金毘羅さまに願がけした。だからと言うわけではないが、愛情の伴わない男女関係は、不純で罪悪だと思う。

正直にいって私の少年時代は、女性に惚れっぽいタチであった。当時は、自分とは身分の違ういわゆる名門の令嬢にあこがれの念を抱いており、キャバレーの女性やウェイトレスは、私の好みに全く合わなかった。

武蔵野館時代、私が舞台からさがってくると、楽屋入口にはきまって、四、五人の少女が待ちかまえていて、私の顔を見るなり「キャーッ！」と奇声を上げる。ロカビリー歌手に熱中する近頃の少女達と同様であった。それ位当時の弁士は、映画俳優以上に人気があったが、そういう女性には目もくれなかった。私が心に抱いている女性像とは程遠いものがあったから。」（大蔵貢『わが芸と金と恋』、一九五九年十月、東京書房）

ここから受けるのは、性的モラリストとしての大蔵貢像である。しかし、おそらくピンク映画を二十年間支え続けてきたのは、この〝性的モラル〟ではなかったろうか。性の解放へ向かうと見えて、実はモダニズムの最前線でダンスしたのがピンク映画の黄金時代だった。いくら性的表現の許容が拡大されても、内実におけるドラマの性意識は二十年間ほとんど変っていないと言って良い。

ピンク映画を製作・配給した仕掛人的存在の大蔵貢の〝性的モラル〟は、一貫してピンク映画総体に骨がらみだ。大蔵系に対抗しうるもうひとつの系譜の根源たる国映にしても、若松孝二という過激なピンクならざる映画を生み出す土壌は作ったものの、決して今村昌平やら大島渚を超える映画は作り得なかった。女の裸体描写を商売とする映画の域を出るものではなかった。

〝性的モラル〟は、ピンク映画の観客をも支配している。まさしくそれは、戦後民主主義的な性の自由化幻想と一体である。ピンク映画は、大衆幻想としての映画である。

最早、性における大衆幻想の有り様は多様化し、分散化した。写真あり、実演あり、ビデオあり、テープあり、性文化あるいは性産業は多様化し洗練されて行く。ピンク映画は、およそ過去に手に入れた性的表現と性意識を蒸し返しているに過ぎない。例えばスワッピングを描き、現実を追随しているに過ぎない。冒険はほとんど試みられず、大衆は、もうピンク映画に飽きている。そのうちロマンポルノにも飽きてしまうだろう。欧米からもたらされた形での〝ポルノ解禁〟は、一層性の管理下を強化するのに役立つだろう。ハードコアの時代は、当然の如く来つつある。

日本映画の流れの中にピンク映画の占める位置を見る時、それはあくまでもメジャー映画に対する〈反体制〉であり、〈脱体制〉や〈革命〉ではなかった。本当の意味でメジャーを揺るがす爆弾のような映画はできなかった。多くのピンク映画の初期の監督たちは、その葛藤の中で消耗してしまった。ピンク映画は、プログラムピクチュアとしての独立プロ映画という立場に落ち着いてしまった。いまでは、ピンク映画の構造はそれ以上でも以下でもない。ロマンポルノと合わせれば、日本映画の半数以上を占めるピンク映画は、〈反体制〉ではないか。

いちいち脚本をチェックして、暴行シーンやＳＭシーンに行き過ぎがないよう注意を与えた大蔵映画の大蔵貢。大蔵が新東宝時代に書いた〝自伝〟の言葉からピンク映画について考えてみた。

しかし、ピンク映画は所詮ピンク映画かも知れない。怪物商人の〝恋愛論〟に裏打ちされたあだ花かも知れない。裏町の小便臭い映画館こそよく似合う。こうエロ映画だのエロ本だのなんだのかんだの性の情報が氾濫しちまうと、ピンク映画なんてそのうちなくなっちまうんじゃないか。そんな気がする。

ピンク映画の二十年は、新東宝エログロ路線の延長にあった。

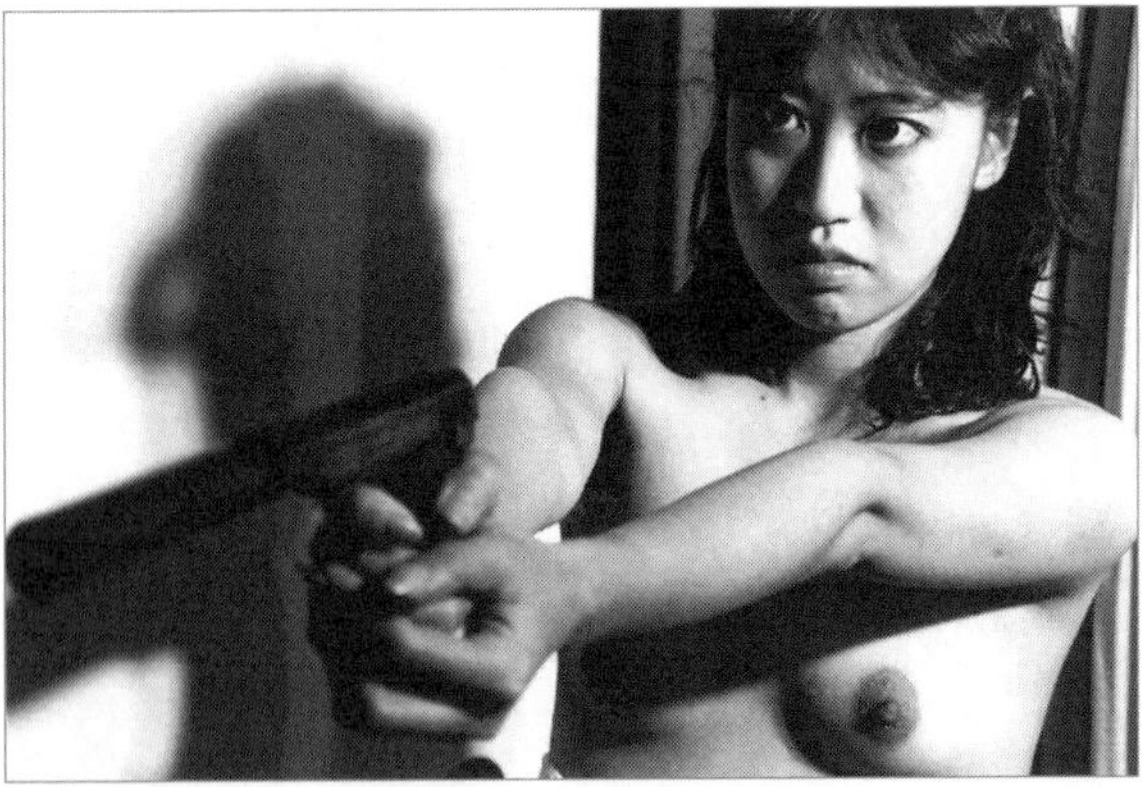

井筒和幸監督『赤い復讐・暴姦』1982年／ミリオン

ピンク映画のスタッフたち　1970年代初頭／中央に久我剛（監督、撮影、後にプロデューサーとなった）

ピンク映画のルーツが新東宝であるということは、ピンク映画が戦後日本映画史の最深部に至る鉱脈の端末に属するということだ。ピンク映画から新東宝へ、さらに新東宝から東宝争議へと遡って行く戦後日本映画史を逆コースから検証したいと、ライターとしての構想は大きく持っている。

一方では、新東宝など知らない世代の今後も楽しみだ。彼らについて多くを語っていないのは、まだまだこれから、ようやくピンク映画の変化とともに大きくなろうとしている時にあるからだ。その生い立ちについて書くには早過ぎる。彼らについては十年後あるいは二十年後に、続篇としてレポートできればと考えている。その時、果たしてピンク映画があるかどうかは別として……。

新東宝撮影所もメジャーの現場も知らないピンク〝第二世代〟は、すでに新たな潮流となっている。八〇年代以後に台頭したピンク〝第三世代〟も、ピンク・ニューウェイブと呼ばれて新しい群体として目前にある。ピンク映画から突出し、ATGや東映で映画製作を試行する動きも活発だ。

中村幻児や高橋伴明、それに『ガキ帝国』（八一年・ATG）を撮った井筒和幸の活躍は、単にピンクの世界にとらわれない日本映画の新しい担い手として期待される。

ここへ来て向井寛が『おんな六丁目・蜜の味』（東映）を撮り、木俣堯喬も息子の和泉聖治と共同で『鍵』（松竹富士）を撮る。渡辺護もロマンポルノの実力派曽根中生と〝フィルムワーカーズ〟なるプロダクションを結成、大作を準備中だ。ピンクオールドパワーの巻き返しも盛んだ。若松孝二のプロデューサーとしての活動もまだまだ計画ありと聞く。どっこい、みんな、これからなのかも知れない。

完璧に映画の体制に組み込まれたかに見えたピンク映画だが、オールドパワーも〝第二世代〟もニューウェイブも渾然一体となりもうひと波乱ありそうだ。

十年後に生き残っているピンク映画監督とは、一体誰と誰なのだろう――。

第六章
ピンク水滸伝　番外篇

Ⅰ▽「ズームアップⅡ」2号、Ⅱ▽「噂の真相」1982年11月号掲載に加筆・修正。

野上正義と香取環

I　ガミさんの十番勝負を圧倒的に支持する！

ガミさんの〝十番勝負〟を圧倒的に支持する――！

〝十番勝負〟などと言うと時代劇かプロレスでも連想する人がいるかも知れないが、今年四十二歳になろうとしている役者、ガミさんこと野上正義は、いま、真面目に考えているのである。

「例えばね、女の股間を覗いて〝ニヤッ〟とするっていう台本があるんだよ、よく。また女の裸を風呂場の窓から覗いて、男〝ニヤッ〟とした、とあるんだよ。だけど、ノーマルに考えてね、新劇出身だからそう考えるのかも知れないけど、そういうのは絶対にありえない。〝ニヤッ〟としない、よりシリアスなんです。ニヤッとなんかしないです。ところが、〝ニヤッ〟としたと書いてあると多くの俳優さんが〝ニヤッ〟とする。その状況を人に語る時には、『今日、俺、可笑しくってよ。女が俺覗いてんの知らないで、股洗っててよ』って言う。言う時は〝ニヤッ〟とするんです。覗いている時は真剣なんです。それが、喜劇なんです。それが〝ニヤッ〟としたら、俺はあんまり学問的なこと言えないけどね、彼自身がもう客観に入っちゃったんです。観客を客観に置かなきゃいけないんです。お客が〝ニヤッ〟とするんです。テメエ自身が客観になっちゃったら、もうダメなんです。いい加減に覗いているんです。余裕があり過ぎる。余裕がないところに面白さがある。芸の作り方って、そういうものだと思う。蒲団を足から捲って、〝ニヤッ〟とするバカいないですよ」

和泉聖治監督が初めて一般映画に挑戦した『オン・ザ・ロード』の試写会場で、ガミさんに会うと、「今夜、ウチに来てよ、鍋でもごちそうすっから」と、先日来懸案だったインタビューを、ついに実行できることになった。そして——、酔えば酔うほどガミさんの弁はさわやかで滑らかに、演技論をとうとうと話してくれたのだった。

喜劇ひとつをとっても、野上正義の演技論があり芸の作り方がある。さらにまた長い映画生活にあって、数々のエピソードや体験談を持っている人である。なにせ、ギネスブックに載ってもおかしくないほど数限りなくピンク映画に出演しているのである。だが、ここで、それらのエピソードに触れるつもりはない。

ガミさんは、エッセイが上手い。良い文章が書ける人だ。エピソードや体験談については、すでに自分で書き出している。〝デイリースポーツ〟の連載など好読物だった。〝野上正義のピンク人生〟なんていう本が出ないのが不思議なくらいだ。もう話はいくつか舞い込んでいるようだ。大手にとられないうちに早く交渉した方が良いよ、中小出版諸兄諸氏！

先のことになるだろうが、ピンク男優総体をとらえて〝ピンク男優群像〟を書く用意がある。そして、その時に今回取材し得た貴重な話などを開陳し、また我流に拡大していこうと思っている。これは、その先駆けたるアピール文でもある。

北海道釧路から、役者を目指して野上正義が上京したのは、一九四八年。

「高校を卒業した翌日に、卒業式を無事に終えて（笑）、翌日の朝、汽車に飛び乗った」

十八歳の野上正義は、三十六時間かかって、戦後まもない東京に降り立った。旅の疲れはさほど気にならなかった。なぜなら、彼には役者になるというでっかい夢があった。

「俺ね、親が違うんですよ、両親が。そんで本当の生んだ親がどこにいるか分かんなくてね。いまでも分かんないんだけど、中学の頃それ知って、何とか一回でも会いたいというのか見てもらいたいって、そんな気持ちあってさ。当時は巡回映画の全盛期だったから、こりゃ映画俳優になりゃ親に会えるんじゃないかな、なんて思ってさ。そんで東京へ出て来たんだよね」

あれから三十四年、野上正義は役者になった。〝十番勝負〟の一番はもちろん役者である。

『肉体の誘惑』（1967年・葵映画・西原儀一監督）より　香取環（左）と

『セックス必勝法』（1961年・六邦映画）より

そう、そのホームグラウンドたるピンク映画である。新劇畑からテレビへ、そして若松孝二監督の『鉛の墓標』（六四年・ダイヤプロ／国映）に主演して、ピンク映画に片足を突っ込む。当初は若松孝二監督作品に限り出演して、テレビの〝番組レギュラー〟と掛け持ちするが、いつしかテレビを干されピンク映画一筋。出演本数は、最早八百本を超えた。

日活作品への進出、あるいは『オン・ザ・ロード』をはじめとする非ポルノ映画への転戦をも含めて、役者・野上正義の活躍はめざましい。

さて、何をして二番、三番というのかは分からないが、監督、シナリオ、歌、エッセイ、司会、舞台、……とにかくチャレンジしようという姿勢なのである。

〝ピンクの演技派ナンバーワン〟と言われるガミさんは、器用な人である。

去年は、「旅路」（マーキュリーレコードで発売中）というシングルを吹き込んで歌手の仲間入りも果たした。『性宴風俗史』（七二年・六邦映画）以来四本目になる監督作品として『変態未亡人』（大蔵映画）を、三条まゆみ主演で監督した。

「まあ、いろいろとやってやろうと思ってますよ」

一時は、役者をやめることまで考えたというガミさんだが、いまやその闘志は熱い。

ピンク映画のほとんどの現場を経験し、ほぼ全部の監督の下で出演したことのある役者と言えば、野上正義をおいて他にいないだろう。ピンク映画史にも、さまざまな側面があるが、ガミさんこと野上正義の生き様を通してくっきりと浮かび上がる世界があることは確実だ。だから、ガミさん、もっともっとしゃべってください。書いてください。そして、〝十番勝負〟を続けてください。微力ですが、支持を貫徹したいと思います。

〔追記〕青心社版『ピンク映画水滸伝』発刊から二年後、野上正義著『ちんこんか　ピンク映画はどこへ行く』（三一書房）を編集・刊行した。本書と合わせて読んでもらいたいが、とうの昔に絶版で幻の書となっている。

初春スペシャル・イシュー　ピンク映画 水滸伝番外

「野上正義の〝十番勝負〟を圧倒的に支持する」

「ZOOM-UP Ⅱ」野上正義取材記事、文・鈴木義昭

Ⅱ ピンク映画〝第一号女優〟を追って

少女は、夢を見たのだ。

熊本から博多へと向かう列車の中で、僕は呪文のように繰り返していた。

車窓の右手に広がる阿蘇の山々と、左手に沸き立つ夏の雲。そこは、火の国と呼ばれるにふさわしく、勇ましく、安らぎに満ちた地ではあった。

しかし、彼女は、そこから旅を始めた。

それはいつの日だったか。抱えきれない夢を抱いて、車中の人となったことだろう。

ピンク映画の〝第一号女優〟と言われている香取環。

彼女は、熊本県菊池の生まれ。

彼女に会ってみたいと思ったのは、いわゆるピンク映画の歴史を調べる作業を開始してまもなくのことだった——。

潰れてしまった映画雑誌「ZOOM－UP」に、「ピンク映画水滸伝」というタイトルで連載を始めたのは、二年前。雑誌の廃刊に伴い連載は中断を余儀なくされ、ピンク映画の歴史を、二十年目に至るタイミングを摑んでまとめてしまおうという構想は困難を極めた。その前段たる「映画エロス」誌の廃刊にともなう、連載中止に続いて、またかという思いだけが駆け巡った。だが、どうしてもいまピンク映画史を作ってやろうという強い意志は決して揺らぐことなく、ミニコミその他へ作業は継続して行った。

ピンク映画が生まれ出た一九六二年（昭和三十七年）、日本映画はまだ黄金時代だった……が、前年（昭和三十六年）の石原裕次郎の負傷（志賀高原スキー場でスキー中に衝突）、赤木圭一郎の死（撮影所内でゴーカート運転中コンクリート塀に激突）は、史上最高といわれた映画時代に陰りを示してはいた。

そう香取環は、赤木圭一郎と同期の日活ニューフェイス。裕次郎映画のチョイ役だったのだ。

六二年、ピンク映画の〝第一号〟と言われる『肉体の市場』（小林悟監督）に、彼女は主演している。映画は、ビート族に六本木のクラブで殺された姉の復讐をする妹の物語だ。封切直後から警視庁によって摘発、さまざまな話題をまいた。

ピンク映画〝第一号〟に主演した彼女は、一年間休んだ後、やがて、多くの所謂ピンク映画に数多く主演、まもなく自他ともに認める〝ピンクの女王〟となった。

初代の〝ピンクの女王〟に、会ってみたいと思ったのは、ピンク映画の歴史を書くためには、必然的なことではある。もう、十年以上スクリーンからは遠ざかっている。一体どこでどうしているのだろうか、と。

だがしかし、彼女の行方は、杳として分からなかった。ピンク映画の古くからの関係者に聞いてみても、消息は不明だったのである。

七〇年に彼女主演で、『おんな地獄唄・尺八弁天』という傑作を撮っているベテラン渡辺護監督は、

「香取環、いい女優だったけどねえ、どうしてるかネー、分かんないなァ。男に貢いじゃう、優しい男が好きな、気の強い女だったけどな……」

〝エロダクション〟の老舗と言われる国映に取材に行った時も、ベテランの女性のプロデューサー〝オネエ〟こと佐藤啓子さんもこう言って首をかしげた。

「分かんないわネ……。池袋のバーかキャバレーで見たっていう人がいたらしいけど……」

彼女との共演作も多い〝ポルノの帝王〟男優の野上正義さんは、

「うーん、田舎へ帰ったって噂も聞いたことあるけど……」

香取環はどこへ行ったんだ!?

彼女が、正式にピンク映画を引退したのは七二年。まだ、十年しか経っていないというのに、〝女王〟とまで言われた女優のその後を、こんなにも、まったく誰も知らないというのはどういうことだ。僕は、取材で会うたびごとに香取環さんがどうしているか知りませんか、と聞いてみた。だが、答はすべて「ノー」だった。

ピンク映画とは、そんなに情のない、去り行く人のことなど気にすることのない淋しい世界なのか——とも思った。

その二十年、いろんな女優たちがスクリーンを飾った。数えることなんてできやしない。グラマーも、ヤセも、デブもチビも、美人もブスも、女であれば、すなわち女優となって、脱いで脱いで脱ぎまくった。次から次から、それが彼女たちの宿命であったのか、快楽であったのか、夢であったのか……。

普通、ピンク女優の〝寿命〟は三年と言われている。眩しいばかりの白々とした新鮮なヌードでデビューした女優も、セーラ服で、白衣で、和服で、洋服で、スポーティに、ドレッシーに、脱いで脱がされ、何度かの〝処女喪失〟から〝恋愛〟〝若妻〟を経て消えていく。それが当たり前である。白川和子や宮下順子、谷ナオミは例外中の例外なのである。

それが悪いというのではない。それでも、なお、ピンク女優は引きも切らず、二、三本だけで消えていく女優もまた多い。それはそれでいいのだ。だからこそ、ましてや〝第一号〟映画に主演し、ピンク映画の世界だけで一時代を築いた女優に会ってみたかったのである。会う必要があったのである。

彼女の行方が知れず、となっているのにはそれなりの理由がある。彼女、映画会社やプロダクションに多額の借金があったらしいのである。また、友人たちにも。どうして。いまのように女優のギャラが〝日建て〟で計算される時代ではなかったし、ピンク映画の景気はすこぶるよろしく、現在の比ではなかったのだ。あれだけ、長期にわたって主演クラスで活躍していながら、金は貯まりこそすれ、借金というのは、ちとおかしいんじゃないか。ピンク映画を上映する劇場は、連日満員、エロダクションはボロ儲け、若松孝二監督だっていまのように新宿ゴールデン街なんかじゃなく銀座で豪遊していた時代。作れば、当たる。日本映画本体の斜陽とは逆コースに、黄金時代にあったピンク映画界、そこで十年間スターだったのが、彼女なのである。

いや、簡単なことだ。男に貢いでいたのである。彼女と浮名を流したのは、東宝の二枚目俳優船戸順。美空ひばりの〝恋人〟とさえ言われたこともある男だ。彼女は、七年間という歳月を身も心も彼に捧げた。そして、別れた。というより身を引いた形だったと、人は言う。彼女は、ボロボロになっていった。

奇行が目立ち、男は替り、借金は嵩んだ。〝引退〟ということで、それらのしがらみから、彼女は逃げようとしたのかも知れない。

「そうだ、九重京司さんなら知ってるかも知れないな。オレが最後に使った頃、九重さんの鎌倉の家の近くに住んでいて、九重さんの所へ遊びに行くと、彼女が来たりしていたから。親代わりみたいな形だったな。」

と、ある晩酒場で渡辺護監督が思い出したように言った。

「えっ、本当ですか」僕は、その言葉を頼りに、先日ようやく、ピンク創世からの男優、『肉体の市場』にも出演している九重京司さんに会う機会を得た時、インタビューの最後にそのことを切り出してみた。

「どうしてますかね、実は私も知らないんですよ」

さらりと受け流したかに見えた九重さんから、一通の手紙が届いたのは取材から数日後。そこには、古いメモ帳から探し出してくれた熊本の実家の電話番号とスクラップブックからのコピーという週刊誌の記事が入っていた。

同じ屋根の下で、毎夜ベッドをともにしながら、

「ここ四年間、夫婦としての愛のイトナミはまったくなかった」

と言いきる船戸順（三〇＝東宝）。香取環（三〇＝ピンク女優）夫婦が、ついに異常な結婚生

活に終止符を打ち、十一月中旬正式離婚にふみきることが決定した。

「七年間の結婚生活――でもいま考えると船戸は、わたしを〝女〟としてではなく、単に仕事の上で必要としただけなんです……」

――十月十六日夜。江ノ島駅前のレストランで、香取環こと山ノ井巳代子さん（本名）はしんみりと語り出した。（女性自身「美空ひばりのかつての〝恋人〟船戸順がピンク女優の妻と正式離婚」、一九七〇年十一月一日号）

との書き出しで始まる記事は、香取と船戸の〝愛の破局〟を報じている。二人の仲について取材された九重さんは、それよりは本人の口から、ということで香取を取材させた。記事は、香取の悲痛な胸の内をいささかなりとも汲み取ろうという姿勢ではあった。

彼女の実家の所在が分かると、もう、居ても立ってもいられぬ思いで、僕は熊本へと向かってしまった。行けば何とかなる、という思い込みは危険だったが、なぜか、彼女は熊本にいるという気がしてならなかったからだ。

流れ流れて最果ての、バーかトルコで働いているピンク映画〝第一号〟女優、それは絵になる。ああ、哀しい女の、ここにも人生模様があるものか――と。しかし、世の中そんなにいつまでもセンチメンタルにできてやしない。

なぜなら、こう言っちゃなんだが、この間さまざまなピンク映画関係の取材で、ピンク映画女優の姿を見て来たところによれば、みなさん、なべてプライドの固まり、スターへの執念で生きてらっしゃる方々。いくら、問題多々ありとても、流れ流れて、なんてとても考えられないのだ。きっと、まだ十年、再起を期して、ひっそりと親元で暮らしているのではないか。なぜなら、その親元というのが結構しっかりしている。地元資本の、小さきとは言え、製薬会社だからなのである。

独断と偏見、ズバリ当たった。

香取環は、熊本にいた。

ただ、予想とは少し違い、彼女は結婚していた。子どもまでいたのだ！

さて、彼女の実家の製薬会社とは、熊本市に隣接する菊池郡菊陽町にある阿蘇製薬。熊本駅に降り立つやいなや、僕は電話してみた。

「はい、阿蘇製薬です」

「もしもし、あ、あの久木さんのお宅でしょうか」（香取の本名は、久木登紀子。女性自身の記事中に本名山ノ井巳代子とあるのは、姓名判断か何かで改名したものらしい）

「そうですが……」

「社長さん、いらっしゃいますでしょうか」

「いえ、ただいま留守ですけれど、失礼ですが、どちら様でしょうか」

「あ、はい、東京から来た者なんですが、登紀子さんのことについてお聞きしたいことがありまして……」

「はぁ、……登紀子さん、ですか」

（電話の向うは中年女性のようである）

「はい、そうなんですが」

「……ちょっとお待ちください……」

「はぁ、」

（どうも、なにやら電話のむこうで相談している様子である。そして、出て来たのは――）

「あーもしもし、どちらさんですか、そういうことについては、お話しする必要はないと思いますが」

「はぁ、あなたは、どなたですか、あの、できれば社長さんに――」

「登紀子は、私の妻です」

「ホ、ホントですか、お名前は？」

「山崎です」

「それじゃ、山崎さん、ほんの少しだけでいいんです。会って登紀子さん、いや奥さんのことについてお教えいただけませんでしょうか」

「その必要はないと思います」

「いえ、別に、その、くだらない話としてではなく、ですね、奥さんの、香取環さんという一時代を築いたスター女優の、その後についてお聞きしたいと。当時、ファンだった人もたくさんいると思うんです。その人たちに、いえ、東京の関係者の間では行方不明ということで、まったくよくない噂が流れていたりしましたので……」

「もし、そういう仕事でもいまもしているならともかく、お答えする必要はないと思います」

「はあ、それはそうですが――」

この後、数分間、山崎さんに頼み込むようにして、彼女のことを聞く。そこで分かったことは、彼女は、この阿蘇製薬に勤める山崎氏と十年近く前から結婚していたということである。

「そっとしておいて欲しい」との山崎さんの言葉に、とりあえず電話を切った。しかし、早速、彼女の出身校である熊本市内の九州女学院に行って裏を取ることにした。

あった、あった、六年前に作成された卒業生名簿には、山崎巳代子という名前があった。九回生で、昭和三十二年三月八日の卒業。

ミッション系の女子校で、伝統は古いという九州女学院は、確かに〝女の園〟の印象がした。百九十五名の同窓生の中から、連絡を取りやすいＩさんを紹介してもらい、話を聞くことにした。

「ええ、憶えています。グループというか、そんなに付き合いのある方ではありませんでしたが、同じクラスでした。彼女は、やはり目立つタイプでしたね。冗談をよく言ったり、とても明るい感じの人でした。そうです。三年の時だったと思いますが、ミス・ユニバースの熊本代表になって。ええ、映画に出ているというのは知っていました。もう、だいぶ前ですが、市内のレストランで同窓会をやった時来られて、石原裕次郎の映画か何だったか出ていられるって聞きました。ええ、それで観に行ったこともあります。よく憶えていませんが……その後、ポルノに出られたらしいということは知っていますが、週刊誌でも書かれてたんで、後はよく分からないです。でも、もう、確か結婚されて、こっちで。それに、最近、子どもも生まれたようですよ」

いまは、附属の短大で教鞭をとっているという七十四歳の、元担任淵脇先生は、心許ない。

「そんな生徒がいましたかね。大勢いましたからね。そういわれれば、思い出しますが、そう、お姉さんもウチの学校でしたね。うーん。女優になったかどうか、そんな話も聞いたような気もしますが……」

香取環――昭和十四年十月二十一日生まれ、在校中にミス・ユニバース熊本代表に選出、卒業と同時に日活第四期のニューフェイス。ピンク映画入りは、小林悟監督に口説かれて。当時二十二歳。

ここでは、いちいちその代表作を挙げることをしないが、素人でも脱ぎさえすれば何とかなるその業界にあって、本格的な演技のできる女優として重宝がられた。渡辺護、向井寛、若松孝二監督らによる作品でひときわ光った。出演本数は、六百本を超えた。

船戸順との仲は、彼女が日活を退社してピンク映画に本格的に出始めた頃から。結婚して、約七年間。テレビの昼メロに出るくらいが関の山だった船戸を、陰になり日向になり支えてきたのは彼女だった。売れない二枚目男優を、ピンク映画で稼いだ金をつぎ込んで養っていたのである。

船戸はようやくチャンスに恵まれ、美空ひばりの相手役に抜擢されようとした。その頃から、二人の間は急速に冷えていった。スターとして船戸が売り出すためには、彼女は邪魔だったのである。よくある話さ。でも、彼女は喜んで身を引いた。ピンクの仲間たちに船戸のことが書かれた雑誌の切り抜きを見せては、わが事のようにはしゃいでいたと言う。

かくて女性自身の記事へ、となるのだが……。

船戸と別れた彼女は、ピンクの新人男優を自分の持ち物のように可愛がったりした後、

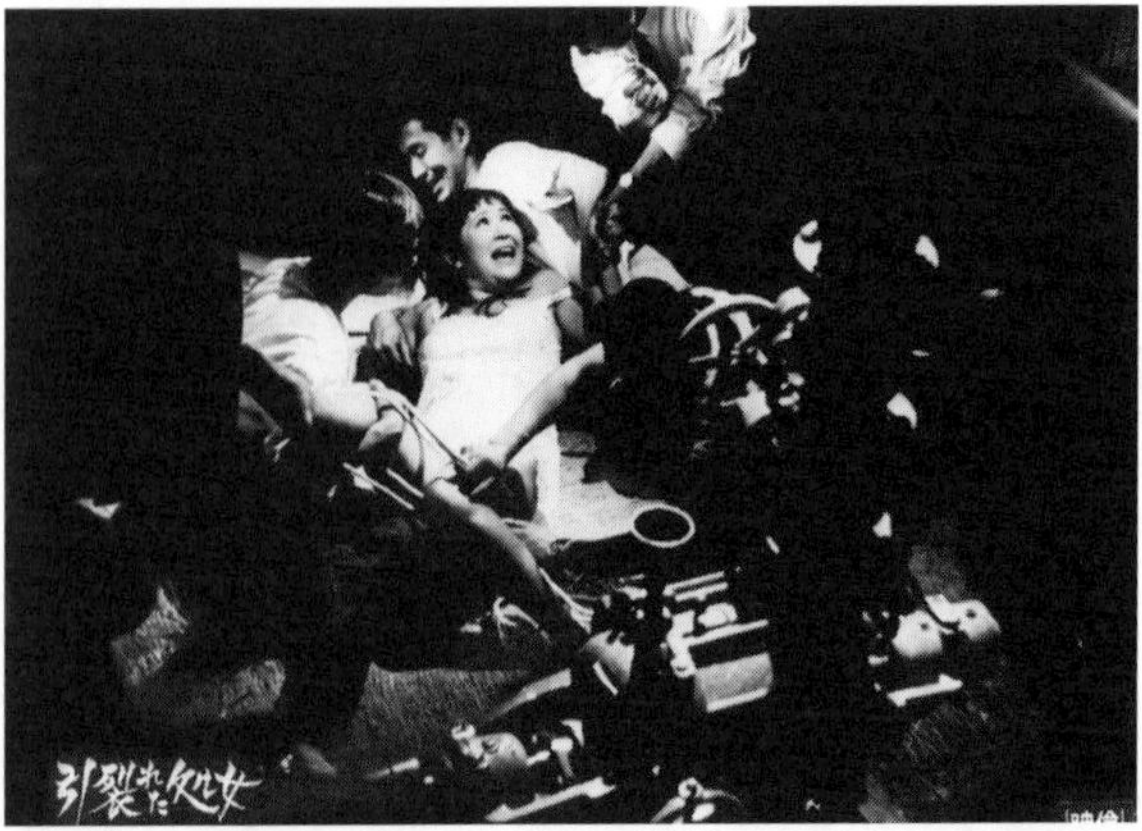

『引き裂かれた処女』（1968年・葵映画）より

『情炎』（1966年・オリオン興業・向井寛監督）より

「葵映画専属」時代（1966年〜）

「準ミス日本」の頃（1959年）

『炎の女』（1966年・葵映画・西原儀一監督）より

温厚で知れ渡ったピンク映画監督奥脇敏夫と結婚する。だが、長くは続かなかった。彼女の引退とほぼ同じく、奥脇監督は映画を辞め、彼女の縁のあったある会社に勤めてサラリーマンとなるが、彼女は派手好きな性格で、その給料だけでは賄い切れるような生活ではなかったのだ。

それから、どうしたのか、だったのである。

引退から二年も経たぬうち、彼女の行方は分からなくなった。

そして……。

「十年前から結婚している」という山崎さんの言葉は計算が合わない。けれど、そんなことはどうでもいいのだ。彼女は熊本にいたのだ。ピンク〝第一号〟女優は結婚していた。

決して堕ちることなく、幸せに（そうあって欲しい）、再起を願うでもなく（実のところは分からないが）暮らしている。

九州女学院の校門を出て、トボトボと歩いていけば、後ろからライトブルーの制服に身を包んだ少女たちが、キキキと猿のような声を上げて追い越して行った。少女たちの後ろ姿は、夏の風の中に舞っていた——。

いいのだ、もういいのだ。

少女たちに会えたのだから、もういいのである。すでに四十三歳、おそらくは高齢出産とやらで体型の変わり果てたピンク〝第一号〟女優、なんぞに会っても仕様がないのだ。

突然、そんな思いが僕の心をよぎる。

すると、もう、僕は車を止めて乗り込んでいた。

「熊本駅へやってください」

歴代のピンク映画のスター女優のその後もさまざまである。

下北沢駅前にスナックを構える辰巳典子、向井寛監督の妻となった内田高子、天井桟敷の花形女優となってアングラへ転出した新高恵子、大蔵貢の最後の〝妾〟となった扇町京子、香取環と同時期のスター松井康子は女性プロデューサーへの野望破れて、現在雲隠れ中。

香取環の消息が、そして、分かった。

ゴトリ、動き出した列車。僕は思う。きっと、これからもきっと、熊本から、いや九州から、第二第三の香取環は出るに違いない。〝スター〟という虚飾に満ちた幻想が、この世にある限り。戦後日本を覆う〝芸能帝国主義〟が現存する限り。無数の少女たちが、東京で、スターになることを夢見て旅立って行くことだろう。ただ、それがいまは映画ではなく、テレビであったり、歌謡曲であったりするだけだ。彼女たちは、日活でスターになりきれず、よりマイナーな世界でスターとなった香取環のように、挫折し、初めて自らの世界を見つけ出し、築いて行くだろう。

出でよ、さらに出でよ、第二第三の香取環。

自らの世界を見つけ得て、そこでスターとなれれば、それでよいではないか。例えそこが、テレビとは程遠い生撮り本番ビデオでも、大劇場の花のステージではなく、ストリップ小屋の花のステージでも構いはしないのだ。僕らは一向に構わない。そして男に貢げ！　自らの夢を託して。香取が船戸に貢いだように。

報われるか、報われないかなど、この際問題ないのだ。香取環が、船戸の〝恋人〟美空ひばりと拮抗する点は、まさにここにある。闘ったこと。夢に忠実であったこと。

その意味で、香取環とは、実に幸せな女であったのではないか。

第七章
撮影現場ルポ

山本晋也組は日本映画の先頭を走っていた!!
『ZOOM-UP』1980年7月号より

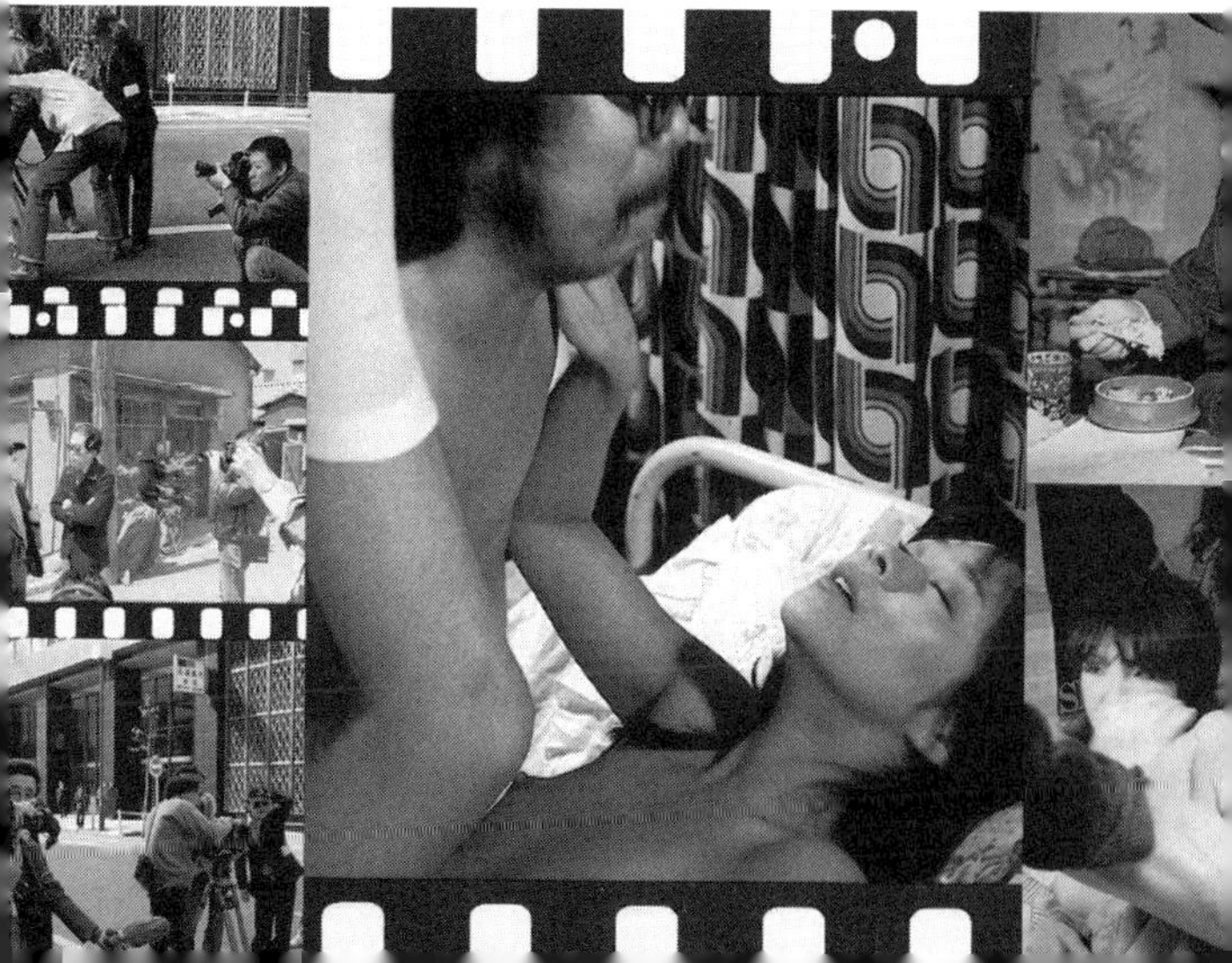

I 稲尾実組『痴漢豆さがし』
ZOOM-UP新人シナリオ賞応募作品初の映画化！

早逝した伝説の女優青野梨魔が大活躍。稲尾実監督の顔も（左中段写真手前）（『ZOOM-UP』1980年4月号）

「冗談じゃないよ、うちは真面目な店なんだから、ポルノ映画なんて――」

「教育映画なら撮ってもいいがエロ映画なんて撮るんじゃないよ――」

深夜の街頭、ナイトロケを敢行しようとした稲尾組に、飲み屋のママと酔客が連合して騒きだした。心情的に説得をして何とか打開の道を見つけようとしていた稲尾実監督もとうとう堪忍袋の緒を切った。「ああ、やめればいいんでしょう、人がこんなに丁寧に言ってるのにあんたらの態度はなんだよ――」

怒った時の稲尾監督はなかなか勇ましい。背の高い大柄な体つきにウェーブのかかった髪で、一見大島渚によく似ていると言われる。いやその怒った時の爆発力はメガトン級だった。普段は、冗談まじりに自ら動き回りながらニコニコ演出しているのに。

ＺＯＯＭ－ＵＰ新人シナリオ賞の第二回目、稲尾実監督のシナリオ募集で佳作に輝やいた「セックスタッグマッチ・慢性欲情男ＶＳ淫乱パクパク女」という作品が『痴漢豆さがし』の題名で映画化されることとなった。作者は古川仁さん。

「おおらかで明るく、どこかマンガチックなところが気に入ったし、ちょっと遊んでいる感じがあったな」と稲尾監督。

稲尾監督は〝遊びゴコロ〟を大事にする。真剣ではあるけれどどこか遊んでいる。現場もそんなリラックスした雰囲気でやっていければと言う。確かに撮影現場はいつでも仕事をしているというより、どこかみんなで遊んでいるような気分もある。助監督さんを怒る時でも、何となく心優しく叱っているような気がした。コミカルな作品を得意とする稲尾監督らしい現場であるだろう。

「チョンワー！」「シュウッチュ！」「ヨーイ、アーイ！」「グワッチョ！」「ジュワーチュ！」、ウルトラマンみたいな擬音が監督の口から飛びだす、それにカチンコが連動して行くのが実にオモシロイ。「おーい見えちゃうよー、権力者が怒っちゃうじゃない」「しかし、みんなやる気なくやってんなー、ウンン、こういうのいいな、このやる気なさ、へへへ」稲尾監督はその作品だけがコミカルなんじゃなく、人間自身も相当コミカルな人なんだということに気がついた。みんな出演者もスタッフもその監督のココロを充分知っていてマジメでありつつも和やかなシステムができてる感じ。

それは「不景気にはコメディーがウけるのよ」と語る、主演の久保新二さんと相通じる。でも、久保新二さん、江利チエミの出ているテレビを見ながら台本を読んでいた時の顔は真剣そのものだった。

早朝、雨で屋外での撮影ができず。その日は目黒駅近くの「目黒エンペラー」での室内撮影。その後場所を夜のゴールデン街に移動する。七時頃なのでまだ空いていた〝クララ〟での撮影。カウンターで飲んでいる人妻役の青野梨魔さんにサラリーマン役の北村淳さんが声を掛けるシーン。満員のはずの酒場が空いていていては映画になんない。ああ、ついに小生までがエキストラに出された。ムム、顔が引きつるゾ。そう急に笑えったってムリですよ。マスターの外波山文明さんをはじめ、一緒に取材に行ったカメラマンの安斎さんやその他そこいら辺にいた人がみんな出されてしまった。

ゴールデン街で行方不明になった久保新二さんをやっと捜して、その日最後の撮影を街頭でやっていたところ、近くの飲み屋のオバさんたちが喚き出した。前日からインしたこの映画も明後日にはアップしなければいけないというのに、まさにピンクの現場はドッチャ場だ、ああピンク映画もつらいのだなぁ——。

主人公の自分のサイズに合う女性を求めてさまよったサラリーマン吉岡左門をお馴染み久保新二が、巡り遭う人妻高橋牧子をピンク映画に入ってほぼ一年で、以前はモデルをやっていたという青野梨魔嬢。一年ぶりのピンク映画出演という北村淳が変態的なサラリーマン・小笠原に扮する。ほかには高島亜美、加倉井和也、沢木ミミ、栄雅美らが出演。

ZOOM‐UPの読者の頭脳が生んだピンク映画第一号のでき上がりを、興奮気味に待つことにしよう——。

（「ズームアップ」1980年4月号より）

Ⅱ　中村幻児組『濡れた唇・しなやかに熱く』
ピンク界の百恵ー友和コンビは『旅芸人の記録』に近づけるか!?

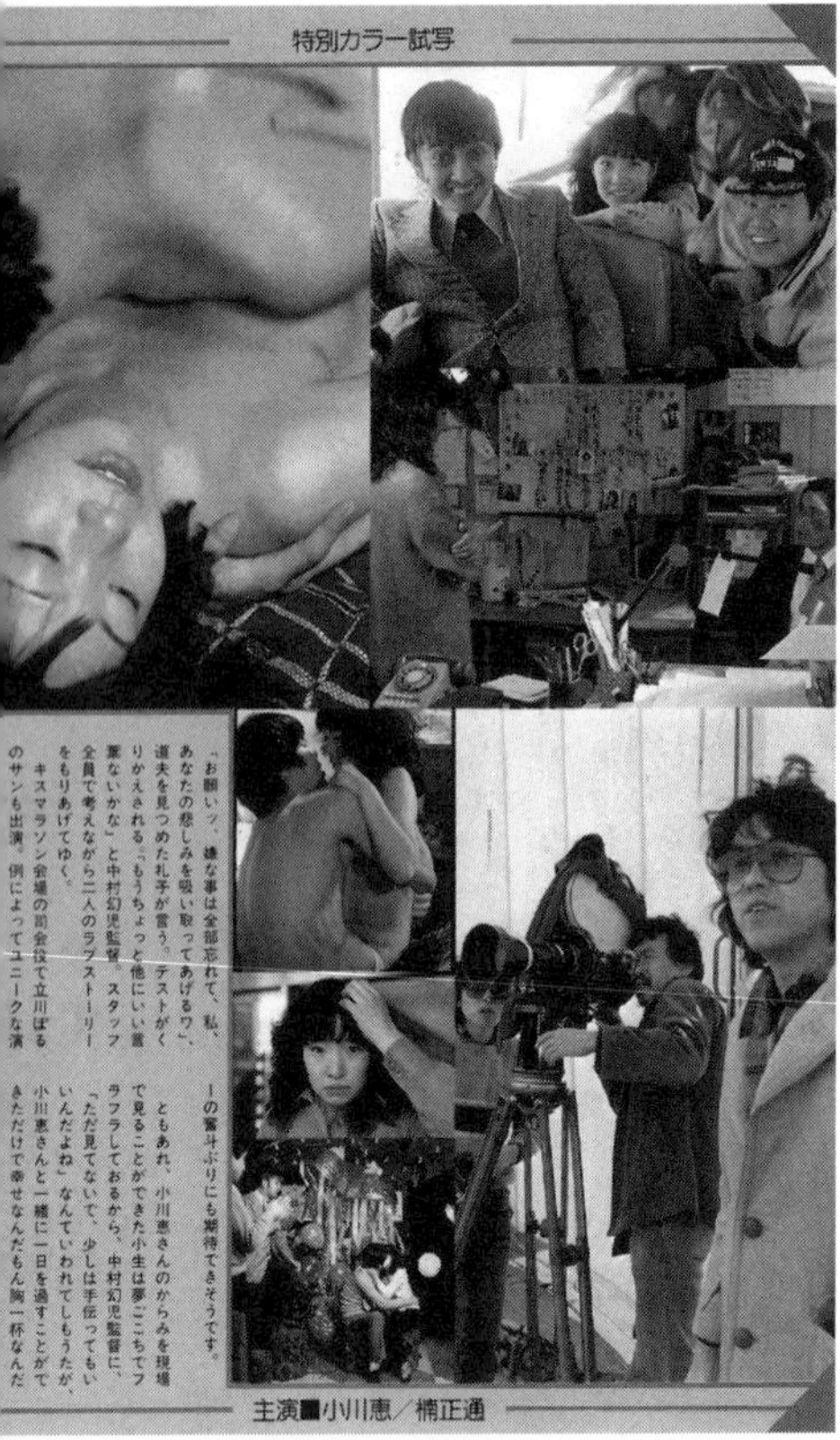

「お願いッ、嫌な事は全部忘れて、私、あなたの悲しみを吸い取ってあげるワ」、道夫を見つめた礼子が言う。テストがくりかえされる。「もうちょっと他にいい言葉ないかな」と中村幻児監督。スタッフ全員で考えながら二人のラブストーリーをもりあげてゆく。
キスマラソン会場の司会役で立川ばるのサンも出演。例によってユニークな演ーの奮斗ぶりにも期待できそうです。
ともあれ、小川恵さんのからみを現場で見ることができた小生は夢ごこちでフラフラしておるから、中村幻児監督に、「ただ見てないで、少しは手伝ってもいいんだよね」なんていわれてしもうたが、小川恵さんと一緒に一日を過すことができただけで幸せなんだもん胸一杯なんだ

ズームアップ誌上で人気絶頂だった小川恵。中村幻児監督の顔も（右下）（『ZOOM-UP』1980年5月号）

カメラの久我剛さんが瞬間、監督助手に聞く。

「何分だった？」

「三分八秒です」

ピンク映画としてはかなりの長回しだろう。小川恵扮する礼子（二十二歳・ＯＬ）に、楠正通扮する道夫（二十五歳・シナリオライター）が、コンクールで応募した脚本が選外になったことをポツリと語るシーン。場所は礼子の部屋である。

「これができれば演技賞ものだな——」

などと言いながらも中村幻児監督、落ち着き払った冷静そのものの演出ぶりである。

『旅芸人の記録』には到底及ばないにしても、ピンク映画でこれだけ二人の会話と表情に依拠し落ち着いたカメラワークを敢行できるのは、やはり小川恵と楠正通の息の合ったコンビワークが生み出す力ゆえだろうか——。

僕らは、かつて中村幻児の〝小川恵映画〟をいくつも見てきた。その感動からか再三電話をしてきては『処女失神』を見ることを説いた奴がいた。奴のあまりの熱弁ぶりに動かされて劇場《コヤ》へ出かけた。小川恵にそして出会った。忘れもしない、新宿国際のスクリーンにいまも小川恵のラストシーンの涙は光ってやまない。偶然にも劇場《コヤ》が明るくなると、やはり奴に勧められたか友人のＫ氏を発見、二人でその感動で深夜まで新宿の街を酔いしれた記憶がある。

〝小川恵映画〟は、僕らの青春のモニュメントだと言っても過言なんかじゃない。もしかすれば、その思い込みやのめり込みが激しい分だけ、現場での小川恵さんには裏切られるのではないかと思っていた。所詮はファンなどというものの運命はそうなるのだろうと心に思い決めていた。しかし、そんなことはなかった。

第一印象は、わがセルフ出版のフロアを某オフィスに見立てての初日のファースト撮影に、彼女がさりげなくあくまでもさりげなく現われた時に決定づけられてしまった。池田編集長に何やら原稿のことについて談笑するにおよんで、いささか小生目が眩んできた。が、彼女は終始その小生の第一印象を壊すことのない可憐なスクリーンの小川恵であり続けたのだ。さらに言ってしまえば、スクリーンよりも現実の恵さんのほうが素敵だ‼　あぁ、取材に来て良かった。そんな心持ちで小生はウットリ、ポカーンの連続だった。

一年間、小川恵を見なかった。いや見れなかったわけだが、この『くちづけ』（脚本タイトル）で見事に彼女は帰って来てくれた。一段とその女性としての魅力を倍加させながら。今回も、楠正通とのコンビは確実なヒットエンドランの予感を与えてくれる。そう、小川恵－楠正通のコンビは、ピンク映画界では唯一百恵－友和に拮抗するかけがえのないコンビだ。そんなことを移動するロケバスの中で考えていた。

礼子の部屋で、礼子と道夫はためらいながらもしかしそれゆえに強く愛しあって行くという、ならではの脚本に中村幻児の世界の真髄を見た。

「お願いッ、嫌なことは全部忘れて、私、あなたの悲しみを吸い取ってあげるわ」、道夫を見つめた礼子が言う。テストが繰り返される。

「もうちょっと他にいい言葉ないかな」と中村幻児監督。スタッフ全員で考えながら二人のラブストーリーを盛り上げて行く。

キスマラソン会場の司会役で立川ぽるのも出演。例によってユニークな演技を。立川さんこのところピンク出演本数はかなり増えている感じ、評論と役者を掛け持ちするピンクのオルガナイザーの奮闘ぶりにも期待できそうです。


ともあれ、小川恵さんのカラミを現場で見ることができた小生は夢心地でフラフラしているから、中村幻児監督に、「ただ見ていないで、少しは手伝ってもいいんだよね」なんて言われてしまうたが、小川恵さんと一緒に過ごすことができただけで幸せなんだもん胸いっぱいなんだもん。もうこうなっちゃうと封切される日まで眠れそうにありません。

（「ズームアップ」1980年5月号より）

Ⅲ 渡辺護組『㊫青春地獄』
ヒョーロン家に前バリはいらない！

ヒューロン家に〜の過激なタイトルを付けたのは池田俊秀編集長（『ZOOM-UP』1980年9月号）

　夜更けの新宿西口中央公園。遠くから微かにまるでBGMのように聞こえてくるのは新宿ジャズ少年のトランペット。行き交うのは互いに見つめ合い語り合いながら肩を寄せ合う恋人たち。夜の帳はしっとりと濡れて甘く切ない……。公園の隅に小さなブランコ。

「おい、危ないぞ、酔ってるんだから」

「いい気持ち、このまま飛んじゃいたい」

「馬鹿！　手なんか放すなよ、死んじまうぞ」

「もう、疲れちゃったんだもん……」

　日野繭子と国分二郎だ。「演技なんてのは、優しさだ」「わいせつだなぁ、素朴にできないのかい」「人生というのは、泣いたり笑ったりナントカしたりだろ」渡辺護監督が演出する。何度も繰り返されるテスト。なかなかOKが出ない。「優しさ」という言葉が監督の口から何度も飛び出す。細やかでそして激しくテンポを取るような監督の演出だ。日野繭子も国分二郎も少し圧倒されているようだ。そんな時、降り出した雨の中で濡れながらテストが続く。「バレててもいいぞ」。雨が情景となって雰囲気を作る。

　監督は、ハンチングをかぶり直しなが夜空をふと見上げたかと思うと「そうじゃないんだよ」と、大きな声を上げた。協では、ブランコから飛び降りる日野繭子を受け止めようと助監督のガイラさんが用意している。「お父ちゃん」と呼ばれながらライティングに走り回るのは、七十歳の照明マン近藤兼太郎さん。渡辺組の現場は、夜の新宿西口中央公園に迫熱する。彼方には、点滅するいくつものライトに照らし出された高層ビル。

大都会と言おうかテクノポリスと言おうか、TOKYOは今日も絢爛と蠢《うごめ》きに満ちたドラマを作る。それは〝青春地獄〟というタイトルにふさわしい。映画青年が東京の街で身悶えるが如く生きるという、極めて身近にありそうな物語である。

ピンク映画の助監督をしている青年を、今回初のピンク映画出演も関わらず、かなりガンバッている感じの滝本寿。相手役は、御存知日野繭子。しかし、何と言ってもこの映画の目玉と言うべきか注目のキャスティングと言い直すべきかポルノ映画の監督役で出演するのは、映画評論家の松田政男氏なのだ。

そう、〝日本で一番映画を見ているヒト〟と自称他称される。かつては、先鋭的映画雑誌「映画批評」の編集長、著書は『テロルの回路』から『日付のある映画論』まで六冊。熱烈なファンを持つ、そんな男おいどん松田政男氏の本格的ピンク映画出演だ。思い起こせば一九六八年、創造社・大島渚監督作品の『絞死刑』の名演ぶりから十二年、ちゃんとしたセリフのある出演とあって、まさに本人も周囲も大いにノリまくっている。高橋伴明の『淫蕩牝猫』にもこないだ特別出演はしたのだけれど、その時は松田さん、カラミはなくて完全に中抜き。青木奈美を伴ってラブホテルに入るシーンと出てくるシーンだけというモノだったが、今度はいよいよベッドシーンまである豪華版だ。

期待のシーンの相手役は日野繭子。イン二日目の午前中の撮影に、やや緊張気味の松田さんはおもむろにやって来て、恥ずかしげもなくオールヌードになるや、さあやろうといった表情だ。「男は前張りないんだもん、仕方ないよ」なんて言いながら見事な脱ぎっぷり。さて撮影となっても、風呂場でもベッドでも、それぞれ繭子を相手にアレコレと自ら方法論を提起しつつの大奮闘だ。こういうものは私生活が出るのかどうか知らないが、松田さんはそのテクニックも見事に、ピンク男優としてのスタートを切ったのだった。かねてより心と下半身の両方からオマージュを捧げてきた杉佳代子さんとは、カラミこそなかったが、酒場のシーンで共演できた。松田さん、これはもうただでさえ長い鼻の下が伸びっぱなしという感じ。俺こそスターだ！　とばかりに本誌の映画賞の男優賞を狙うダークホース約存在かもしれぬ。と言ったらホメ過ぎかも知れないが、批評に負けず劣らずの切れ味の良い演技であることだけは確かだ。でも、参っちゃうよな。松田さん、そのシーンの終わった後で、「繭子のオッパイ硬かったゾー、ウヒヒヒ」だなんて。役者なら役者らしく私情を挟まずにやって欲しいもんだよね、まったく。

ともあれ、そんな話題を呼びそうな問題のシーンやら、映画青年とその恋人との情緒豊かな愛の葛藤やらが結実したスゴイ作品になるのではないだろうか。渡辺監督の気の入れ方もなかなか超ド級な感じであるからして、特別出演のATG佐々木社長や映画評論家の北川れい子さんなどもどこへ出るのかなぁ……かなんて思って見て欲しいわけです。
　忘れてならないのは、渡辺護監督もヒッチコックばりにどこぞへ登場しますので、これも役者出身の渡辺監督の演技には定評がありますから注目の程を——。

（「ズームアップ」1980年9月号より）

Ⅳ 山本晋也組『女高生下宿・熟れどき』

NHKが、ピンクの撮影現場にやって来た！

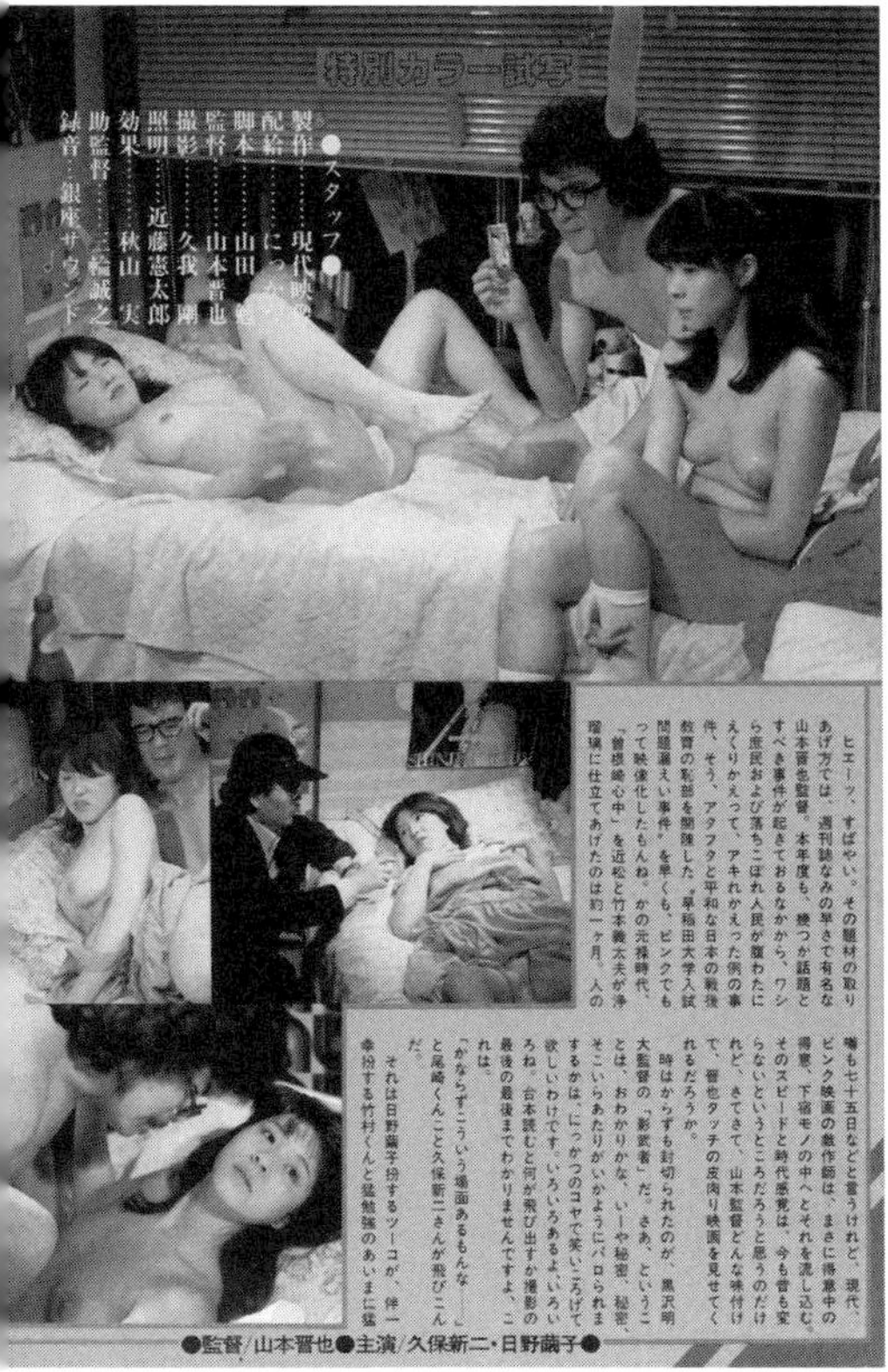

●スタッフ●
製作……現代映
配給……にっ
脚本……山田
監督……山本晋也
撮影……久我剛
照明……近藤憲太郎
効果……秋山実
助監督……三輪誠之
録音……銀座サウンド

ヒエーッ、すばやい。その題材の取りあげ方では、週刊誌なみの早さで有名な山本晋也監督。本年度も、幾つか話題となる事件が起きておるなかから、ワシら庶民および落ちこぼれ人民が腹わたにえくりかえって、アキれかえった例の事件、そう、アタフタと平和な日本の戦後教育の恥部を開陳した〝早稲田大学入試問題漏えい事件〟を早くも、ピンクでもって映像化したもんね。かの元禄時代、「曽根崎心中」を近松と竹本義太夫が浄瑠璃に仕立てあげたのは約一ヶ月、人の噂も七十五日などと言うけれど、現代、ピンク映画の製作師は、まさに得意中の得意、下宿モノの中へとそれを流し込む。そのスピードと時代感覚は、今も昔も変らないというところだろうと思うのだけれど、さてさて、山本監督どんな味付けで、晋也タッチの皮肉り映画を見せてくれるだろうか。

時はからずも封切られたのが、黒沢明大監督の「影武者」だ。さあ、ということは、おわかりかな、いーや秘密、秘密、そこいらあたりがいかようにパロられまするかは、にっかつのコヤで笑いころげて欲しいわけです。いろいろあるよ、いろいろね。台本読むと何が飛び出すか撮影の最後の最後までわかりませんですよ、これは。

「かならずこういう場面あるもんな――」と尾崎くんこと久保新二さんが飛びこんだ。

それは日野繭子扮するツーコが、伴一幸扮する竹村くんと猛勉強のあいまに猛

●監督/山本晋也●主演/久保新二・日野繭子●

山本カントク絶頂期の監督作品。真剣な表情で演技指導するカントクも（中央写真）（『ZOOM-UP』1980年7月号）

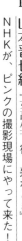

本年度も、いくつか話題とすべき事件が起きている中から、ワシら庶民及び落ちこぼれ人民が、腹わた煮えくり返って呆れ返った例の事件、そう、アタフタと平和な日本の戦後教育の恥部を開陳した〝早稲田大学入試問題漏洩事件〟を、早くもピンクでもって映像化したもんね——！

かの元禄時代、「曽根崎心中」を近松と竹本義太夫が浄瑠璃に仕立て上げたのは約一ヵ月。人の噂も七十五日などと言うけれど、現代、ピンク映画の戯作者はまさに得意中の得意、下宿モノの中へとそれを流し込む。そのスピードと時代感覚は、いまも昔も変らないと言うところだろうと思うのだけれど。さてさて、山本カントク、どんな味付けで、晋也タッチの皮肉り映画を見せてくれるだろうか。

時はからずも封切られたのが、黒澤明大監督の『影武者』だ。さあ、と言うことは、お分かりかな、いーや秘密、秘密、そこいらあたりがいかようにパロられまするかは、にっかつのコヤで笑い転げて欲しいわけです。いろいろあるよ、いろいろね。台本を読むと何が飛び出すか撮影の最後の最後まで分かりませんですよ、これは。

「必ずこういう場面あるもんな」と、尾崎くんこと久保新二さんが飛び込んだ。

それは、日野繭子扮するツーコが、伴一幸扮する竹村くんと猛勉強の合間に猛ハッスルでやりまくるシーンだ。壁にはアブドーラ・ザ・ブッチャーのサントリー広告ポスターなんぞがベタベタ貼ってあったり、例の如くに下宿の部屋は装飾の絢爛、騒然たること夥しく、部屋中なんやらかんやら小道具の類が所狭しと犇《ひし》めいている。それなりにタイムリーな気分を感じさせるよう心配りがなされているところなぞは、さぞかし助監督さんは苦労することだろうな。うん、確かに映画屋さんは大変だ。なんて思っていながら、勤勉なるセックスプレーを見ておったら、突如、久保新二侵入。あっという間に竹村くんをツーフから奪っちゃったりしたりして。さあ、山本カントクのオクトパスホールド、久保新二によるドタバタ的ホモプレイの登場だァ。勘違いしながらも悶え狂う熱演で伴さん、思わず「イク〜」なんて迫真の演技を見せてくれる。

監督は、ここぞとばかりに、ホレやれソレやれと熱烈なる演出だ。見事、見事、かくてオカマチックポルノロジーは展開される。

ふと、小生横を見ると、噂に名高い堺勝朗さんが出番待ちで控え室にいたはずなのに、潤んだ視線でその〝濡れ場〟を見ているのに気がつく。さすがに山本組だ。ピンクの猛者が結集しているではないか。堺さんはつとに有名なホモ愛好家だけに、その場面だけは見逃がさないみたい。

それでも堺さん、この作品では、朝霧友香を相手に個人教授したりするゼミナールの花村先生役で、オカマプレイはなしみたい。

日野繭子、高原リカ、朝霧友香と小柄でキュートなピンク女優が、それぞれ大学目指してあの手この手でやりまくる女高生を演じるわけだから、これはもう社会性やら今日性まで帯びてきちゃったりして、スタッフの人数も普通のピンクよりいささか多いが、それにも増して取材報道陣が、NHKからZOOM-UPまでどっと押し寄せていた。

ちなみにNHKは、〝表現の自由〟をテーマにした「ルポルタージュにっぽん」のドキュメンタリー撮影班だ。スゴイですぜ、これは。天下のNHKがピンク映画をどこまでとらえられるのであろうかという放送批評的興味も湧きますが、これもやはりピンクが今日、市民権を得つつある証拠なのかも知れない。それが良いか悪いかは、いまはまだ結論を出すまい。

だが、フィルムが現像代を含めて五〇%も値上がりするというから、今後のピンクの現場状況がより厳しくなることは間違いないのだ。しかし、山本組は、まだまだ活気に満ちてピンク映画を支えるかの如く意気盛んだった。

もとより大学なんて所には最早学問はないんだと常日頃から思っていたことが、証明されたことで大いに事件をあざ笑った小生だが、再びスクリーンでもって〝お笑い〟として料理された〝大学〟や〝受験〟を、腹を抱えて笑っちゃおうと思う。

公開はにっかつ系で五月十七日からだから、本誌が出る頃には山本晋也ファンならもう当然見ている頃ではあろうか。番組は『白衣縄地獄』という日活本社作品に、中村幻児監督『蒸発妻・すすり泣き』という買い上げピンク映画作品との同時上映。本作もまた日活買い上げピンクだからして、つうことは買い上げ二本に本社製作一本になるんだな、これは。試行錯誤とは言え、ピンク映画を取り巻く状況も、世界情勢もなかなか予断を許しませんゾ。ＫＤＤまで飛び出すシニカルでキワモノ的なる映画に、裏も表もなく大いに笑って欲情しようじゃありませんか。

（「ズームアップ」１９８０年７月号より）

V 小水一男組『ラビットセックス・女子学生集団暴行事件』

怨念とか情念なんて言っているヤツは、死んだ方がいい！

人気女優だった朝霧友香の主演作品。（中央右写真に）ガイラこと小水一夫監督（『ZOOM-UP』1980年11月号）

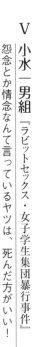

「怨念とか情念とかばかり言ってる奴は、死んだ方がいいね。」

撮影の合間にガイラさんがポンッと言った。どうしていつまでも地方から出て来たことを引きずって同じような発想をしているんだと言う。他のピンク映画の連中、というよりそれを見て評価したりする若者に向かっての苛立ちのような言葉が続いた。

いささか意外にも思えるガイラさんの意見だった。でも、今度の映画の脚本を読みながら、なるほどと思った。なるほど、ガイラこと小水一男はらしい作品を引っさげて八〇年のピンク映画界に浮上した。

ピンク映画の中に、都会向け地方向けという区別があるとは思えない。だが、ピンク映画ならではの描き方で都会をもっと描いても良いのではないかという疑問は僕にも前からあった。というより、都会で生きる若者について描いて欲しい。ピンク映画がこれだけ評価される状況になったというのに、どうしてちゃんとした青春映画ができて来ないのだろうか、ということなのだ。

昨今のピンク映画の評価のされ方は、少し違うと思う。映画そのものの中で、常に青春映画が占めて来た位置は大きいのだ。青春こそが、人間にとって最も輝きに満ちた、夢と現実の狭間《はざま》での快楽にも似た苦しみの時間なのだ。だから、それを映画で描くことに映画監督は真剣になって欲しい。そして、ピンク映画では、青春映画こそが数百本のうちの核として作られ続けねばならないだろう。それがあって初めて、ＳＭも喜劇もスワッピングも活きて来るのだ。

などとピンク映画の在り方にまで言及している段ではない。その核たりうべき映画を作れる作家が、いままさに登場しようとしているのだから。要は小水一男という待ちに待った作家に、ようやく出会えたのだから、ピンク映画の状況こそが変動せずにはいられないはずなのである。

僕らは待っていた。伝説の中のガイラが、深く静かに、ピンク映画の海で遊泳を開始していると聞いてから久しく時が経った。渡辺護監督作品の脚本を担当したり、助監督や撮影や手慣れたフットワークで仕事をこなしているのを目の当たりに見ながら、でもやはり小水一男監督作品を心待ちにせずにはいられなかった。

団地の屋上は、突然に降り出した雨でずぶ濡れだ。スタッフは、濡れ鼠になって駆けずり回っている。八月だというのに、この天気はどうなっているんだ。

しかし、雨は、ガイラさんの新たな船出に振りかけられたワインのようでもあった。

「よろしかったら本番行きます」

ガイラさん流のイントネーションが響き渡って、若い連中ばかりの現場はいよいよ活気にあふれる。彼らの濡れた髪からはボウーッと白い湯気が立っている。若い熱気でムンムン。現場の気分は目いっぱいだ。

八月二日─東京。八月三日─東京そしては夜半から千葉県外房海岸勝浦。八月四日─早朝から勝浦周辺。八月五日─勝浦周辺のオープンを終え夜半帰京。という今回のスケジュール。雨ばかりの夏という異常気象に邪魔されながらも、映画は着々と作られた。最後の日、目の覚めるような晴天に恵まれたのは、ガイラ映画の展望を見ているようだ。昨日まで続いていた三日連続の雨は、もう遠い昔のことのようだ。ただ、我々取材班が、ロケ隊に出会えさえすれば……。いや、ガイラ組を捜して外房の海岸線をさすらったことについて書いている余裕はない。

ガイラこと小水一男は、いまスタートを切ったのだ。

自主映画の騒動舎に所属しながらピンク映画の助監督を続ける三輪誠之。『狂い咲きサンダーロード』で石井聰亙の助監督として良きパートナーとして活躍した緒方明。自主映画製作を志しながら助監督修業をしているすみれちゃん。自主映画に力を貸してきたガイラさんならではのスタッフ編成である。

キャストも、ピンク・ロマンポルノとバラエティに富んだ役作りで活躍中の朝霧友香。甘くとろける砂糖菓子の決定版の高原リカ。加えるにピンク映画は初めてという若さで勝負する男優陣。もちろんスタッフもキャストもベテランが脇を固めながら、強力ガイラチームは、ガイラさんを中心にチームワークは抜群だ。

「兎《うさぎ》」という脚本タイトルのこの映画は、団地という兎小屋《うさぎごや》からあるがままにはみ出していく若者たちの青春映画である。

「バーカ……なんで笑って祝福できないのよ、ウサギー‼」

朝霧友香の声が、団地の中をコダマする。怨念でも情念でもなく、普通だから苦悩する何かにぶち当たる。ピンク映画に、青春映画らしい青春映画がようやくできようとしている。八〇年ピンクの山場である。

（「ズームアップ」１９８０年11月号より）

Ⅵ 高橋伴明組『緊縛猟奇妻』

そのスピード感覚には、ひとつの酔いに似た感覚がある

第3回ZOOM-UP新人シナリオ賞佳作映画化

高橋伴明映画の秘密は、スピードである。

例えば、この映画のファーストシーンとラストシーンをしめる列車内の蘭童セルの撮影は、いわばその神髄を見せるようなスピードでおこなわれた。

まず、監督、カメラマン、照明、助監督の4人が、蘭童セルとともに必要最少限の機材を持って本隊と別れた。中央本線塩山駅駅前での撮影を終えて、ロケバスとはもうひとつ東京寄りの勝沼駅でおち会う約束をして、ホームに、新宿行上り普通列車がすべりこんだ。待ちかまえていた監督以下4人は、ホームでのセルの撮影をする。停車時間はわずか1分。鳴り響く発車ベルの音、撮ったが早いか列車に乗りこんだ。にぶい音と共に列車は動き出す。今度は、この列車内で2カット、列車の窓から2カット撮らねばならない。どこかいい場所はないか、あいている席はないかと探す助監督。だが、車内は満員だ。満員の車内をかけずり回るスタッフ。「ちょっと、すいません」と、ちょうどひとつだけあいていた席にセルを座らせる監督。照明のライトが光る。びっくりして何も言われないのに立ちあがって撮影に協力してくれるそのボックス席

本誌新人シナリオ賞第3回の応募作品、ボウ映画学校に通う24歳の青年・斎藤猛さんが書いた『少女エロス・夏の縛り』の映画化である。10月号の寸評の中で、高橋監督が語ったように、作者への提案が幾度となくなされている。すばやい。今度は、窓からカメラを出してトンネルの撮影。アッという間に、いや正確には塩山—勝沼間6分間の間に合計4カットを無事撮影する。

その機動力たるや、まさに風の如し。

監督自らがスリムのジーンズにジャンパーで、どの現場でも走る。走る。スタッフたちはその後を死にものぐるいで追って行くようだ。そのスピード感覚には、ひとつの酔いに似た感覚がある、のではないか。


蘭童セルはズームアップで連載エッセイも。（中央写真に）高橋伴明監督（『ZOOM-UP』1981年1月号）

高橋伴明映画の秘密は、スピードである。

例えば、この映画のファーストシーンとラストシーンを占める列車内の蘭童セルの撮影は、言わばその神髄を見せるようなスピードで行われた。

監督、カメラマン、照明、助監督の四人が、蘭童セルとともに必要最少限の機材を持って本隊と別れた。ＪＲ中央本線塩山駅駅前での撮影を終えて、ロケバスとはもうひとつ東京寄りの勝沼駅で落ち合う約束をして。ホームに、新宿行上り普通列車が滑り込んだ。待ち構えていた監督以下四人は、ホームでのセルの撮影をする。停車時間はわずか一分。鳴り響く発車ベルの音、撮ったが早いか列車に乗り込んだ。鈍い音とともに列車は動き出す。今度はこの列車内で二カット、列車の窓から二カットを撮らねばならない。どこか良い場所はないかと探す助監督、だが車内は満員だ。満員の車内を駆けずり回るスタッフ。「ちょっと、すいません」と、ちょうど一つだけ空いていた席にセルを座らせる監督。照明のライトが光る。ビックリして何も言われないのに立ち上がって撮影に協力してくれるそのボックス席の他の三人の乗客たち。カメラはすでに回っている。

本誌新人シナリオ賞第三回の応募作品、某映画学校に通う二十四歳の青年・斎藤猛さんが書いた「少女エロス・夏の縛り」の映画化である。十月号の寸評での中で、高橋監督が語っていたように、作者への提案が幾度となくなされたようだ。素早い。今度は、窓からカメラを出してトンネルの撮影。あっという間に、いや正確には塩山―勝沼間六分間の間に合計四カットを無事に撮影する。

その機動力たるや、まさに風の如し。監督自らがスリムのジーンズにジャンパーで、どの現場でも走る。走る。スタッフたちはその後を死に物狂いで追って行くようだ。そのスピード感覚には、ひとつの酔いに似た感覚があるのではないか。

何度かの書き換えを経て吟味されたクランクインだったと言う。

話の中核をなす〝祭り〟には、近県いくつかの祭りが候補として挙がったが、その規模の大きさなどから勝沼のワイン祭りが選ばれた。甲州、ぶどうの産地である勝沼のワインが飲み放題となり、それを飲みかつ体中に浴びた男たちが神輿を担いで競い合う。山には、赤々と燃える鳥居焼き。勝沼駅前と金比羅神社に集った若者が手に松明を持って出発し、山を火のように照らし出す。そして祭りは最高潮へ。

祭りのために東京から帰って来た少女を、道案内にして、観客は、火祭りの激しい情欲の世界へと引きずり込まれて行く。少女が、そこで見たものは――。緊縛の本筋をしっかりと踏まえた作品だ。プレイとしての縛りが氾濫する中で、生きることとしての性の中に緊縛があるのだということを押さえたシナリオであり映像だ。

中央本線初鹿野駅から東へ九キロ、奥深い山間の渓谷にひっそりとある嵯峨塩温泉に五日間宿泊したロケ隊は、周辺の至る所で撮影をする。武田信玄の隠し湯というこの温泉、胃腸病に効能があるというが、それはさておき嵯峨塩温泉唯一の旅館、嵯峨塩館から出動するロケ隊は、ロケバスが二台、加えるに乗用車一台で、小回りを利かして山間の細道を走るのだ。

実はマイクロバスではなくハイエースであるところに注目せよ。それも二台だ。これは、例えば一台ずつの別行動、先乗りなどの多様な行程を想定して作られた編成だ。さらにまた驚くべきは一号車が高橋監督自身、二号車が出演者でもある下元史郎さんの運転ではないか。監督が運転する車と役者が運転する車で、スタッフたちはアップテンポでロケーションを敢行する。なんて合理的にできているのだ。そう、まさにスピードなのである。スピードこそが、高橋伴明といういま最も油の乗り切ったピンク映画監督の心情なのである。

蘭童セル、丘なおみ、港まゆみ、三人の女優さんのコメントを対比させて終了しよう。

「取材に来るのが遅いわよ――、昨日までワイン祭りの撮影は終っちゃったんだから、昨日来ればァ、ワイン飲み放題だったのに」とは、蘭童セルちゃん。

「あたしね、引退する時はまた坊主にして引退記念映画を演《や》りたいわ、まだまだ当分引退なんかしないけど。この映画は好きな男に会えるために生きてる女の役、頑張るわ」とは、丘なおみさん。

「あたし、趣味でやっているから、別に賞とかって気にしてないわ。二年ぐらいでピンク映画はやめようと思ってる。スケバンの役って一回やりたいな」とは、港まゆみさん。

（「ズームアップ」1981年1月号より）

青心社版〝あとがき〟

キネマ旬報事件から六年、いつの間にか、フリーライターと名乗るようになってしまった。

これでいいのか、これでいいのか、と自問自答を繰り返す日々ではある。

それでも、多くの人々の協力に助けられてとりあえず、このレポートが完結した。

何か浴びるほど、ゲップが出るくらいピンク映画を見た気がする。もう当分の間はピンク映画を見たくない心持ちだ。最後の原稿を書き上げて、ブルース・スプリングスティンの『ネブラスカ』を聴きながら、晩秋の雨の日の午後を過ごしている――。

この仕事の発端を作った斎藤正治さん、多くの示唆を与えてくれた竹中労さん、貴重な映画雑誌のバックナンバーを譲ってくれた井家上隆幸さん、ズームアップの編集長だった池田俊秀氏、ほんとうにありがとうございました。最後に、遅れに遅れた原稿をまとめて一冊の本にしてくれたプラザ企画の山下誠氏に厚く感謝します。

一九八二年十二月吉日

補章

ピンク映画水滸伝・後伝

ピンク映画の彼方へ

取材中の谷ナオミと著者／2011年

I　ホモ映画を撮るピンクのパイオニア・小林悟

本番映画を撮るのは無理でしょうね

●「ナイスマガジン」1987年2月号、司書房

ここんとこずーっと、八年ぐらい前から怠けグセがついちゃって（笑）……いま、ちょっと熱中しているのは、オカマの映画なんですよ。ホモ映画。昔からやりたいなとは思っていたんです、二〜三十年前から。

僕が監督になった頃、劇作家のテネシー・ウィリアムスが日本に来ましてね。会う機会があって、紹介してもらいました。彼とよく箱根へ行ったり、京都へ行ったりした。そしたら、彼がホモだっていうのがだんだん分かってきて（笑）。そいで、いろいろ男の子を紹介してやりましたけどね（笑）。三回ぐらい日本に来てるんですよ、そのたびに連絡して来て。例えば、彼の「トタン屋根の下」っていう有名な芝居、あれにはホモセクシャルが基本的に入ってるんですよね。そういう角度から見ると、とても頷けるという感じがあって、勉強になりましたよ。そんな頃から、ああ、こういう彼の考えていることってい

うのは映画になるなって思ってたんです。やっと、いま、日本で始まったでしょ。こういう言い方はいかんのだけど、僕ら、映像美を狙うには一番良い素材だと思いますよ。こないだも、たった三人だけの話で、鬼怒川に大きな別荘を借りて撮りました。

東活のピンク映画だけで、だいたい三百本くらい撮ったでしょ。だから、もう他の人がやってもいいんじゃないかなって思ってね。八一年が最後だったかな。最近はね、ホモの映画のほうの話が先でね。ホモセクシャルの作品をやる時にね、どうせやるならピンク映画のほうもやりませんかということで。そいで、時間がある時にはやりましょうということでね。ピンク映画をやるのが主体じゃなくて、ホモセクシャルのほうをやるのが主体なんですね。もう八本ぐらい撮りましたかね。二本立て上映ですから、小林悟の名前ともうひとつ別の名前で、両方で撮ったりしてます（笑）。普通の人はあまり見る機会がないかも知れないけど、ホモ映画専門にやってる劇場が何軒もありましてね。ホモセクシャルの人っていうのは、潜在的に多いですよ。東京に何十万人いるか分かんないですよね。予備軍もいるだろうしね、両方っていうのもいるでしょう。

東活ピンクを辞めてから足かけ四年くらいは何もやってなかったんですよ。ざあーっと撮った映画は五百本くらいにはなります。ピンク映画に入る前の新東宝では、二十本くらいかな。それから、自分の名前じゃなくても、松竹で作家の田村泰次郎が撮るっていうと僕がやってたり、武智鉄二さんの一本目の「白日夢」っていうのは僕が撮ってるんですよね、実際は。でも、武智さんの影響っていうのは、僕には凄くありますけどね。女優の田中絹代が監督した映画「恋文」なんていうのにも、僕はオブザーバーで付いています。

ピンク映画第一号の『肉体市場』（＊著者注、文末〈注〉参照）はね、フィルムが残ってたんですけどね。大蔵映画の撮影所を解体する時、宣伝部の人が持って行っちゃったらしいんですよ。その時ちょうど東京にいなくてね、帰って来てからあのフィルムはどこへ行ったんだろうって言ってるんですけど、連絡が取れないんですよ。僕自身より、映画史的に欲しいなあって思っているんですけどね。そこに、原版がひょっとすると行ってると思うんですよ。封切った時に警視庁によって切られたんですよ。上映二日目で摘発されたんですよね。ここを切れ、切らなきゃ上映させないってね。日本で、こんなふうに映画が摘発されたことはなかったようですね。警視庁によって、ネガとプリントと両方フィルムを切って持って行かれましたけど、仕上げをするのにはラッシュプリントがあるんですよね。このラッシュプリントは残ってたんです。編集作業で穴が開いたりしてたんだけど、それをきれいにクリーニングして、それからネガを起こして、またダビングして切られたところにくっつけて元の状態に復元したフィルムがあるんですよ。そのフィルムは、もう一回劇場に回しました。二番館以後に流れています。いや、東京で最初にやってた三館もその後このフィルムでやりましたね。ですから、元と同じですね。ただ、ラッシュですからところどころ穴が開いていたりしましたけど（笑）。穴の開いてるプリントなんて、世界中探してもないでしょうね。白黒だから、ラッシュから再生しても、それほど色は変わらないってことですね。

こうやって闘ったんだっていう、ひとつの証拠なんですよ。我々は、こういうふうにしてエロティシズムというものを真面目に考えていたんだということ。いま、ここにそのフィルムがあれば、そういう箇所なんかもハッキリ分かるんですよね。どうして、これが刑法一七五条に引っ掛かかったのかっていう問題提起にもなりますしね。

「切れ！」っていうことで、上映中止にはならなかった。言われてから二日ぐらい放っといたんだけどね。ピンク映画っていうのはなかったけど、新東宝にしても大映にしても、近いものはありました。石井輝男さんの「地帯《ライン》」シリーズなんか、かなり当時としてはエロチックでしたね。言うなれば、牽制じゃないですか。言い掛かりみたいなもんでした。例えば車の中で女のコが助手席にいてね、それをカメラが中に入らないで外から撮ってるんですよ。フロントグラスから下は真っ暗なんですよ。男性の手がこうやって、下へ行った。そこが猥褻だって、あそこは切りなさいって（笑）。猥褻を想像させるって。じゃあ、人間いろいろ想像するところまでカットするのかって。いや、そうじゃない、いやそうだということで､結局は不起訴です。起訴には持ち込めない。武智さんの『黒い雪』の場合とは、違うんですよ。あの時の場合は、割合と具体的な映像があったわけですから。それより二～三年前のことですか。八ヵ所ぐらい問題にされましたかな……。でも、もうあんまり憶えてないんですけど、そこだけは納得できないんで凄く抵抗したことを憶えてるんですよ。

やっぱり、そういう流れが僕のあたりでひとつの頂点になったんじゃないですか。あれこれを牽制しておかないと、これがもっとエスカレートするんじゃないかっていう、おそらくそんな感じじゃなかったかと思います。新東宝も末期はそういうものが多かったでしょう。新東宝は会社が潰れてね、ピンク映画になるんですけど。セックスをテーマにしたものが、これからは増えるんじゃないかという見通しを持った人が警視庁に一人いましたね。取り調べを受けた時にね。

その頃、大蔵貢さんから『性と人間』というお産の映画を撮れってことで、やったんですよ。要するに御夫婦に了解を得て、入院費をこっちで負担するからって、撮影をさせてもらった。日赤産院でお産されましてね。一日中、朝から夜中まで待機していて、仕様がないから麻雀やってましたけどね。ホラ、陣痛が来たよって言うと、パアーッと飛んでくわけですよ。手術着に着替えてね。結局、普通の出産が撮れなくて、撮影は帝王切開だったんですよ。帝王切開をね、最初から、表皮を切ってくところからずうーっと延々と撮りました。血がパアーッと出てくるようなところだけは、ちょっと短かくしてくれってことだったですね。全部ヘアーも剃っちゃってるでしょ、そういう意味では問題にはならなかったですね。実際に切ってきて、もう全部見えちゃうわけですよ。女性の恥部が一緒に映ってるとこもありましたね。そういうところは、カットしましたけどね。

だいたい僕は、一本目の『狂った欲望』っていう映画の時、千フィート切られましたから（笑）。これじゃ足りねえやって言って撮り足しましたよ。あの頃は、みんな切られてましたね。まず、乳首がダメだったでしょう、当時は。乳首が大丈夫になったっていうのは、僕が日本で仕事をしていない時、台湾に住んで仕事している時だった。向こうで時代劇を撮ってね、妖術にあってだんだん女性が服を脱がされていくっていうのがありましてね。向こうのその当時の女優さんは全然脱いでくれませんので、いまでも胸まで脱がないですからね、仕様がないから娼婦を頼んできてね。外国に出すから、外国版にしてくれってことだったんです。こうはだけた時に、スパンコール着けている。スパンコールを着けてれば、日本も大丈夫だって。その時に手伝いに来てた日本人がいてね、「いま、日本はそれなくても大丈夫ですよ」って（笑）。「えっ」て、ビックリしたのが確か昭和四十五年頃です（笑）。台湾で、それを知ったっていう変な話です。僕は、三億円事件っていうのも全然知らなかったんです。もう、オリンピックの翌年ぐらいから外国へ行っちゃいましたからね。そん時には、映画をやめようと思っていました。最初、ピンク映画といわれる映画はね、若松孝二、山本晋也ぐらいまではポリシーがあったんだけど、だんだんポリシーは必要なくなってきてね。こんなんだったら、撮らないほうがいいなって思ったの。撮ってるのが、苦痛になって来たからね。もう何年かすれば、もっと撮りやすくなるんじゃないかと思ったりもしてね……。

アメリカとかに友達が割合といたし、何とかなるだろうってブラーッと出かけて(笑)。そんで、地球を一周り回ってね。ちょっとあるところで、中国人に借金をしたもんですからね。そのオヤジがちょうど香港で小さなプロダクションをやっていて、そこへ行って借金を返して、それから台湾で仕事があると言うから移ってね。台湾ではその前に合作映画やったりしてたから、知り合いもいてね。もう、映画やめるつもりだったんだけど、何かしないと食えないしね。それで、また撮り始めたんですよ。日本に帰って来たのは、昭和四十五年の暮れかな。まだジャッキー・チェンなんか台湾の俳優学校の研究生でね。彼らが出ると一本で六千円ぐらい。食えないから、よく賭けボーリングなんかの相手を一緒にやったよ。ロー・ウェイっていう監督がいて、彼が台湾に連れて来ていろいろ面倒を見てたね。向こうの場合は、メジャー並みの予算でしたね。いまは、凄い低予算になっているようだけど、僕がやってた頃はバス三台で移動して、ちゃんとしたホテルに泊まってね。

小林悟監督　新宿にて／1986年12月

「ナイスマガジン」1987年2月号より

小林悟監督『不能者』1967年／東京プロ製作・国映配給／仲小路彗理、島たけし

アメリカでは金がなくて、本番映画を撮ったりもしました。いま、日本で本番を撮るっていうのは、やってみたいですけど、僕は自意識が強いから無理でしょうね。やはり、映像的にいかに見せてくれるかっていうことだと思うんですね。『肉体市場』をリメイクするっていうのもいいですね。それなら、本番でっていう気もします。六本木の若者たちの話なんですが、あの頃と、いまの六本木とまた似て来た部分もありますしね。ぜひ、考えてみたい仕事ですね。

東活の頃は、どっちかっていうと主観映画に近いような撮り方をしてましたね。観客の主観ですね。度アップでね。やっぱり、あの頃はカメラマンが怖がってね。パッと逃げるから、逃げるなって、毛が怖くてピンク映画撮れるか！　って言うんですけどね。でも、ちょっと激しく動いたりすると、やっぱり毛がポロポロ見えますよね（笑）。

〔注〕二〇〇一年に亡くなった小林悟監督（享年七十二）には二度長いインタビューをしている。最初の取材では明言しなかったが、このインタビューでは自作を『肉体市場』と言っている。

Ⅱ　AVカントクになったピンク男優・野上正義

ピンク映画よどこへ行く⁉　ガミさんかく語りき

●「特選遊び専門街」1989年2月号、司書房

最近は、ビデオ三昧だね。

撮ったのが『ボッキー』ってシリーズだけど、意外にみなさんに喜ばれてね。二年目で二十本目を、いま、編集中。

いや、役者としてもやめたわけじゃないよ。映画は最近も三本くらいやったかな。ビデオの監督は昔もやったことあるんだけどね、綾小路白翁って名前で撮ったのが四十本近くあるかな。

代々木忠さんの映画で、愛染恭子の相手役をやったりとかの経験はありますが、いわゆる本番モノのビデオには出たことはないですね。優秀な男優さんがいっぱいいますからね、僕みたいな年寄りを使わなくても。僕なんかは、現場のSEXがすべてだみたいに使われたら、できないですよね。SEX以外に何かがあってという表現だとね、いろいろ、過去

の習い覚えたことが生きてくるんだと思うんですよ。

小さな役でも役者として呼んでくれると嬉しいですよ。『ボッキー』の中でも、コントや芝居の部分もたくさんありましてね、自分で結構出てるんですよ。ビデオの評論家っていう人たちは割と辛辣な批評をしてくるんですけど、最近は見慣れたせいなのか、野上さんが出て来ると画面がよじれてきてとても面白くなるって書かれたりしています（笑）。嬉しいですけどね。そういう意味では、役者の気分もちょこっとは味わいたいと思ってましてね。「ガミさんは、役者がビデオを撮ってるんだ」って言ってくれる人もいます。でも、そうするとまだビデオ監督としては認められてないのかなとか、役者のイメージはまだちゃんと残ってるんだなとか、いろいろ考えたりしますけどね。

たまにカラミもね、シャレで。可愛い娘が来ると、男優さんを帰して自分でやるという設定も、やってますけどね。面白おかしくね。

僕らのポルノとかピンクの時代は、ベッドシーンが多少下手でもその人なりの芸とか芝居の質みたいなもので仕事も選ばれたり、監督さんの信頼もあったと思うんです。いまのアダルトビデオの男優ってことになりますと、天から勃つ勃たないという評価しかないんです。あの人は芝居ができるからって、呼んで使う現場ってのは少ないと思うんですよ。だから、アダルトの男優さんを役者と言えるかどうかってのは微妙だと思うんです。ポルノ時代まではね、いわゆる役者の仕事が九割、いや、全部が役者だったんですけどね。勃起を中心にしか使われないでしょ、いまは。もちろん勃ち具合の悪い奴だとか早漏だとかね、そういう奴も使われてはいるんですけど、圧倒的にキチッと勃って、時間いっぱい持たして、テープのエンド近くになったら女の子もイカせて、自分も射精するようなことができるってことが条件なんです。これは、言ってみれば演技の内かも知れないし、性的なテクニック、そういうことに長けた人間なのかも知れないよね。大きく考えれば、芝居の内なんでしょうけどね……。

映画のようなテストは一切やりません。ベッドシーンの時にテストをやるとね、芝居をやろうという意識が芽生えてきちゃう。そういうことを芽生えさせてしまうと、リアリティ、ファックシーンの存在感がだんだん薄れてきましてね。男と女だと、発情してくれれば、それでそのまま入っちゃう。テープ回して、そのままやらしちゃうというふうにしてるんです。演出的にはカット割りをしたほうがいいのか悩みますけどね、考えているより実際に始まってしまった時ってのは、物凄い想像外のものが出てきちゃったりするんですよ。

だいたい、一回女優さんが来ると三パターンから四パターン撮るんですよ。前のカラミの時に不満だった点とか、ああしてくれこうしてくれは言いますけど。僕の場合は、本番中に声を掛けたりするんですよ、イク寸前に（笑）。気持ち良いのか悪いのか。代々木監督より土方ふうに迫まってね（笑）、お客さんが声を掛けたくなるような瞬間ってあると思うんですよ。「どうなんだよ！」ってのが（笑）、それを代弁しましてね。

ビデオの女優さんには、フェラチオだけは絶対にやってもらわなくちゃ困るんです。フェラのないビデオは、まずないですからね。下手でもやってもらわなくちゃ困る。なかには下手なのもいるんですけどね、上手いなあ上手いなあって誉めてやると、だんだん上手くなってきたりしてね（笑）。

ピンク、ポルノ映画の現状は瀕死ですね。辛うじて輸血でもってる（笑）、というような状態ですね。輸血っていうのはビデオですよ、各社ともに映画そのものは衰弱しきっちゃってる。寿命もありますしね。映画館が衰退する傾向から配給会社自体が危機的な状況に来てますからね。にっかつなんかは、これからどうするのか。おそらく映画はやっていくんでしょうけど、ホテル経営とか不動産とかに転換しようとするんでしょうね。ピンク系でもジョイバックは製作を止めてますし、大蔵はやってますけど、新東宝もヤバクなって来ると思いますよ。

こないだ、中村幻児監督と話してたら、「もう、ピンク映画なんてないんだよ」って言ってました。というのは、映画には三百万しか出さないのに、ビデオで儲かるもんだったら八百万出す。本来なら、逆のことであっても然るべきじゃないか。それは、配給会社が映画というものに情熱も何もない現れの最たるものじゃないかと思うんですよ。そんな中では、和泉聖治が東映映画やテレビで頑張ってるし、高橋伴明にしろ滝田洋二郎にしろピンク出身の監督さんで活躍し続けてる人もいますからね。幻児さんは、プロデューサー的に動いてるようですしね。とても嬉しいですよね、そういう人の噂を聞いたりするのはね。

僕らの仕事っていうのは、乗れたら必ず運転できるってものでもないんで、現場から離れてしまうと、リズムが狂ったり、役者だとハッキリ言って下手になったりすることがあるんだよね。それは、ピアニストやバイオリニストでも、スポーツ選手でも同じなんです。休息はいいけど、長期に休んでしまったら、体力も技術的にも衰えたりするもんなんですよ。そういうこともあってね、僕はなかなか傍観者じゃいられなくて、いろんなことに手を出す。ビデオの監督に本腰を入れてるのも、そういう成り行きなんですよ。

あいつはピンク役者だって、レッテル貼られてますからね。一般の映画なりテレビなりってとこからはあんまり仕事来ないですね。いまさら、NHKのドラマ出身ですなんて言っても仕方ありませんからね。

テレビ局のディレクターたちは、僕らのピンク映画を見て育った人が、いま、第一線のディレクターだったりするんですけどね。キッカケがあれば、いろんなことをやってみたいと思ってますよ、そりゃ。映画でもテレビでもね。自分で映画の監督でもやれたらと思いますけどね。実際には、映画っつうのは金がかかりますからね。夢だけじゃ、とてもやって行かれませんしね。

昔の仲間ですか……。港雄一は、ストリップ小屋を劇団組んで回ってるんじゃないかな。ビデオの監督も一、二本やったって話は聞きましたけど、売れたって話は聞かないなあ。久保新二もやっぱり、ストリップ小屋回りをして儲けてるのかな。堺勝郎さんは、児童劇団に入って全国を巡演してるらしいです。こないだ『ボッキー』にちょっと出てもらって、コントをやってもらったんですけどね。松浦康さんはホモ映画撮ってたのが最後で、どっかの私立学校の用務員をしてたって話も聞きましたけどね。

ピンク時代の仲間で、仕事のなくなっちゃった人とかを呼んであげたいんですけどね、ビデオの世界に。果たして、彼らを呼び戻していいものかどうかってのはあるんですよ。変に里心ついちゃってね、まだ、俺にもできるって思わせてもね、時代はこんなにも一変してしまったのにね。変に呼び出して来て通用しないってことはあるんでね。声を掛けたのがアダになる場合もありますんでね。せっかくいま、手頃な仕事を見つけて、コツコツと始めようという矢先にね。そこは、難しいとこなんですよ。

昔のピンクの男優仲間だった吉田純が、駅の立喰い蕎麦屋の雇われマスターをやってた時にね、彼を映画に呼んだんですよ。そしたら、一ヵ月も経たないうちに腰痛を引き起こしてね。立ち喰い蕎麦屋ですから、一日中立った仕事ですからね。結局、蕎麦屋はやめちゃうし、そうかと言って映画の世界ではそれ一本しか出らんないし。もうグレたみたいになって、宙ぶらりんの生活を始めてね。それでね、奥さんとは離婚するし、一家離散になって、子ども四人か五人いたんだけれどもバラバラになっちゃって。そういう悲惨な状況も見てきてるんでね。いや、自分も一家離散の憂き目にあった経験もあるんでね。そういう思いを、友達なり先輩なり仲間にさせたくないってこともあるんだよね。

何年も苦しんだ挙げ句に、蕎麦屋になったり、学校の用務員になったりしたわけですから。こっちから声を掛けると、すぐ飛んで来るんだと思うんだけど、その後の状況を想像すると、なかなかね……。

僕なんか、まあ、ついてたというか。呼ばれて監督したビデオが当たったってことなんだけどね。いつ、彼らと同じような運命になるか分からないですからね(笑)。

ビデオの場合はね、現場での演出もありますけど、撮った素材をどう処理するかっていう編集で一人で苦しむんですよ。撮り方がいい加減に撮ってますから。何十時間のものを一時間にするわけですから、どこを採用していくかっていう苦しみはあります。バラエティ番組作りですからね。二十本のうち一本でもレベルが低いのがあったら、お客さんは離れちゃいますから。

僕の仕事もね、ピンク映画からロマンポルノへ、にっかつの仕事が主流になった時期があったよね。そうなった頃は、ピンクでは監督さんの世代交替があって、ほとんど呼ばれなくなっていましたけど。それで、今度はにっかつがロッポニカへ移行しようとしてて、にっかつ撮影所製作のポルノをほとんど止めにして、若手のピンク映画の監督たちがにっかつ配給作品を撮り始める。その頃が仕事なくてね、苦しい思いをしました。

その頃、あるビデオの製作会社に呼ばれて行ったんだけどね。これがヒドイ、詐欺まがいの商法でやってる会社で。借金をこちらに押しつけられたり、保証人にならされててね。今日、食べる米もないという状況。全部質に入れて、やっと米だけ買って来たり、女房を働かせてとかね、そういう時期もあったんですよ、二、三年は。ついこの間のことですけどね（笑）。

他に潰しが効かないっていうかね、そう思い込んでるのかも知れないけどね。しかし、実際やらせれば、かなりのことやれると思うんですよ（笑）。どっかの営業やらせても、運転手やらせても、まだバリバリやってやれないことはないと思うんですよ。

実際、一時ピンク映画から足を洗って焼鳥屋をやった時は、かなり繁盛しましたからね。自信みたいなものはあるんだけどね。

焼鳥屋をやった時に、山本晋也に「おまえ、なんで北海道のど田舎から東京に出て来た

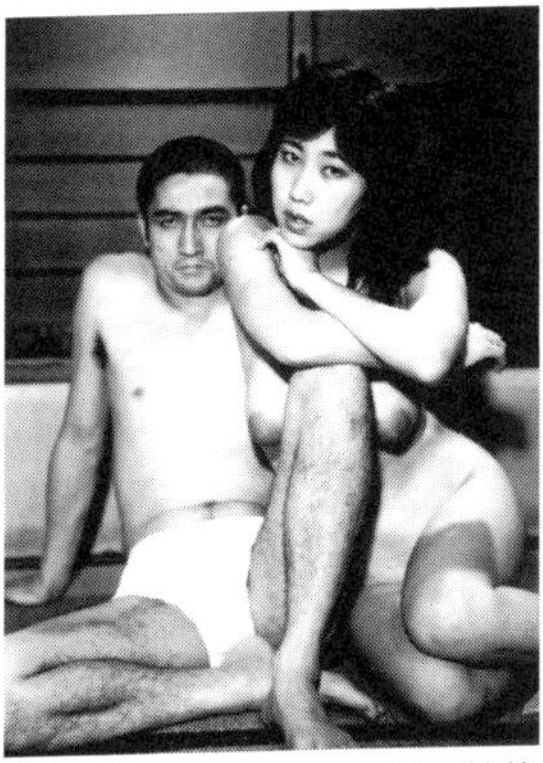

野上正義監督『若妻人質　性拷問』1983年／ミリオン配給／友川かずき、風見玲子

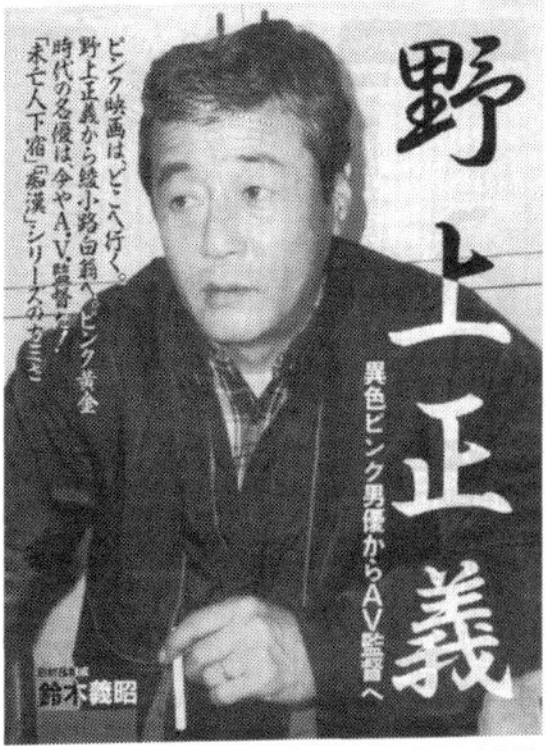

「特選遊び専門街」1989年2月号より

野上正義監督『涅槃の人』1983年／ENKプロモーション配給

んだ」って言われたことが、その後、何度も甦って来るんですよ。役者をやめるつもりは、その苦しい中でもなかったですけどね。あの頃ね、サラリーローンが流行ってる頃だから、金を借りに行くんだけどね。フリーのこういう根なし草ですから、サラ金も相手にしてくれないんですよ、全然。まだ学生や主婦のほうが信用できたりして、役者には金貸してくれませんからね、サラ金は。まあ、借りなくて良かったですけどね（笑）。

ピンクの全盛期にはね、一本出てギャラが五万から七万五千円みたいなことで貰ってましたね。だいたい、当時のサラリーマンの平均給料が五万から十万円ぐらいまでだったようですけど、その頃に月に三から五本のピンク映画をこなしてましたからね。頭金を貸してくれる人がいたんで、家も建ちました。だけど、そんだけ稼いで、貯金一銭もなかったですからね。僕の場合、重役並みの金を貰ってても、貯金は一銭もなかった（笑）。貯金はしようと、いつも思うんです。通帳は何冊もあるんです。だけど、しないんですよ。つい、ポケットにねじ込んどいて、仕事の帰りにクラブかキャバレーでパパッと使っちゃったり。僕はギャンブルはしませんから、酒一本ですから。

ただ、いま、ビデオが売れてる会社なんてのは立派なビル建てたり、ピンク映画の比じゃないですからね。一万本売れれば、約一億ですからね。ちょっと値の張るものだったら、大変ですよ、一本ヒット作が出たらスゴイですからね。

僕の基本は、宛《あて》がわれた仕事を楽しみながらやるっていうか、喜こんでやるっていうか、それが一番だと思ってるんですよ。それが崩れて来ちゃうとね、健康面から何からみんなダメになって来ちゃうと思うんです。

ピンク映画の時からね、月に七本も出た時期もあったんですよ。だけど、仕事があって文句を言う人もいるんですよ。僕は、仕事があって不平不満を言ったことはないんですよ。もう、喜んでやらせてもらう。結果がどうであれ出来具合がどうであれ、目いっぱいやっちまう、と。その時は疲れるけど、心地良い疲れですからね。仕事がある喜びってのは、何ものにも代えがたいもんですよ。

Ⅲ　幻のピンク女優第一号・香取環降臨

桃色映画六〇年代黄金伝説

●「「実話GONナックルズ」2007年3月号、ミリオン出版

マリリン・モンローが睡眠薬の飲み過ぎで死に、植木等の無責任節が流行している頃だった。映画館で上映中の『肉体の市場』という映画が「猥褻容疑」で警視庁保安課に摘発されるという事件が起きた。一九六二年、オリンピックを目指して東京都内が次第に工事だらけになって行く時代でもあった。

『肉体の市場』は、前の年に六本木で実際にあった婚約者と遊びに来ていた女性がトイレの中で犯され自殺するという事件をヒントに作られたのだった。俗に「ピンク映画の第一号」と言われている作品だ。主演したのが、日活ニューフェイス（第四期）出身の香取環。これを皮切りに急速にマーケットを拡大し、ブームになって行くピンク映画界で「女王」とまで言われた女優である。

ところが「ピンク女優第一号」の栄誉に輝き、六百本にも及ぶ出演作品を持ちながら、

彼女はつい最近まで消息不明とまで言われていた。
しかし、彼女は生まれ故郷の熊本で社員食堂の「おばちゃん」になっていた。所在を聞きつけた筆者は、往年の名シーン名艶技を想い出しながら、熊本へと飛んだ。謎の多い銀幕桃色伝説のヒロイン、その取材に成功した！

――お会いできて光栄です。伝説の名女優と言われながら、マスコミに一切登場されなかったのは、なぜですか？

「もう引退（一九七二年）して長いでしょう。こっちでの暮らしもあるし、家族や子どももあったから、古い芸能界のことでお話することがなかったからよ」

――ずっとお会いしたかった！　赤木圭一郎と同期の日活ニューフェイスでありながら、独立プロの「ピンク映画」に飛び込んでトップスターとなる。まさに「伝説の女優」です。

「ありがとう。もうおばあちゃんになっちゃったけど、何でも聞いてちょうだい（笑）」

――小林悟監督の『肉体の市場』に、せっかくニューフェイスとして売り出し中だったはずの日活映画を離れて出演することになる経緯からお聞きしたい。

「当時、もう日活は潰れそうだったのよ。あの頃急に仕事が減って、食べていかれなくなったのよ。チョイ役ばかりだったから、月に五、六本は出ないと生活していけなかったの。

そうしないと家賃も払えない。それで日活を辞めたんだけど、五社協定のあった時だからすぐにはよその映画会社に出れなかったの。その時、独立プロの仕事を紹介されたのよ。日活のチョイ役で五千円にしかならない時に主演で一本二万円、それで、よしって思ってね。台本見たら、確かに日活の作品よりも薄っぺらいけどドラマはちゃんとなってるわけ。それで何の抵抗もなく最初は出たのよ」

――当時のピンク映画、いや「ピンク映画」って言葉もなかったはずですが、いまから想像できないくらいにSEXシーンも少ないし、露出もなかったようですね。

「そうよ。新東宝なんかで作ってたお色気映画と同じ。新東宝の社長だった大蔵さんが、大蔵映画って会社にしてピンク映画を作らせたわけでしょう。似たようなタッチの映画よね。『肉体の市場』も、私以外の出演者は新東宝出身の人が多かったしね」

――『肉体の市場』は、協立映画という大蔵の下請けプロダクションで作った。しかし、封切り直後に警視庁に摘発されている。

「そうだったの、あんまり覚えてないいな（笑）。そんなエッチなことした記憶ないけどね」

――三ヵ所問題になって、監督が再編集して無事に公開は続いたようですが。逆に噂を呼んで、全国的にヒットしたらしい。

「ともかく独立プロっていうのがあるって聞いて、ギャラが良かったから出たのよ。それが最初。大蔵映画関係で何本か続けて撮ったのよ。大蔵さんはすごく気前が良くてね、次の仕事が入るまでお給料みたいのくれたりもしたのよ。でも、よそへ出ちゃダメみたいなことあるわけ。自分の女になれみたいなところも……。私はそんな気はないから（笑）。それが九州女の悪いところで、金じゃ転ばないって言ってたの（笑）。そしたら、扇町京子さんがＯＫしてね、社長のコレになったのよ。それで、私から彼女に大蔵さんの関心が移ったのよ。それからよ。私が他のプロダクションやいろんな監督と仕事を始めるのはね」

――潔癖性というか、仕事と男女関係は混同したくなかった。

「もちろんよ。日活時代もね、プロデューサーに赤坂の料亭に呼ばれたことがあるのよね。最初に大きな役が付くって言われた時ね、準主役で二谷英明さんの妹役で出るはずだったの。それでね、料亭に行ったら風呂敷に包んだお金が置いてあるのよ。紐が二本だから、たぶん二百万でしょうね。いまなら、ありがとうっていただくけど（笑）。それで、お風呂に誘われてね。『いえ、結構です』って言ったら、『じゃあ、お風呂行ってくる』って出てったのよ。それで襖を開けてみたら、隣の部屋にお布団が敷いてあったのよ、案の定（笑）。お金だけ握って帰りゃ良かったけど、もうそのまんま帰って来ちゃったの。そしたらね、すぐに次の日撮影所へ行ったら、役降ろされてるのよ（笑）」

――日本映画黄金時代の光と影の、まさに影を象徴するような話ですね。

「それからよ、なにくそって頑張ってね。誰にでも可愛がられる芝居をしようと思ったの。集合時間には必ず遅れない、準備をしておく、どんな雪の中でも自分でテストをやるとかね……。だから、根性あるってみんなに印象づけてね、日活でも随分監督さんに可愛いがられたのよ。本名が久木だから、クッキー、クッキーって言われてね……」

――日活はもちろん、テレビにも沢山出演してらっしゃるようですね。日活出身の井田探監督が撮られていた『プレイガール』なんかにもよく出られたとか。

「ええ。『プレイガール』はよく出たわね。テレビはいろいろ出てるのよ」

――日活ロマンポルノがスタートする時に出演交渉があったっていうのは、本当ですか。

「本当よ。だけど、日活育ちでしょう。なんで日活がロマンポルノなんてやんなきゃなんないのって怒って、出ないのよ。やっぱり日活に思い入れがあるじゃない。裕次郎さんと一緒に出た思い出があるでしょう。で、日活ロマンポルノに負けまいとしてピンク映画も激しくなって……」

――それで引退？

「他にもいろいろあったけど、もうピンク映画をやり続ける年齢でもなかったしね」

香取環の恋について聞き始めれば、話はそれだけで一冊の本ができそうな気がする。東宝の二枚目俳優、船戸順との結婚と七年目の破局。ピンク映画の監督や年下の歌手との恋もあった。食堂の「おばちゃん」は六十七歳。いまでは、すべてが伝説。「ピンク映画」という言葉さえ忘れられようとしている——。

取材中の香取環　2006年11月27日　熊本県菊陽町にて

Ⅳ 伝説のピンク女優・桜マミ

昭和元禄を駆け抜けた「花電車」

●「『実話裏歴史SPECIAL Vol.23』 2014年8月、ミリオン出版

民族派の野村秋介が朝日新聞本社に乗り込み「自決」をした事件を憶えているだろうか。あの時、最初の報道から数時間、事件の詳細が摑めぬまま「メンバーに女性が一人いるようだ」との誤報が流れた。その「女性」というのが、実は桜マミである。なぜ、桃色映画の女優だった「桜マミ」の名前が事件で取り沙汰されたのか。それには理由があった……。

桜マミは、ピンク映画の世界では六〇年代後半からの黄金期トップスターの一人である。時は高度経済成長、世はまさに昭和元禄。街にはフーテンやゲバ学生があふれ、先頃亡くなった藤圭子の「夢は夜ひらく」が流れていた。アングラ文化が花開き、斜陽一方の日本映画ではピンク映画館だけがいっぱいだった。彼女は、そんな時代に「女優」になった。

「地元の甲府のハンバーガー屋さんでバイトをしてた時に、私の描いたポスターに『上手いね』って声を掛けてくれた人がいたの。レオプロっていう会社の社長で、『ウチで絵を

描かないか』って言われ、東京に出て来たの。アニメのトレースとか彩色をしていたのよ。寝る暇もないくらい忙しくて。高校は行かなかったしね、絵を描きたいっていう一心で上京した。だから、夢破れたっていうか(笑)」

レオプロは、劇場アニメ『浮世絵千一夜㊙劇画』の製作やテレビアニメ『オバケのQ太郎』の下請け等をやる一方で、人知れずピンク映画も製作するプロダクションだった。

ある日、会社の作るピンク映画に女優が足りないと言う。「合気道のできる娘役で出てくれないか」「裸はないから」というので、数シーン出演した。女優に憧れがあったわけでもない。来る日も来る日も寝不足で働いたが、想像していた仕事とはかけ離れた環境に嫌気がさしていた頃だったから、ちょっとした興味本位だった。ところが、それがきっかけで、気がつけば「ピンク映画」で脱ぐことになっていた。「初めてのベッドシーン」について、当時の雑誌に彼女自身が答えている。

「すごく不安だったけど覚悟決めてたから、度胸は据わってた。それに仕事として割り切ったから平気だった。相手役は坂本昭さんだった」(月刊成人映画、一九七一年十二月号)

アニメメーター時代、宿舎の隣室から男女の喘ぎ声。社長の息子たちが女の子を連れ込んでは夜毎のセックスに励んでいた。初々しい美少女だった彼女は、ビックリ仰天。性の目覚めは、少女を桃色女優に変身させた。

「映画に出たのと同時に舞台にも出たの。映画館のショートコントとか盛んだった頃だから。ストリップ劇場で、お姉さんたちの踊りの合間に、男優さんと組んでお色気コントにも出たわ。女の子三、四人と男優さん一人くらいとで組んで、劇場や映画館を回るの」

初めて脱いだ映画のタイトルは、『無軌道娘・性教育肌あわせ』（七一年公開・ワールド映画・佐々木元監督）。人前で裸になるのも、割り切れば簡単だった。物怖じしない、その度胸の良さは天性のもの。小柄だが筋肉質でナイスプロポーション、自由奔放な性格でたちまち人気女優になった。芸名の桜マミは、共演した九重京司が付けてくれた。『明治天皇と日露大戦争』で乃木大将の副官を演じていた老名優は、「キミには桜が似合う」と言った。

当時、「ピンク女優」を二分していたのは、日宝プロと火石プロという二つのプロダクションだった。少しでも演技のできる女優はみな日宝プロ、脱いで犯されるのだけが専門の女優はヌードモデル系の火石プロにそれぞれ属していた。日宝プロの女優は、顔はみんな整形させられるから美人揃い。対する火石プロの女優たちは胸の大きいボインばかりだが、お世辞にも美人とは言えない娘も多い。桜マミは、演技ができると見られたのだろう。デビュー後、レオプロを経て、すぐに日宝プロに所属している。キュートな新人だった。

「私のいたプロダクションの社長のIさん、所属の女優はみんな乗っちゃうから、撮影現場で女優さん同士が喧嘩になっちゃうのよ（笑）。私は喧嘩の止め役。大変だったよ。手がついてなかったのは、先輩の香取環さんと私くらいじゃなかったかしら。社長は、私のこと、興味がなかったみたい（笑）。たぶんタイプじゃなかったんじゃない」

その日宝プロからは、日活ロマンポルノで人気の出る宮下順子をはじめ多くの桃色女優が生まれた。マミも、脚本をいくつも抱えてロケバスに乗り込む売れっ子女優となる。

大手映画とは違う系列で量産されたピンク映画は、日増しにエロ度もアップ。撮影所の大部屋女優や劇団、ダンサーからの転身組が主流だった初期の時代とは様相が一変した。街でスカウトした女の子、ヌードモデルからの転向など、フレッシュな肉体派女優が求められる時代に。天真爛漫な性格が監督に親しまれ、彼女に次々に大役が回って来た。演技に開眼、群を抜いた芝居も見せた。ストリッパー、トルコ嬢、人妻、何をやらせても体当たり。姉御肌で熱の入った芝居で魅了した。

「ピンク映画だから、フリーセックスがあったんじゃないかって思ってる人がいるの。そういう人は非常に多かった。事実周りには、そういうことがいっぱいあった。だから、東映の京都撮影所に行った時、どんだけいろんな人が誘いに来たか。ピンク女優だったら、誰でもやらせてくれると思っちゃうのね」

「フーテンというのが流行っていた時代。私の先輩や仲間には、シンナー遊びとかビニールにボンド入れて吸ってる人もいた。だけど、私の場合、そういうのをやりたいと思ったことは一度もないの」

お酒は酒豪の域だが、男選びは慎重。躾けの厳しい母に育てられたせいか常識家の一面もある。人気の出た頃、桜マミにもうひとつの愛称が生まれた。当時の週刊誌が書き立てたニックネームは、「花電車女優」。

「この世界に入った頃にね、男優の吉田純ちゃんとお風呂に入るシーンがあったの。二人で早いうちから入って遊んでいたのよ。ココにお湯が入るとどうなるんだって、純ちゃんが言うの。私なんかまだ子どもで、経験ないから分かんないって言ったら、やってみろやってみろって言うのよ。やったら、コレできるじゃないかアレできるじゃないかって感じで（笑）。これは仕事になるぞって言われたの。それから花電車に入っていくの」

「花電車は、ちょっと秘密のお仕事ね。お寿司屋さんを貸切でとか、地方の温泉場とか。だって一晩で何百万ってこともあるんだから。だから、随分サインをして上げました。上でするのより、下のほうが多かったかな（笑）。字を書いたり、煙草を吸ったり。でも花電車は特別なショーだから、それ以上はないの。ストリップでもないしね」

映画でも「花電車」を演じ話題を呼んだ。共演は、直木賞作家の田中小実昌。監督は、後にビデオの帝王となる代々木忠。その『セミドキュメント　名器の研究』（七五年）は、幻の名作と言える。いまでは観ることができないのが残念だ。本作以外でも数本を除

『追跡レポート初夜の生態』（1974年・プリマ企画）より

桜マミ　歌舞伎町「フィボナッチ」の頃（2009年1月）

き、桜マミ出演作品、名演の多くはフィルムが散逸し観ることが叶わない。往年のファンの瞼の裏に焼きついた伝説の作品となってしまった。

……女優として活躍を始めた頃、マミは、一群の若き男たちと出会う。男たちは、やがて「新右翼」といわれ世の中に注目され、発言し活動を深め、それぞれに頭角を現すだろう。マミが出会った時、彼らはまだ若き獅子の群れで、多くが二十代前半の若者だった。六〇年代の全国学園紛争や反戦運動を背景に生まれた「新左翼」に対比され、七〇年代に生まれた右翼の小さく静かなムーブメントは「新右翼」と名付けられた。地方への合宿研究会や勉強会の輪の中に、男たちばかりの中へ一人の女性が混じることがあった。それが桜マミだった。野村秋介が、長い獄中生活から解放された後に出版した著作『獄中十八年右翼武闘派の回想』で書いている。

「一座には、日活ポルノ女優で、桜マミ君なる女性が一人加わっていた。いかなる因縁があってそうなっているのかは定かでないが、一水会の青年の匂いに魅せられているのか、この日活ポルノのスターは実に甲斐甲斐しいのである。もっとも美女には程遠い感じの子だったが、天性の明るさがあって、集会場の入口では地元のオニイチャンなど相手に、パンフレットの叩き売りなどに興じていた。瞳が、わずかに異国的な雰囲気を漂わせていた」

草創期の一水会の青年たちと混浴で露天風呂に入ったり、紅一点のヤンチャぶりはいまでも語り草らしい。野村秋介が決起した時に一時誤報が流れたのも頷けようか。

野生派でちょっとヤンチャな清純派（?）桃色女優だったマミさんには、全盛期から多くのファンがいた。「爆弾男」と言われた過激派アナキストの牧田吉明、テレビの大河ドラマから大島渚映画まで幅広く活躍した名優の佐藤慶など、応援団の男どもの名は多い。その多くが、いまではあの世に旅立ったが。雲の上から、通算五軒目となる酒場のママとなったマミさんを、いまも彼らは静かに見守っているに違いない。

デビュー作『無軌道娘性教育肌合せ』
1971年・ワールド映画配給

V 谷ナオミ、団鬼六とピンクを語る

巴里で仁義を切った緊縛女王

●「映画秘宝」2011年10月、洋泉社

――パリの映画祭のお話から、聞かせてください。大盛況だったようですね。

谷 ええ。「パリシネマ国際映画祭2011」、七月二日から十三日までの日程でね。日活ロマンポルノ十二本が上映される特集があったんですが、オープニングのオールナイトに私の作品三本が上映されました。『花と蛇』『黒薔薇昇天』『花芯の刺青　熟れた壺』。女性の方も多くてね、五百席の会場が超満員でした。

――そもそも映画祭に呼ばれた経緯は。

谷 昨年、フランスのほうから、私のドキュメンタリーを撮りたいということで連絡が入ったんです。「私、日本でも、九州の熊本という所にいるんですよ」って言いましたの。熊本まで来られるということで、昨年五月に撮影があったんです。私が歌っているところなんかも撮って行かれてね。そのドキュメンタリーが今回の映画祭で上映されたんです。

――その作品、観たいですね。初日の夜に、舞台挨拶をされたそうですが。

谷　開催前に着いてね、最初はマスコミの取材。十社くらいありましたかしら。ドイツからもテレビ局が来ていました。取材攻め（笑）。翌日も取材。そのまま夜の舞台挨拶。私が着く前に、通訳の方のところに小沼勝監督からファックスがあったんですよ。手書きで「谷さんに、絶対、仁義を切って欲しい」って。

――「仁義」って、舞台でですか？

谷　そう。谷さんがフランスへ行くのなら、観客の前でぜひ「仁義」を切ってもらいなさいって言うの。小沼監督は、この映画祭に何年か前にいらしてるのよ。でも、「仁義」なんてフランス人には分からないでしょう。日本古来の言葉使いを理解してもらえないと思って。

――でも、切ったんですか！

谷　バッーと仁義を切った後「以後、おたの申します！」と言うと、フランス語の訳も分からないのに、ワッーと大きな拍手だったんですよ。「玄界灘を西に見て、東はネオンきらめく……」って七五調、「皆様の温かい心に包まれております。私、谷ナオミです」って。最後は拍手で通訳ができないくらいに、拍手が鳴り止まなくて。

――お客さん、驚いて、そして感動したんでしょうねえ。

谷　若い女の子がびっしりじゃないですか。私の三十七年前の作品『花と蛇』をＳＭとかロマンポルノとかこだわらず、パリジェンヌも先入観念を持たずに観ていただきたいって、お話をしました。

――女性がそんなに多かったんですか。

谷　多かったです。一昨年、神戸で女性だけの上映会があった話もしました。ＮＰＯの主催で利益目的じゃないのでお受けしたんですが、『生贄夫人』を上映してトークショーをやりました。帰る時は、一人一人と握手をしてね。泣く女の子もいたんですよ。なんで泣くのか、私には分かりませんでしたけど。逆に何となく惰性で生きていた自分が、ああ、まだ頑張れるんだ、頑張らなくっちゃっていうエールを貰った気がしました。それで、今度はフランスでしょう。引退して何年も経つのに、なんでなのかしらって……。

――ようやく時代が、谷さんに追いついて来たのかも知れないですね。

谷　そういう意味では、日活ロマンポルノが時代を変えた、文化を変えたというのも、おかしな話ではないですよね。私たちの時代は「前貼り」、いまではコンビニに置いている雑誌でもアンダーヘアが出るのが当たり前の時代じゃないですか。『生贄夫人』でも、小沼監督が映倫と一コマ切るか二コマ切るかで闘った。そんな時代でしたもの。

――隔世の感がありますね。しかし、谷さんがパリへ招かれた年に、団鬼六先生が旅立ってしまった。残念です。

谷　九州へ帰ってから、ずっと会っていなかったんですよ。再会したのが十二年前。それから「鬼六祭り」というのが毎年、年に一回ありまして、懐かしい人にお会いできるし、時間が許す限りなるべく出席するようにしていました。ちょうど杉本彩さんで『花と蛇』を撮る年に、仕事の都合で出られなくて。その後は、あまり出ていませんが。

――団先生との出会いは、映画デビューの頃でしたか。

谷　私は、最初は「三本指」で世界を回ったという元ソープ嬢の豊原路子さんを紹介されて、彼女をモデルにした『スペシャル』という独立プロの映画でデビューしました。グラビアでは、豊原さんの体位のモデルもやりましてね。その頃、団先生は鬼プロというプロダクションをされていて、家が近かったせいもあって、よく遊びに行っていたんです。「今、呉服屋が来ているから、ちょっと着物を見においで」って言われて行くと、「どれでも気に入ったのを作ってやるから」って。高価な着物を作ってくれました。彼は、その着物を私に着せて、パーティに出かけたり、一緒に御飯を食べたり、飲みに行ったり、私を連れ歩くわけですよ。そして、それを自分のイメージの中で勝手に空想して小説を書くの。団鬼六にとって、縄が似合う女性というのは、長い黒髪で、着物が似合って、ある程度の色白で、縛ればぐっと喰い込む小太りの女性。そして、縛ったらキッと睨み返す強い性格の女性。それが、縄が似合う女性だと言っていましたね。私が、それにピッタリだって。私は、当時も、いまもとても長い黒髪でしたしね。でもね、彼から、縛ってもらったり、そういう雰囲気ではないんですよ。いつも友達感覚で、ごく普通に会っていただけなんですよ。

―― 団鬼六の世界を谷ナオミが演じるより以前に、谷さんをモデルに団さんが小説を書いたんですね。

谷 本当はそうなんですよ。谷ナオミイコール団鬼六って言われるけれどね。日活へ行く前の独立プロでも、団鬼六の脚本で随分と映画を撮りました。わずかな予算でね。あの頃は、やくざ映画が多かったわね。

―― いまは、フィルムが残っていなくて、ほとんど観ることも叶いませんが。

谷 『しなやかな獣たち』で日活に出たでしょう。次から次に脚本が来たんです。それを全部断っていたの。「重役会議で谷さんの主演作を作ることになりました。どんな作品なら出ていただけるんですか」って話なの。その時です、私から初めて言ったの、「団鬼六原作の『花と蛇』だったら出ます」って。それまで日活は、団鬼六なんて知らないわけですよ。じゃあというので、目黒の団さんの家に日活の方たちとみんなで押しかけて、企画の話が始まるの。そして『花と蛇』ができ上がるの。

――『花と蛇』は、谷さんが言い出さなければ、日活で映画にならなかった。

谷　はい。最初の『花と蛇』は大ヒットしますが、団鬼六は気に入らない。ＳＭは暗くなるからって、メイドさんの部分をコミカルにしたり、原作の雰囲気と違うところが多かったの。「もう日活には原作は渡さん」って、団さん怒っちゃうのよ。

――第一作の『花と蛇』は面白いんですが、逸脱してるところも多いですね。

谷　ヒットしたから、これを逃す手はないと日活は思ったのね。それで、作られたのが『生贄夫人』。これは団鬼六原作じゃなくオリジナルなの。私も大変好きな作品です。団さんも観て「おお、やればできるじゃないか」って言ったの。「これなんだよ、これ」って。それから、日活で団鬼六シリーズがスタートしたのよ。

――団鬼六原作で谷ナオミ主演の作品が、連打される時代が始まる。団先生は、その都度、意見は言われましたか。

谷　意見はあまり言わないの。消費者があるから。お客さんの反応が大事ね。当時から、団さんも私も思っていたのは、ＳＭというのは「いじめ」じゃないということ。綺麗な女性を縄で綺麗に縛って、綺麗なものを見せたい、感じさせたいということ。その中で必ず愛が必要だっていうことでしたね。

――いわゆる「鬼六エロティシズム」ですね。

谷　いまはね、ちょっとボンテージ的にただ縛って、その部分だけがハードなものが多過ぎると思う。東映で杉本彩さん主演で『花と蛇』を作る時に団さんに言ったのよ、「あんまり『花と蛇』を安売りしないでよ」って(笑)。着物が似合う高貴な女性が脱ぐ、静子夫人というイメージがあるでしょう。それを壊さないでよって。そんなことも言い合える仲でしたね。

――団先生とは、亡くなられる前に会われたんですか。

谷　いえ、前はよく東京に出たらお会いしていたんですが、最近は、ちょっと疎遠になっていて。入院されているのも偶然に知人から聞いて。それで電話を入れたの。「大丈夫なの?」「まだ、一週間や二週間では死なないよ」って。とにかく、パリから帰ったら会いに行くからって。でも、あの電話が最後になりました。三日後に死んじゃった。

――そうでしたか……。今度CSの衛星劇場で、団先生を偲ぶ「特集プログラム」が放送されるようですね。

谷　そうね。団鬼六好みなのは、引退作品の『縄と肌』ね。彼は、藤純子の『緋牡丹博徒』、あれが好きで好きで仕様がなくて。だから、独立プロ時代でも「女やくざ」の映画をよく作ったの。女やくざが縛られて、叩かれ打たれてっていう、そんな話ばっかり。

――僕は『お柳情炎・縛り肌』も好きですね。

谷　団鬼六は、ああいうのが好きなんですよ。任侠ものがね。それと、お花の先生とかお茶の先生とか、高貴な女性に憧れて、その女性を独占して跪かせるという話も好きでしたね。

――谷さんは、女やくざや任侠ものを舞台でやられたこともあるんですか。

谷　舞台では、やったことはないんですよ。「劇団ナオミ」というのを持って全国を回りましたが、映画のように本格的な任侠ものはないですね。

――しかし、仁義を切るのがお上手というのは？

谷　熊本で始めたお店は今年で二十八年になりますが、仁義はね、お店の十五周年のパーティでやったんです。御船太鼓をバックに。自分なりの仁義をね。それをビデオに撮って配ったんですよ。

――小沼監督は、それをどこかで見たんでしょうか。

谷　そうかも知れない。やはり、私は、独立プロをやって、舞台をやって、日活ロマンポルノをやって、そういうものが全部あっていまがあると思っています。仁義を切るというのも、舞台をやっていたからできたことは確かですね。

――団先生にも、パリの「仁義」の話を聞かせてあげたかったですね。

谷　あと少し待っていてくれたら、たくさんの思い出話を持って帰れたのにって、お葬式の「弔辞」でも言いました。

――もっともっと伺いたいんですが、時間です。続きは、熊本のお店に寄らせていただいて伺えればとも思います。

谷　ぜひ、いつでも来てくださいね。毎日、お店には出ていますから。

谷ナオミ　美しい裸体でピンクからロマンポルノへ駆け抜けた

デビュー作『スペシャル』 1967年・国映／関孝二監督

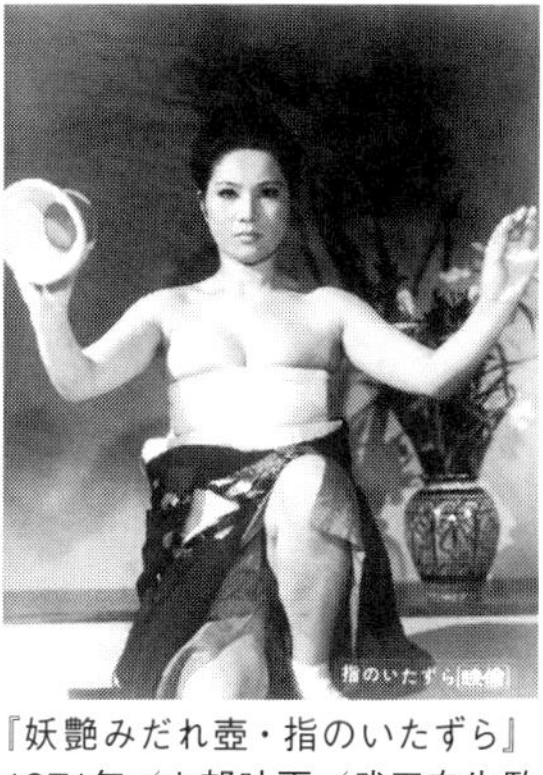

『妖艶みだれ壺・指のいたずら』1971年／六邦映画／武田有生監督

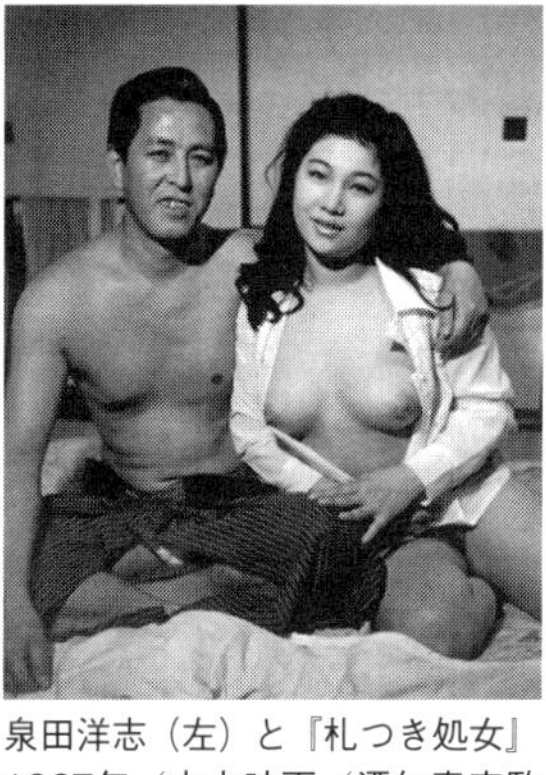

泉田洋志（左）と『札つき処女』1967年／中央映画／酒匂真直監督

Ⅵ　若松孝二

『三島由紀夫』で『犯された白衣』以来のカンヌへ

●「映画秘宝」2012年7月号、洋泉社

――『11・25自決の日　三島由紀夫と若者たち』が、カンヌ映画祭「ある視点」部門への正式招待が発表されました。

若松　今年のカンヌ映画祭、日本映画はこれ一本だけでしょう。カンヌ映画祭は日本贔屓なのに。そういう意味では少し淋しいな。日本映画の他の監督はどうしてるんだろう（笑）。俺みたいに反抗的にやっていると、カンヌにでも出さないと注目してくれないからね。

――『連合赤軍』『キャタピラー』と、外国の評価が先行しています。

若松　それは俺がいくら出したくても、どの映画祭でも、向こうの人たちが集まって決めることだからね。僕の映画は、自分で配給もやっているから宣伝費をかけられないからね、海外で高く評価してくれるのは、宣伝にもなるし、ありがたいことだと思っているよ。

――カンヌ映画祭に監督作品を出されるのは、『犯された白衣』と『性賊（セックスジャック)』を一九七一年の「監督週間」に持って行かれて以来ということになりますか。

若松　もう四十年以上前ですよ。『犯された白衣』は、血が飛び散る映画だったから、みんなビックリしたみたいだったね。それで、映画祭の後に中東へ回って『赤軍－PFLP世界戦争宣言』という映画を撮って来たんだ。

――まもなくカンヌへ行かれるようですが、今回も帰りにどこかへ行かれるんですか？

若松　今回は行かないですよ(笑)。もう、数年前にベイルートで逮捕されて大変だったからね。カンヌの後、ロシアの映画祭からも招待もされたんだが、また捕まったらかなわないから、辞退しようかと。僕は、まだアメリカとロシアは入国拒否の状態だからね。何も悪いことしていないのにね。

――『三島由紀夫』は国内の評価も高いです。

若松　評論家がどうのこうのじゃなくてね。元楯の会の学生長が、全然期待しないで観たら、若松の映画だからピンク映画じゃないかってヒヤヒヤしながら観たら、そんなことはなくて、とても良かったたって言ってくれた。

――僕は、この映画を観て、やはり若松さんの本質は、「左翼」じゃなくて「右翼」なんじゃないかと思いました。

若松　俺は、どっちでもないよ。だから、俺はいつも言うんだが、鳥の背中に乗っかっているだけだって。右翼、左翼って「翼」でしょう。俺は、真ん中の胴体に乗っかっているだけだって。僕は、どっちでもないってね。

――最近もどこかで言われましたが、「しかし『天皇』と『憲法九条』だけは譲れない」と。

若松 俺と新右翼の鈴木邦男さんが違うのは、天皇のことだけよ。「憲法九条」は絶対残すべきだと、鈴木さんも言っている。

――違うのは、「天皇制」の問題だけ。

若松 僕は、昔から「天皇」はダメだ。僕たちぐらいの歳の人は、天皇陛下のためだって言われて毎日、出征兵士を見送ったわけじゃないですか。外地にね。そんで、みんな死んじゃったわけじゃないか。一銭五厘の葉書で、徴兵されて。鈴木邦男さんたちは、ずっと後になってやって来た。戦後に生まれた人たちには、そういう感覚は分からないと思うよ。

――『キャタピラー』も、そういうところを基点に描いていました。

若松 それは仕様がない。そればっかりは。

――譲れない。三島由紀夫は、映画の場面にもありますが、東大で。

若松 「君たちが天皇ってひとこと言えば、一緒に闘おう」ってね。一人の象徴を置かなければ国が成立しないという考えはあったんだと思うよ、三島さんには。そこは、僕とは違うけどね。僕は、別に天皇を好きになっても構わないと思うんだ。天皇陛下が「自衛隊に入れ」とか「戦争やれ」とか言っているわけじゃないからね。だからね、いまになって考えてみれば、軍部というのが、だいたいどこでも悪いんだよ。いまの北朝鮮でもそうでしょう、軍部がすべてを握っている体制。

――最初は「山口二矢」を次回作にされると言われていました。

若松　山口二矢も随分調べたんだ。僕としても彼に惹かれるところがあったんだよ。ただ映像で見せていく時の決め手が摑めなかった。「三島由紀夫」と両方作ろうと思っていたんだ。それが、三島さんの「憂国」という本ができ上がった日が、ちょうど山口二矢が死んだ日だった。あっ、これだって思ったんだ。

――あそこは本当なんですね。実に上手に山口二矢が出て来て、映像的にも見せてくれました。

若松　それは、わたしはプロだから（笑）。三島さんは、山口二矢に影響を受けているんだ。金嬉老事件にも影響を受けている。そういうのを調べているうちに、三島由紀夫への思いが膨らんで来た。三島さんへの親近感は、以前からあったからね。元楯の会の阿部勉だとか、昔から何人か付き合って話を聞いて来た右の人もいたからね。野村秋介なんかもそうだ、僕は仲良かったんだ。野村さんは、僕の中では泉水博と獄中で一緒だったっていうことが大きい。僕は、右翼の人たちが命を張ってやっているというのは見聞きしてきたから。

――それで、一気に『三島由紀夫』になった。

若松 『連合赤軍』をやって、金を散々使った。『キャタピラー』を撮って儲けたから、上がって来た金を全部注ぎ込んだんだんだよ。そんなのを貯金したって仕様がないじゃないか。もうこの歳になって、どうせ美味いもの食えるわけじゃないし、糖尿病だから(笑)。

――最近の若松作品としては、これ以上ないくらい登場人物がみな生き生きしている。

若松 どれも当時の若者の顔に段々なっていったと思うけど。こういう映画は、そこが難しいんだよ。

――脚本は『連合赤軍』と同じ掛川正幸さん、かつて監督の作品『十三人連続暴行魔』で主演をされた方で、若松さんの聞き書き本も書かれた。非常に相性が良いみたいですね。

若松 掛川君は、僕の映画に出た後、週刊誌の記者をずっとやっていたから。資料を調べたりするのはお得意なんだよ。彼で、ずっと助かっている。膨大な資料の、ここだけを読めばいい、重要なのはここだって言ってくれるからね。僕は、とても資料の全部は読みきれないからね(笑)。

――井浦新さんの三島由紀夫は、とてもナイーヴな三島さんの表情を表現していて、そこがいいなあって思いました。残された映像などから、僕らがイメージしている三島は、もっとダミ声でムキムキマンで……。

若松　俺は再現映画を撮っているわけじゃないから。みんな言うんだ、似てないとかさ。違うんだよ、作品として撮っているんだから。

――何を訴えるのかということ。

若松　何を画面で表現して、何を残していくかだ。『三島由紀夫』が、後何年かして誰も観てくれない映画だったら困るんだ。

――三島由紀夫って、特にあの「事件」なんかホモセクシャルな部分って避けて通れないと思うんですよ。スキャンダラスな意味でなくて精神的な部分でのホモも含めて。それがとても美しく表現できていると感じました。

若松　僕は、みんなが三島さんはホモだとか言うけども、それは野次馬根性だと思うんだ。三島さんは「ホモ」でもなんでもないよ。事件を「ホモ」ということで片付けようという矮小な考えがあるんだよ。楯の会は「軍隊」じゃないかとか。

――ホモというのは、僕は決して否定的にとらえてはいけないと思います。男同士の魂の絆という部分にもホモセクシャルなものってあると思うんですよ。

若松　三島さんというのは、死に場所を探していたということはあると思う。一方に「二・二六事件」が行動の念頭にあってね。だいたい男というのは四十五歳から体力も衰えて来るんだ。唐牛健太郎も四十五歳で死んでいるからね。三島さんは、森田必勝に「先生、いつやるんですか」って突き上げられて来る。そこで決断するんだ、それが本当の親分なんだよね。小さい時から体が弱くて、とにかく人前では気張って見せていた。自衛隊の訓練では、いつもビリを走っているんだ。あれだけの売れっ子作家で、ボディビルはやっても足の訓練はやっていないからね。ただ、そこに三島さんを死に向かわせるいろいろな条件が揃ってくるんだ、そこを描きたかったんだ。

――ポール・シュレイダーの『MISIMA』は御覧になりましたか。

若松　もちろん観ましたよ。ああいう観念的な映画は、足立正生にでも任しておこうという感じだけどね（笑）。

――緒形拳の三島由紀夫より、新さんの三島のほうがシャープで美しい。

若松　緒形拳は誰が見ても緒形拳だからね。それは無理なんだ。新だって、そっくりさんではないから。彼には言ったんだ、ボディ・ビルをやってムキムキになる必要はないって。ただ、芝居はちゃんと三島になって欲しいって。僕は、乗り移ったんじゃないかと思った。

――演技指導的には、具体的にありましたか。

若松　三島さんの本を読み込んだりはする必要ないって言ったの。読むと、それにとらわれちゃうからね。自分の三島をやれって、俺の三島じゃなくて、新君が思っている三島をやると一番いいんだって、それがいい画になるんだよってね。みんなに、それは言っているけど。

――俳優・井浦新に対する信頼感がないとできないですね。

若松　僕はみんな信頼しているよ。メイキングなんか見ると、物凄くいじめているけどね。怒っている（笑）。それは、お芝居が過ぎる時なんですよ。いい芝居をしようとしてね。

――芝居をし過ぎてしまう。

若松　『キャタピラー』の寺島しのぶさんの時は、ほとんどリハーサルもなくて本番ＯＫだからね。あの映画は、二週間かからないで撮ったんだ。『三島』だって、十二日か十三日で撮っている。

――予算は？

若松　公称一億円とでも言っておくか（笑）。

――『キャタピラー』の時のように、安い料金で見せちゃうんですか。

若松　いや、千三百円ですよ。でも。中学生は五百円。若い子に、こういう映画もあるんだというのを知って欲しいんだ。ワンコイン握って観に来て欲しいんだ。いや、みんな文句を言っているけれど、映画人口がどんどん減っているんだから。若い観客を育てなきゃいけないんだよ。それから、ウチはパンフレットが売れるんですよ。いつもパンフレットにも力を入れている。年表も詳しいし、田原総一郎さんはじめいい原稿が揃っている。千円ですが、それも買って帰って欲しいんだ。

――これを一つの歴史を知る入り口にしろ、と言うことですか。

若松　そう、あの時代のこと、右翼についてとか、どういう人がどういう発言をしているかとか、日本の歴史がどう動いたかとかね。

――この映画を観て、右翼になる人も出てくるんじゃないですか。

若松　だって、本当の右翼っていうのはいなくなったでしょう？　そういう意味では、本当の右翼が出て来たほうがいいんじゃないですか。僕は、そう思っているんですよ。

――本当の右翼はいなくなった？

若松　だから、一水会ぐらいじゃないですか。純粋にイラクに行ったり、北朝鮮に行ったり、ちゃんとそういうのを見て来て発言するというのは。いまは何も見ないで、適当な発言をする、知ったかぶりをする評論家みたいな人が左翼にも右翼にも多いよ。

――『海燕ホテル・ブルー』も拝見しましたが、もうすでに次の作品『千年の愉楽』も完成しているようですね。お歳なのに、病み上がりでもあったはずなのに物凄い活躍です。

若松　『海燕ホテル・ブルー』は、昔撮った『聖母観音大菩薩』の続篇みたいな感じだな。船戸与一の原作を大きく変えている。あれは『三島由紀夫』を撮った後に『千年の愉楽』までの間に時間が空いたんだよ。スタッフを解散して、また集めるよりは、その間にちょっと遊ぼうかって、好きなことやってみようかっていうことなんだ。みんな、俺の六〇年代の映画みたいだって言うけど、映画の文法も何も気にしないで撮った映画だから。

――六〇年代テイストというか、いい感じですね。『千年の愉楽』も楽しみです、中上健次と若松孝二の組合せがとてもスリリングです。

若松　中上とは新宿で喧嘩になったことがあってね、それから仲良くなった。あいつが出自のこと言うもんだから〝逆差別〟だって殴ってやろうかと思った。俺も、百姓の出だから（笑）。これは、俺も自信作なんだ。紀州の山の中で撮ってきた。期待して欲しい。

『千年の愉楽』（2012年）

『11・25自決の日　三島由紀夫と若者たち』　完成披露上映会・テアトル新宿／２０１１年11月25日
上／楯の会役の俳優たちを紹介する若松孝二監督（左）
左／当日は全てのチケットが完売、満員御礼だった

Ⅶ 帰って来たシュルレアリスト・足立正生

仲間たちの死を引き受けて

●「キネマ旬報」2016年3月上旬号、キネマ旬報社

アングラ世代の最前衛にありながら、新宿の酔っ払いがゲリラになれるかをスローガンに出国、日本赤軍に身を投じた映画作家足立正生。帰国から、十五年の歳月が流れた。日本赤軍時代の同志・岡本公三をモデルに撮った『幽閉者　テロリスト』以来九年ぶりの新作『断食芸人』が、公開される。日大芸術学部時代に実験映画を発表し注目された足立は、撮影所の外に拠点を形成した若松孝二や大島渚などインディペンデント系映画人との交流を深める。芸術と革命を往還する独自の軌跡だった。出口出ネームで『胎児が密漁する時』など多くの前衛的ピンク映画の脚本を書き、『女学生ゲリラ』など監督作もある、大島渚のもとでも『絞死刑』の俳優、『帰って来たヨッパライ』の共同脚本者として活躍した。パレスチナの苛烈な最前線から帰還してもなお、徹底したシュルレアリストである。その昔、風景論を提唱した映画作家は、新作でも檻の中から見た日本の風景を描いて鮮烈である。

――九年ぶりの新作『断食芸人』を撮られた経緯から、お聞かせいただけますか。

足立 九年間眠っていたわけではなく、合計六本の企画がいいところまで行くんだが、実現しなかった。最後に監督は誰にしようかという時、「足立正生」と言うとスーッとみんないなくなるらしい（笑）。やはり「元」は付いているけど「テロリスト」と言うと引く会社が多くてね。それで、プロデューサーの小野沢さんと短篇を何本も撮ってつなげていく方法を考えていた。芸人シリーズのようなものにして、日本の近代から外れた人々を題材に撮れないかと考えていたんです。そこへ、韓国・光州、全羅南道の県庁舎を美術館に作り変えてアジアの文化センターにするので、そのこけら落しに何かやらないかという話が持ち上がった。現代美術がダメになっている。破壊と創造を考えなきゃいかん、と。だけど、俺は韓国に行けないからね。いまも日本からは出ることが許されない身だから。それで、ならば映像でやろう、と。それが始まりなんだ。

――韓国では、すでに公開したんですか。

足立 昨年九月の美術館のこけら落しに間に合わせて完成させ、一回だけ上映した。オランダのロッテルダム映画祭では、いままさに上映しているところです。ロッテルダムも行けないから、ＰＣや電話で取材を受けている。

――オランダにも、まだ行けない。

足立　私、テロリストですから（笑）。十二回目の旅券申請をしましたが。あなたの過去の行動に鑑み、日本国の利益と安全を損なう恐れがあるということでね……。しかし、ロッテルダムの上映は、超満員だったらしいよ。

――ロッテルダム映画祭は初めてですか？　アンチカンヌの映画祭としては古いですが。

足立　昔から有名ですね。『幽閉者』の時に初めてフィルムを送って、その時も俺は行けないから、田口トモロヲに行ってもらった。今回は、旧作の『銀河系』『椀』『略称連続射殺魔』『性遊戯』『女学生ゲリラ』『赤軍－ＰＦＬＰ　世界戦争宣言』の六本も特集として上映しました。

――ピンク映画にも影響を与えた伝説の作品『鎖陰』は観ることができないんですか。

足立　『鎖陰』は、フィルムが劣化して作り直さないと観れないんですよ。もともとフィルムが二本あったうち一本は行方不明だしね。俺が長期出張で日本にいなかった間に、あいつどうせ帰って来ないだろうと、俺の撮ったフィルムは散逸してしまったんだ。自分で自分のフィルムを集めて、金をかけて修復して一つ一つ見れるようにしているんですよ。

――今回、原作に『断食芸人』を選んだ理由は？

足立　カフカというのは、僕らのちょっと上の世代に、不条理と実存主義が対になった時代があったでしょう。だから、俺は少年の日に兄貴の本棚の文学全集で読んだのが初めてだね。日頃から、村上春樹っていう偽カフカニアンが気に入らなかったってこともある。偽カフカニアンが世界的に流行っていることへの警告みたいなところもあるんだ（笑）。

――物語としては、時空を超越して行く。

足立　紙芝居的に、サッサッと見世物の世界を描いてみたかった。明治時代の内国博覧会で、アイヌや沖縄の人を「見世物」にした人類館事件というのがあるんです。また敗戦後には、広島で東松照明がケロイドのある被曝者が物乞いをしている写真を撮ったことがあるんだ。それらを入れ子状態に、反近代という問題を提示しようと考えたんだ。資金や制約もあり、カットした部分も多いけどね。

――途中で変な女医さんの一団が出て来ました。ピンク映画になるのかと思いましたが。

足立　あんまり言いたくないんだけど、最終稿のその前まではそういうシーンがあったの。ケロイドの物乞いが興行師に買われて白黒ショーをやるんだ。しかし、最後になってやめたんだよ。ケロイドのメイクは金がかかるしさ。ピンク映画的な方法ではやりたくなかった。ピンクをやるなら、国家を嫉妬させるものにしたかった、というところはあるんでね。

――昨年、学生映画、そしてピンク映画時代からの盟友沖島勲さんが亡くなられました。

足立　沖島は、俺が若松プロで監督をする時に「勉強になるから来いよ」って、若松プロに誘ったんだ。要するに俺たちもインディペンデントフィルムを作ろうとしていたから。

若松プロの安かろう早かろう、それで良かろうというピンク映画の作り方を勉強するのもいいだろうと思ってね。そうしたら若松孝二は沖島勲を気に入ってしまって「明日から俺についてくれ」ってことになったんだ。

――若松プロでは多数の脚本を書かれました。若松孝二作品は、いまも繰り返し上映され新しい観客を獲得しているように思います。

足立　俺は、若松プロの脚本をどのくらい書いたんだろうって、長期出張中に塹壕の中で数えたんだ。約六十〜七十本ほど書いているね。そのうちの三十本ぐらいが映画になっている。

――半分しか映画にはなっていない……。

足立　若松孝二は、反権力、反警察、反検察。「これで、分かるだろ？　あっちゃん」と言って脚本を書かせるんだ。それで、こっちがストーリーを作って書いていく。『胎児が密漁する時』を書いた時、先輩として大谷義明名義の脚本で若松プロにも書いていた田中陽造さんに呼ばれたんですよ。「あんた、ダメじゃないか。梅雨で雨だからって部屋の中だけで撮れる脚本なんか書いて」って。「安く作って儲けるっていう若松の言うことをそのまま映画にしちゃダメだ。映画はスペクタクル、サスペンションがあってこそ映画なんだ」ってね。だから、俺、言ったの。「俺、本気で密室映画をやりたいんだ」って。密室こそ広いんだよって話をした。そしたら、陽造さん、論を引っ込めて「本気ならいいよ」って言った。若松と俺の二人三脚は、密室から始まって、荒野まで密室にしていく。もうだいたいいいいんじゃないのってなった頃、カンヌ映画祭に一緒に行って、そこで若松とは別れるんだ。俺が若松孝二を政治的にさせたって言うけど、一番政治的なのは若松孝二なんだよ。俺なんかシュルレアリストでさ、よく俺は「新左翼」って書かれるんだけど、根本は違う。若松と押さえたポイントは、組織というのは官僚主義になってダメになるということ。組織の力を背負っている奴は本当にやっつけてもいいいんだってことだけだよ。

――足立正生の基本は、シュルレアリスト。

足立 そうですね。だから、酔っ払いにもなれない男がゲリラになれるわけがないって、最初から答えは用意して言ってるんだ（笑）。

――晩年の若松孝二作品には批判的ですね。

足立 若松孝二の最後の五本くらいはスカスカだと思う。特に『実録連合赤軍』は、最初は俺の脚本で行くと言っていたんだから。俺は、現場にいた坂東国男から聞いた話を基にしてシナリオを書いているんだ。あさま山荘の管理人で人質になった牟田泰子さんの話なんか、マスコミに出ていない重要な話があったんだ。僕が、若松に言ったのは、連合赤軍の問題は「革命家の勇気」の問題ということだった。革命家の勇気というのは、最後に加藤兄弟の末弟が言う「僕らは勇気がなかったんだ」っていうようなレベルの問題じゃないんだ。僕らが、連合赤軍の間違いをどう引き受けるかなんだ。それを、僕らは、日本赤軍という出張先で議論して来たからね。

――帰国後まもなくから言われていた『13月』という映画の企画はポシャッたんですか。

足立　あれは撮りたかった。評論家の上野昂志さんが随分と入れ込んでくれてね、脚本を読み込んでノートにして、評価してくれた。

――若松孝二、大島渚両監督をはじめ、また長期出張中に交流された方も含め多くの同志や共働者が亡くなられたと思います。足立正生の映画の旅は、彼らに別れを告げながら、どこへ向かって行こうとしているんでしょう。

足立　それが、分からないんだよ。シュルレアリズムというのは、第一次大戦で自分たちの仲間が死んで行ったのに何もかも握り潰した嘘のような世界が始まる、平和な日常に対する異議申し立てとして始まった。それと同じようにね、3・11以後の世界への異議申し立てとして映画を撮りたかったんだ。3・11があって、どうしても黙っていられないから、やることにしたんだ。政治的な言語は何もかも絡め取られているから、シュルレアリストとしての言語をイメージとして出さなといけないと思ったんだよ。だから、もちろん人々の死は、全部引き受けてやって行こうと思う。

――厳しい闘いになりそうですね。

足立　だけど、のほほんと生きているってことは、そういうことだと思ってさ。この歳まで生きて来たからね……。僕は、不条理っていうのが愉快なんだ。不条理っての、みんな不愉快じゃないですか。不条理が愉快なんだから仕様がない（笑）。だから、もうすぐ次も撮る話をしているよ。抗い続けて行こうと思う。イメージは尽きることはない。精一杯の勇気を持ってね。

『赤軍-ＰＦＬＰ　世界戦争宣言』1971年／若松プロ製作

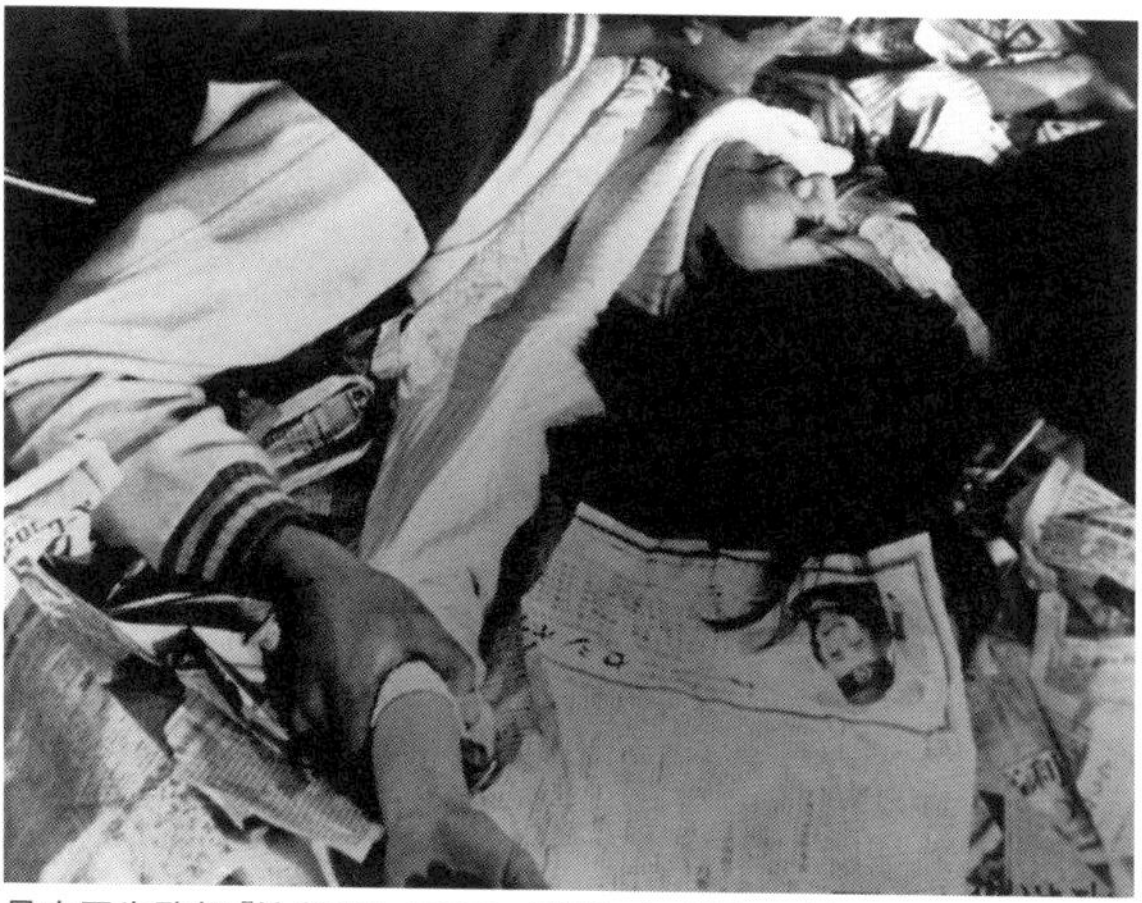

足立正生監督『性遊戯』1968／若松プロ製作／吉沢健、中嶋夏出演

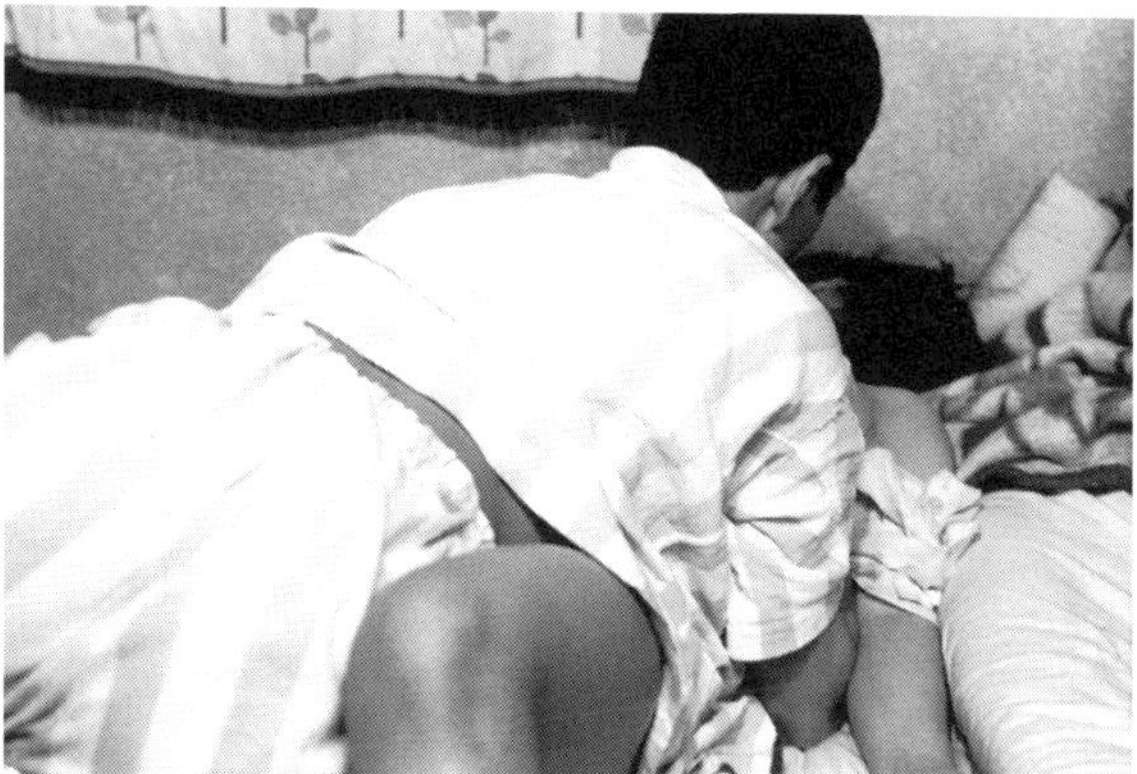

足立正生監督『避妊革命』1967年／若松プロ製作・日本シネマ公開

Ⅷ「相棒」シリーズ売れっ子監督・和泉聖治

ピンク映画とニューシネマ

●「映画秘宝」2011年8月号、洋泉社

――『相棒－劇場版Ⅱ』、力作で感銘を受けました。まもなくDVDが発売されますので、そのお話からお聞かせください。公安警察の犯罪、警察内部の暗闇など、スケールが非常に大きい。

和泉　いままでも『相棒』シリーズでは政・官・財、いろんな所に顔を出していますから。時の官房長が犯した犯罪とか、外務省の伏魔殿の中の犯罪とか。杉下右京は「特命係」なんで、どこにでも入って行けるんですよ。

――どこからもクレームはないですか。

和泉　それが、まったくないんです。さすがに、今回は警察が「困るんですよ」って言ってくるかと思ったんですが。いままでも警視庁にダイナマイトを巻いた男が篭城するという話を作ってはいるんです。恐れていても仕方ないし、話が面白ければいい、という気持ちで作っていますから。

――昔のテレビだったら、よくクレームや圧力があったと聞いていますが。

和泉　昔は、結構作る方が自制していたということもあるんですよ。いままでの刑事ドラマにはないパターンを目指していますから。最近、『相棒』が大丈夫なら、ウチも大丈夫だろうと言って似たような作品が多いですね。

――岸部さんが正義の概念を語るあたりは、かなりオピニオンしている感じで。

和泉　あれは、脚本家の凄さですね。いままでも、杉下右京は暴走するよ、杉下右京の正義も危ない部分もあるんだよって、結構振っているんです。『相棒』には、四人の優秀な脚本家がいましてね、彼らとの仕事が楽しいですね。正義の定義なんて語っていいのかって気もするんですが(笑)。

――テレビシリーズも含め『相棒』の演出の難しさというのはありますか。和泉監督の演出は、シャープで歯切れがいいと評判ですけれども。

和泉　『相棒』って、どこにでも入って行ける、いろいろやれるねということで作っています。いろんな所に土足で踏み込んで行きますでしょう。しかし、『相棒』の台本を見ると、皆さん構えちゃうんですよ。ほとんどセリフですから。杉下右京の推理たるや十ページ近くずうっーとありますからね。ト書きよりも、ほとんどがダイアローグ。あれを普通にカット割をして紙芝居のように撮っても、まったく面白くないんですよ。所詮は説明ですからね。それをいかにアクション的に撮っていくか、それと緊張感、そういうものが出ないと『相棒』ワールドにはならない。そこから、長回しが出てきた。十分近く長回しがありますからね。それもフィックスじゃないんで、俳優さんも動けば、カメラも動く。だから、あたかも何十カットにも割れているように見えちゃう。ワンカットなんです。俳優さんの緊張感はもの凄いんじゃないですか。特に後半にちょこっとセリフがある人なんか、緊張感は半端じゃないと思いますよ。後半、一言NGを出したら終わりですからね。

――　和泉さんが『相棒』シリーズを監督することになった経緯というのは。

和泉　初めはテレ朝の「土曜ワイド劇場」、あれで物凄く視聴率が良かったんですよ。第二作で二十パーセントを超えたんですよ。オバケ数字で。それからシリーズにしようということになった。

――　水谷豊さんとのお仕事は『遮断機の下りる時』（八九年・KTV）からですか。

和泉　あれが初めてですね。その前から、よく食事などはしていたんですが。水谷さんは天才ですよ。仕事に対する姿勢は立派だし、俳優として鑑のような方ですね。和泉は最近長回しだって、噂が流れている（笑）。長いセリフも豊さんが全部やるじゃないですか。ゲストの俳優さんなんかがビックリしちゃうんですよ。『相棒』に来る俳優さんは、セリフを覚えて来るようになりましたけども。

――東映が作る刑事物の良さもありながら、新しさもある。東映という会社や撮影所との相性はとてもいいんじゃないですか。

和泉　京都撮影所で撮った映画が多いんですね、十本くらい撮っていますか。今まで本籍が映画で、現住所が東映みたいな気持ちでいたんですが。いまは、本籍も現住所も東映だなって気がしていますね（笑）。

――今度、東映ビデオから和泉聖治監督作品が三作品、DVDになります。和泉監督作品の見直しが、いよいよ始まる端緒になるんじゃないかって思っているんですが。

和泉　『友情』は、想い出深い好きな作品のひとつですね。僕が、テレビでCNNのニュースを見たのが始まりなんです。先生が教室に入ったら、生徒がみんなスキンヘッドなんです。ナンダ、コレ？　と思ってね。白血病の治療で髪の毛を切った女の子がいて、友達がみな彼女と同じように、スキンヘッドにしたんだね。そこから、始まった企画です。当時持っていた僕の事務所で作って、東映が配給してくれた。

――バラエティで人気の三船美佳さんのデビュー作ですね。

和泉　そうです。思い出はいっぱいあります。母親役が、先日亡くなった田中好子さん。どうも後で聞くと、あの時もう、だいぶ具合が悪かったようだと言うんで驚いているんですよ。娘が白血病で、その母親役なんですが、御自分の病気を抱えながら、あの役をやるというのは、非常に辛いものがあったんじゃないかと思うんですよ。

―― 撮影中、まったくそういうことは感じられなかったんですか。

和泉 まったく感じませんでしたね。非常に真摯に作品と向き合う方でした。

―― 『極道渡世の素適な面々』は、陣内孝則さんと初顔合わせ。当時、陣内主演作品を東映が連発している時期でしたが、後のコミカルな演技の陣内さんにつながる最初の作品ですね。

和泉 陣内は、物凄くアイデアマンなんですよ。撮影中でも、夜中の十二時頃に電話してきて、「監督、明日の僕の兄貴が死ぬシーンの撮影ですけど……」「早く寝たほうがいいよ……」「あそこで『仰げば尊し』を口笛で吹いたらダメでしょうか?」台本にはないんですよ。真夜中にいきなり電話してくる。「明日また現場で話し合おう」「お互い寝よう」って言うんだけど、今度、僕が寝れなくなっちゃうんですよ。目をつむっても、そのシーンを思い浮かべる。ウン、いいなあ、とかね(笑)。

―― その後、映画を撮る方ですからね。

和泉 陣内は映画が物凄く好きなんですよ。だいたい、会うと映画の話をしてますよ。

―― 小林旭さんの『民暴の帝王』は、『修羅の伝説』で御一緒されて、二本目ですね。

和泉　僕ね、昔から日活映画は好きで観ていて、小林旭派だったんですよ。憧れの大スターでしたから。会う時は、物凄く緊張しましたね。笑顔ですうーっと現れて（笑）。旭さんとは作品を通して信頼関係が生まれて来ました。温かい人で、ただ撮影に入ると凄いですよ、のめり込みようが。

――『民暴の帝王』は、公開時にクレームが付いたとも聞きましたが。

和泉　ちょうど伊丹十三さんの映画がスクリーンを切られるという事件があった頃なんですが、『民暴の帝王』にも民族系の問題に及んだところが、右翼からクレームがあったんです。公開直前でしたが、亡くなった俊藤浩滋プロデューサーが「監督、申し訳ないけど、全部捨てちゃって」って言って来られた。相当なクレームがあったみたいで、十四～十五分カットしました。それもお金がかかっているハデなシーンばかりね。

――和泉監督のフィルモグラフィは、大別すると、青春路線とアクション路線が、車の両輪のようにあるように思うんですが。

和泉　特に和泉聖治はアクションとか言われるより、興味あるテーマに、心が動かされる題材に、声が掛かった時やってみようというスタンスです。テレビで書いた脚本などは、ほとんど女性を描いていますしね。

――来るものをこなしながら、和泉流の映画ができてくる。プログラムピクチュア時代の申し子のような発言だと思います。それを「フリーの時代」にもやられていく力と技のある数少ない監督ではないかと、常日頃思っています。いくつも好きな和泉作品、まだＤＶＤになっていないんですが、『さらば愛しきやくざ』とか『この胸のときめきを』とか、あるいは『魔女卵』とか。

和泉　だんだん、出してくれるんじゃないですか（笑）。僕は、一般映画の監督デビューは松竹なんですよ。最初の『オン・ザ・ロード』とか『南へ走れ、海の道を』とか、あの辺もＤＶＤにして欲しいんですけど。思い入れがあって。

――『オン・ザ・ロード』は、それまでいわゆるピンク映画を撮られていた和泉監督が満を持して生み落とした、思いの丈のこもった作品でした。

和泉　あれも当時、いろんな警官の不祥事が多い時代でね。ピンク映画の撮影をやっている時に、真夏に白バイの警官がヘルメットをかぶって待機しているのを見てね、大変だな、バイクに乗っているのに、決められた範囲でしか動けない。暑さにうなされて突然、走り出す白バイ警官がいてもおかしくないなって思って、脚本を書き始めたんですよ。

――時代の空気が、ぱんぱんに入った映画でしたね。

和泉　最初はピンク映画でやろうと思って、書き始めたんですよ。ピンク映画の監督なんてまったく信用されていない時代なんでね、友達に映画好きの仲間がいて、何とかやろうと動き回ってくれて、ジョイパックフィルムというところが「やってもいいよ」って言ってくれたんだけど、制作費の半分を作りなさいということで大変でした（笑）。

――もともとは映画監督ではなく、画家になりたかったそうですね。

和泉　『オン・ザ・ロード』というタイトルもジャック・ケルアックの「オン・ザ・ロード」から取ったんですよ。僕は、絵がやりたくて京都から東京に出て来てね。アレン・ギンズバーグの「吠える」を読んだりね、「ビートジェネレーション」の影響を受けたんですよ。それで、アメリカの西海岸に行ったりね。絵を描きながら、放浪してた。その頃は、映画監督になるなんて考えてもいなかった。

――絵はもう全然やらないんですか？

和泉　もう、やめちゃったんですよ。ある時ね、ヒッチハイクをして仙台へ行ったことがあるの。似顔絵を描きながらね。ところが、三日ぐらいお客が付かないの。もうお腹が減り過ぎてどう仕様もなくて、ふらふらっとレストランに入っちゃったんですよ。無銭飲食じゃないですか。最後、リュックにカンバスとか自分の気に入った作品とか入ったまま、出て来ちゃったんです。後ですぐお金を作ってもう一度仙台へ行ったんだけど、もう店の場所が分からなくなっちゃってね……。それ以来、一切、絵をやめることにした。

――それっきり……。映画は、どんな経緯で始められたんですか。

和泉　僕は絵描きになりたかったから、京都で観たゴダールの『勝手にしやがれ』に憧れてね。まず思ったのは、パリの街が動いているっていうこと。パリの写真を切り抜いてスクラップにしていたもの、行きたいなあって。話も少年にとっては強烈な内容だった。でも、うちのオヤジ（木俣堯喬監督）が京都で制作会社をやっていた時があって、家に集まってくる連中が嫌でね（笑）。東京に出たんですよ。それが、オヤジも「プロ鷹」作って東京に来て。遊んでるんなら、手伝えっていうことになるんだ……。

——ビートニックとピンク映画、まだまだ伺いたい。また、いつかぜひ！

■和泉聖治の初期の仕事

和泉聖治の「ピンク映画時代」は、七〇年代青春の愛と旅立ちだ。いや、六〇年代「どん底の至福」だ。『イージーライダー』にぶちのめされた世代としては、ヒッピーな兄貴たちの彷徨がもっともっと聞きたい。「生まれは横須賀、育ったのは京都。京都西高を出て、新宿に出る。フーテンだった。ピンク映画では、器用過ぎてあまりにもピンクらしい作品が多い」（拙著『ピンク映画水滸伝』、一九八三年）——。

取材中の和泉聖治監督（2011年）

『極道渡世の素敵な面々』（1988年）撮影現場　右より和泉聖治、安部譲二、安藤昇、陣内孝則

訂正せねばなるまい。汐入町に生まれたが、横須賀の記憶はほとんどないと語った。器用過ぎてなど書いたが、あまりピンク時代の和泉作品を憶えていない。いや、あまり観ていないのだ。時間的に間に合ってもいない。「ピンク時代で好きな作品は？」と問うと、デビュー作の『赤い空洞』（七二年）との回答。しかし、詳細は不明。月刊「成人映画」七二年八月号には、木俣堯喬監督とともに『日本デカメロン』を共同監督する話題がレポートされている。親子関係は、きっと複雑で明快だったのだろう。中年になったいまの自分にはよく分かる。二十年以上前にもロングインタビューしている。映画の話より、ビートジェネレーションの話が強烈だった。笑顔が素適だったのを、はっきりと憶えている……。

木俣堯喬監督『広域重要指定犯１０８号　嬲りもの』（六九年／プロ鷹）を、ラピュタ阿佐ヶ谷で発掘上映する。永山則夫を最も早く映画にした知られざる佳作だ。

和泉さんは「現場に参加しているはずだが記憶にない」と言う。

『広域重要指定犯１０８号　嬲りもの』
木俣堯喬監督／和泉聖治助監督

IX　青春映画の名脚本家・石森史郎

ピンク映画の〝性春〟、渡辺護、西原儀一、武田有生……

●「映画秘宝」2012年9月号、洋泉社

――青春映画の脚本家として高い評価のある石森先生ですが、今日は石森先生の青春時代をお聞かせください。

石森　最初は日活に入るんです。大学は日大芸術学部ですが、昭和二十九年に僕が卒業する頃はテレビへ行く人間が多くてね。僕は映画の世界に憧れて大学へ入ったから、映画の世界にどうしても行きたかった。シナリオの仕事なんてないんですよ（笑）。日活にプロットライターっていう仕事がありましてね。日活撮影所に申し込んだら、たった三人しかいないんだ。欠員が出たら連絡するからって。待っているわけですよ。ローカル局のラジオ番組を作ってね。三年待ちましたね、日活のシナリオライターじゃなくてプロットライターになるんですよ。一年間は試されましたね、プロットを一つにまとめる力があるかどうか。それで日活と縁ができた。

――日活撮影所というのは、戦後は他社より後から再開するんですね。

石森 その頃の日活は、若い人がいっぱいいたね。助監督も皆若いしね。世代交代があって、そういう時にたまたま僕も呼ばれたんです。助監督には、日大芸術学部の仲間もいましたね。大学の同級生に吉田憲二っていうのがいて、「君のデビューするシナリオは、僕が書くよ」って。頼まれもしないのに（笑）。そしたら彼さ、僕の顔を見るたびに「脚本《ホン》できたか？」って（笑）。できたのが『私は泣かない』。

――和泉雅子の非行少女ものですね。

石森 そう。あれで賞（青少年映画賞文部大臣賞）をもらうんですよ。ようやく認められて、シナリオを書けるようになった。あれで日活では七本目、ラッキーセブンの映画でしたね。

――日活の脚本デビューは『噂の風来坊』ですか。

石森 野口晴康監督ね。それまでは、星川清司さんのゴーストもやっててね。

――最初に書かれた脚本は？

石森 学生時代に書いた『晩鐘』っていう脚本で、野田高悟先生に誉められましてね。シナリオコンクールに出して入選もしました。

――日活というと、やはり石原裕次郎の『狂った果実』から始まる流れのようなものがありますね。

石森　あれは日活じゃないと作れないと思う。兄弟でヨットに乗っていてね、ああいう感覚の、いわゆる都会で作る映画じゃなくて湘南の若者たちの青春を取り上げてね。あの映画を見た時、自分たちが大学で教わった映画と違うじゃねえかって思いましたね（笑）。

――　石森先生は、日活映画の脚本をお書きになりながら、独立プロいわゆる「ピンク映画」の脚本も数多くお書きになられているということですが。

石森　ピンク映画はね、メジャー映画の世界から契約を切られてね、また撮影所があああいうふうに潰れていくから、ピンク映画を作るという人たちがいっぱいいましたね。松竹の福田晴一さん、東映の深田金之助さんみたいに。いわゆる撮影所で作ることのできない映画を作ろうということだった。僕がなんでピンク映画をやるようになったかというと、大学の同級生で杉浦直樹っていう俳優がいましてね。あいつの仲間に、渡辺護っていうのがいたんです。あいつ、テレビに出た時にテレビ演出家の天皇と言われた岡本愛彦を殴って俳優をやめちゃうの。それから映画の世界に飛び込んでね、ピンク映画の監督になるわけですよ。そういう縁で、最初に書いたのは、渡辺護の作品。『情婦と牝』という映画。扇映画というプロダクションで、奈加圭市って言う名前でね。

――　扇映画というのは？

石森　文学座で役者をやっていた斎藤邦唯と言う人がいて、芝居のプロデューサーもやっていて、真面目な人で、その人がやっていたのが扇映画。渡辺護に「俺が監督するのだから、俺を信じてドラマだけを書いてくれ」と誘われ、書くことになったのです。

――独立プロで仕事の時は、監督によって名前を変えられているようですね。

石森 監督が勝手に名前を決めたりしてるからね。渡辺さんの引きで向井寛とも何本もやっているけど、向井さんは全部「宗豊」って名前にしちゃう。向井さんとの仕事で印象的なのは『続・肉』っていう映画だな。あれが僕なんだ。当時はね、日活の助監督さん、随分書いているんですよ、ピンク映画を。僕も、もうどれを書いたか分かんないんだよね、いまとなっては。公開タイトルと違うしね。とにかくね、なんで書いたかっていうと、脚本を渡すと、するとその場で五万円くれるの。こんな嬉しいことはないでしょう（笑）。

――たくさん書かれているんですね。初期のピンク映画って、日活っぽいのがあるなあと思っていましたが、日活の人が書いていたのでは当たり前ですね。

石森 制約があったのは、五日か四日で撮るということです。人物がドラマを背負い込んで書くと長くなるからね。出会いました結ばれましたでもいいんですが、やはり事件がないとね。登場人物は大勢はいらない。

――俳優さん、女優さんも初期は上手な方が多いですね。

石森 ある程度芝居ができて、映画のスターになりたいけどなかなかチャンスがないという女優さんも多かったから。独立プロなら、主役やれるじゃないですか。張り切ってやってくれんですよ。脚本が面白いと一生懸命やってくれる。日活から行った香取環なんかそうでしょう。俳優だと野上正義と椙山拳一郎ね。野上さんは亡くなったけど、椙山さんとはいまも付き合ってるよ。

――椙山さん上手いですよね。

石森　ああいう人たちが一生懸命やる。そこが独立プロの面白いところなんだ。彼でもっていた映画がいっぱいあったね。

――葵映画の西原儀一監督作品なんかもそうですね。石森さんは、西原作品の脚本も多いですね。

石森　西原さんは元ヤクザだからね、強面だったよ（笑）。

――『チコという女　可愛い肌』が石森先生ですね、中原朗という名前でクレジットされていますが。あの作品、神戸の上映会で、若い人に凄い評判が良かったです。

石森　あれは『突然炎のごとく』なんですよ（笑）。ジャンヌ・モローの。僕はヌーヴェル・ヴァーグには批判的でね、あんな面白い設定なのに全然つまらない、僕が面白く直してやろうっていう発想で書いたの（笑）。

――ええ！　あれ『突然炎のごとく』が下敷きですか？　僕は『突然炎のごとく』は好

きなんですが、よく分かりませんでしたね！

石森　僕のほうが面白いでしょう（笑）。それにちょっとジェルソミーナ（フェリーニ『道』）が入っている。

――ええ、ジェルソミーナは分かります。かっこいい映画になっていますよね。

石森　かっこいいですか（笑）。二人の男が利用されて。でも、アッケラカンとしているじゃないですか。主役の女優も良かったでしょう。

――工藤那美でしたか。あの後に西原監督が御自身で脚本を書かれた『桃色電話』という映画があるんですが、テイストが似ていますね。あれは香取環さんの主演で、あれも凄くいい。

石森　西原さんでもどこでもそうだけど、もう脚本代払いたくないからか、監督が自分で書くようになるんですよ。僕の『チコ』のほうが先だから、僕のをパクッたのかも知れないね（笑）。他の監督もそういうの多いんですよ。

――それぞれの女優さんの味もありますよね。西原監督との出会いは？

石森　大学の時の友人で、役者になった上野山功一っていうのがいて、彼に「面白い監督がいるからさ、会わない？」って会わされたのが、西原さんだった。「脚本書いてよ」って言われて、五、六本は書いているかな。

――上野山さんはピンク映画では林田光司という名前で出ていますね。

石森　日活映画に出ているからね。やっぱりね、変な噂を立てられちゃいけないみたいなことはあったと思うよ。僕の中原朗っていうのは、後に斉藤耕一監督に書いた『約束』の主人公の名前。

――岸恵子主演の！　萩原健一の役名！

石森　ハハハ（笑）。遊び遊び。西原さんの場合は、一晩で、新橋の由緒ある旅館で書かされたこともあった。裏がラブホテルで、夜中は大変だよね。アヘアヘアヘアヘ聞こえてきて。それを聞きながら書いてるんです。ちょうど良かったけど、こういうのを書くのにはね（笑）。朝の九時に、印刷屋さんが取りに来るんですよ。百枚だからね、書けるじゃないですか。五人か六人しか出てこないから、集中して書けば書けるじゃない。

――武田有生監督の作品も書かれているんですか。

石森　武田さんの作品もいっぱい書いているよ。題名を変えられちゃうから分かんないけどね、いまとなっては。彼は元気なのかねえ……。彼は、斎藤耕一の助監督をやっていたんだ。『囁きのジョー』の頃だな。あの頃、僕らは「タッチャン」って呼び方をしていた。

――文芸タッチの映画が多かったって聞いていますが。葵映画配給の『情欲の鞭』『好色回春物語』のフィルム、神戸映画資料館でお預かりしていますが、石森さんが書かれていますか、脚本名はそれぞれ違いますけど。

石森　観たいなあ。僕は『好色一代・無法松』というのを書いているんだ。

――港雄一さんが無法松をやるという。

石森　そうそう。フィルムあるのかな。

――捜してみましょう！

石森　武田有生の映画はいいんだよ。年表とかリストとかあれば、これが僕の書いた脚本だって思い出すんだけどね。中原圭介って名前でも書いたかな。

――だんだんとピンク映画の脚本も書かれなくなりますね。

石森　松竹に行ってから、がんじがらめになっちゃうからね。NHKの朝のテレビ小説を書いたりするから。大竹しのぶの『水色の時』を書いたりするから忙しくなったのと、松竹は他の映画会社では書くなっていうことだったからね。テレビならいいというんで、テレビは随分書きましたけど。

――松竹では、山根成之監督に多く書かれていますね。

石森　山根は日大芸術学部の後輩なんですよ。僕は劇画の『同棲時代』が連載されている時から読んでいてね、松竹で映画化の企画を出したんですよ。反対もあったけど説得しててね。「監督は誰だ？」と言うから、「山根成之がいい」と言った。彼はちょうど鬱屈しててね、ぜひ撮らせたかったんだ。これは新しいホームドラマだと、中村登監督の助監督をずっとやってホームドラマの作り方を知っているからって言いましてね。すぐ「山根呼べ」っていうことになった。そっから山根が偉いのよ。城戸会長が「いくらで撮れる？」って言ったら、「三千万」って。それで撮れると思ったんだね。会長が「三千万じゃ可愛そうだから、上乗せしてやるよ」って言って「三千五百万」（笑）。それで、どれだけ稼いだか、その年のお盆のボーナスを全部稼いじゃったんだからね。

――以後、『新同棲時代』『しあわせの一番星』『愛と誠』……など山根監督とのお仕事が続いて行きますね。

石森　実は『しあわせの一番星』が一番傑作だと思っているんですよ。

――浅田美代子さん主演の。

石森　僕は、前に『時間ですよ』を書いていたからね。彼女のイメージを摑んでいたんだ。それと、あの映画では山形勲さんが良かった。時代劇の脇役やりながらああいう役をやりたかったんだね。もう亡くなられましたけどね。

――『めまい』『旅の重さ』『ときめき』……この時代の松竹の青春映画をたくさん撮られていますが、そんなお話はいずれまたゆっくりお願いします。…独立プロの女優さんでは新高恵子さんがお気に入りだったと聞いていますが。

石森　もう大好きだったよ（笑）。よく彼女がやっていたバーにも行きましたね。僕、お酒飲めないのにね（笑）。するとさ、いつも寺山修司が来るんだ。毎晩！　それで結局彼の話し相手だよ、新高さんを口説くどころじゃない（笑）。

――　西原儀一監督の作品で出会われた。『情事に賭けろ』『愛欲の果て』……、そしてその後寺山さんの『ボクサー』をお書きにもなる。

石森　『ボクサー』は先に東映で菅原文太さんがボクシング映画をやりたいという企画があったんですよ。それで呼ばれていてね。ヤクザ映画も頭打だったたから。それで、ボクシングは寺山さん詳しいからいいんじゃないかっていう話になったの。ボクシングだけど、メロドラマなんですよ、男のメロドラマ。東映にはメロドラマを撮れる監督がいないってことになって、寺山さんを呼んだんだ。

――　あの作品はとても好きな作品です。寺山さんの世界と石森さんの世界が、調和しているというんでしょうか。

石森　僕の脚本は壊すなよって言った。だから、抑制が効いているでしょう。映画の文法でないところもあるけどね。

――　もっともっとお聞きしたいんですが、時間もページも足りません。今度また、ゆっくり年表など見ながらお聞かせいただけますか。

石森史郎　香取環（左）と桜マミ（右）と／向井寛監督お別れ会2008年7月12日

中原朗（石森史郎）脚本『チコという女　可愛い肌』1965年／葵映画／工藤那美（右）

石森　ぜひお願いします。僕も新藤先生に負けないように百歳まで仕事をするつもりですからね（笑）。今度ね、田中角栄と周恩来の青春と交流を描く日中合作映画『双頭の龍』の脚本を書き上げて、先日北京に行って来ました。

――それも楽しみですね。角栄さんの青春時代、ぜひ観てみたいです。今日は貴重なお話をありがとうございました。

中原朗（石森史郎）脚本『愛欲の果て』1966年／葵映画／新高恵子

X　日本最後のピンク映画!?

小川組『女子大生レズ暴姦の罠』撮影に独占密着

●「実話ナックルズ」2014年9月号、ミリオン出版

世界中の映画が、フィルムからデジタルに移行しつつあるのは御存知だろうか。映画の世界からまもなくフィルムが消えるのだ。想えば『ローマの休日』も『エマニエル夫人』も『変態家族・兄貴の嫁さん』も『団地妻・昼下がりの情事』もフィルムで撮られた映画だった。女の裸は、フィルムで撮られ映画館の暗闇で眺めるものと思っていた時代。そんな時代が終わろうとしている……。全国ではデジタルプロジェクターを導入できない映画館が次々に廃業している。桃色映画館に多い。撮影するほうも、フジフィルムに続いてコダックが劇場用映画のフィルム製造を中止。冷蔵庫に買い置きしてあったフィルムを最後にピンク映画の世界からもフィルムが消える。カタカタと音のする映写機とションベン臭い映画館は、オジサンが眺めた駅裏の夕陽とともに瞼の裏のレジェンドになりつつある。……オッパイのような山が見えた。そのすぐ麓にある伊豆のペンションで、記念碑的な

撮影が行なわれていた。

「男には、この女の喜びは分からないわよ」

「あっ……あ　たまらないわ！」

女たちは、レズビアンだった。某会社の令嬢（きみの歩美＝現在はきみと歩実に改名）とその友達（星野ゆず）だった。若々しいボディが眩しいばかりに輝やいていた。桃色映画の撮影が絶好調だった。

「レズ物は流行っているんだよ」と、監督が言った。監督の名は小川欽也。知る人ぞ知るこの業界の首領だが、ナント先日八十歳になったばかり。日本映画界では、数年前九十八歳で孫に手伝ってもらって演出した新藤兼人監督の例もあるが、桃色映画の世界で八十歳を超えて新作に挑むのは小川欽也監督ただ一人！　前人未到の偉業である。

「ヨーイ、ハイ！」、ペンションの部屋に小川監督の声が響く。女の子たちは、お父さんいやおじいちゃんほどの大先輩の演技指導に、ねちっこいラブシーンを展開する。年齢差などものともしない、熟練のエロテクニックが炸裂する。男優たちも大人しく指示通り動く。カメラアングルもベテラン監督らしく女の子の肌を舐めるように追う。ビデオカメラのように撮り続けることはできない。監督のプランに沿って、カットが割られ映像が組み立てられていく。カメラを回しっぱなしにして、上手に編集すれば作品になるアダルトビデオとは本質的に違う。一枚の絵を描くように、女優のしぐさや表情が物語に刻まれる。

「小川監督は師匠です。現場ではいつも教わることが多い」と助監督の加藤さん。ここ数年、小川監督の撮影現場は彼が仕切る。

「小川監督はピンク映画界の古いことは何でも知っている。業界のヨーダだと思ってる。大好きな監督さんです」と、ベテラン女優の倖田李梨さん。小川欽也作品にはなくてはならない人気女優である。

まさに桃色映画宇宙唯一のグランドマスターとも言うべき小川欽也監督。一九六二年、桃色映画が誕生した年に助監督として業界入り、しばしテレビのメロドラマと掛け持ちでピンク映画界で活躍していた。本邦初のパートカラー作品『妾』（六四年）で監督デビュー以来、この業界一筋で今日に至っている。育てた女優は数知れず、原悦子、三条まゆみ、二条朱実、水鳥川彩、いずれも桃色映画史屈指の人気女優となった。若き日には女優との噂もあった。父は歌舞伎役者の中村時二郎。背が低く俳優を断念したが、男前は家系というべきか。大学卒業後、テストドライバーか助監督かと悩んだという。

思い出話を聞きながら見学するうち、わが国最後のフィルム撮影によるベッドシーンは絶好調を迎え、箱根や伊豆の実景も撮り、格調ある桃色物語に仕上がりそうだ。最後を飾り近日公開である。

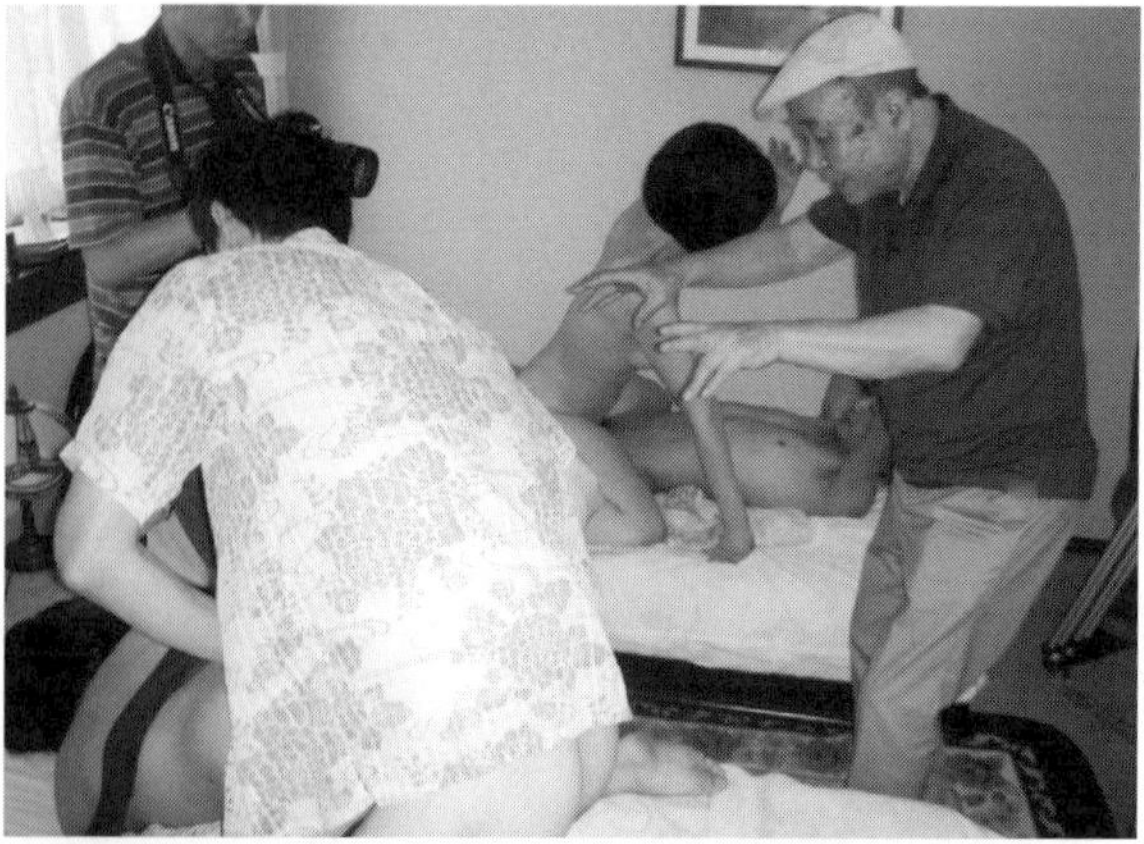

立ち上がってベッドシーンを演出する小川欣也監督

『女子大生レズ暴姦の罠』／2014年　公開ポスター

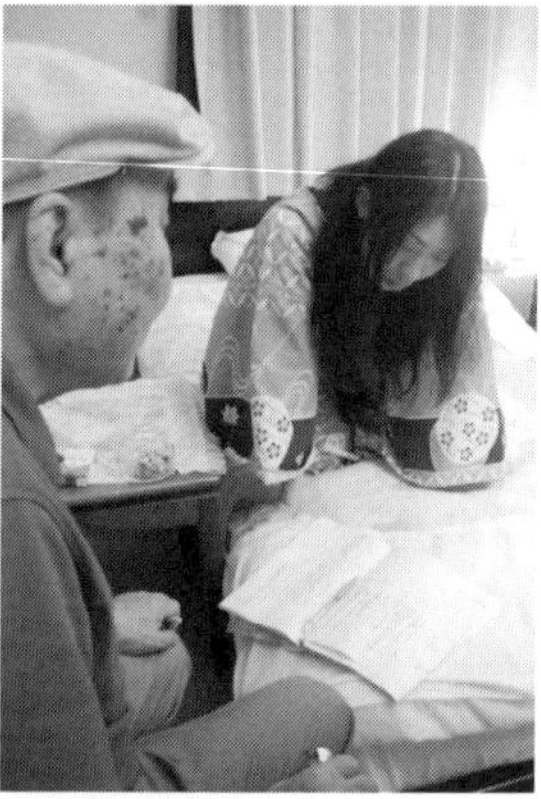

幸田李梨と入念な打ち合わせが続く

XI 追悼集

若松孝二① 若松映画は「エロ本革命」のテキストだった！

●「スーパー写真塾」2013年1月号、コアマガジン

深夜、ネットで調べ物をしていたら「若松孝二死去」のニュースに出くわして、愕然とした（十月十七日死去）。数日前にも、「若松孝二監督交通事故」の報をネットから知ったばかりだった（事故は十二日）。マスコミに隠していたのが、四谷署の取材で判明した格好だった。朝起きると、数ヵ月前に一緒に若松監督を取材した編集者が「若松監督が！」と、メール。「死んじまった！」と返信。テレビの前に移動、ニュースを追う。「死去」のニュースを見て、深いため息。だが、なぜか悲しいというより先に、ご苦労様でしたという言葉が浮かんだ。

そうとしか思えない。近年、七十歳を過ぎた年寄りだというのに、若松孝二は本当に頑張っていたと思う。本当に……。

その後、ツイッターを追いかけたのは、若松プロがブログがパンクしたらしく、葬儀そ

の他の情報をツイッターから発信していたからだ。老若男女、若者から年寄りまで、若松孝二という日本映画「最後の巨匠」の死に、さまざまに反応して興味深かった。ある意味おしゃべり好きなメディアであるツイッターだが、訃報という領域には比較的相性が良いかも知れないと思った。

最初にオッと思ったのは、末井昭さんのツイッター。メモしていたわけでないから正確でないが、「若松孝二の映画をむかし新宿の蠍座で観た。エロの中になんでもぶち込む方法は、自分のエロ本作りの手本になった」という意味のことをつぶやいていた。

その昔、末井さんたちが立ち上げたセルフ出版は、始まりは日正堂という大人の玩具屋の持つ出版コードからエロ本を出していた。カストリ雑誌などに起源があるだろうそれまでのエロ本からすれば、セルフ出版のエロ本は画期的なものだった。一冊のエロ本の中にいろんなものがぶち込まれていた。まさに、エロ映画の中にいろんなものを入れた若松映画に似ていた。白夜書房を経由してコアマガジンのルーツというべき出版社がセルフ出版。それは、七〇年代後半に始まる「エロ本革命」の最前衛だった。編集者として、その舵を取った末井昭に、若松映画が影響していたのを改めて知り、妙に納得するところがあった。やはり、と。

若松孝二の映画は、エロ映画かと思うと、ジャズ、アート、革命、思想、活劇……ゴッ夕煮みたいに連鎖し、一種の映像詩みたいになっている映画が多かった。要は「アングフ文化」というやつで、六〇年代から七〇年代にかけ、ビートジェネレーション、フラワーチルドレン、ヒッピー、フーテン、サイケデリックといった連中とともに当時の若者の中心にあった。その影響下に作られたのが、若松映画だったと言っていい。既成の社会から逸脱し、既成文化の対極を志向し、体制、組織、メディア、何からも自由であろうとした映画。あの時代、若者たちはアンダーグラウンドという概念に立て籠もった。学園紛争でバリケードを築いたように。僕の兄貴と姉貴の世代だが、彼らに最も影響を与えた文化が、映画だったろうか。暗闇に座れば、居ながらにこの世ならぬ世界に連れて行ってくれたからだ。若松映画は、面白くもないこの世界の出口を求め、もがき苦しみ、葛藤と格闘を繰り返す映画ばかりだった。

宮台真司という高名な（?）社会学者のツイッターが、目に入った。「若松孝二がいなければ社会学者にならなかった」「若松さんは、いつも自分を抱きしめてくれた」「若松孝二は、僕にとって神のような存在だった」などなど。このセンセ、僕よりも二歳若い。この人が、大好きだといつも言っている若松映画『ゆけゆけ二度目の処女』（六九年）は、長く僕の一番好きな若松映画でもあった。宮台センセの饒舌さは「朝まで生テレビ」その他で拝見しているが、そのままの調子で自分と若松映画との出会いをまくし立てるのには、少々食傷気味だ。しかし、彼の若松映画へのスタンスは痛いほどよく理解できた。同時代に十代だった者に特有の気分や感覚は共有できた。

若松映画と、僕も宮台センセと同じく十代に出会っている。学校をサボって、池袋の名画座・文芸地下で『胎児が密猟する時』(六六年)を観ていたら、通っていた高校の現代国語の先生とバッタリ出会った。場内が明るくなり、外へ出ようとした瞬間だった。「おい、鈴木じゃないか」と言われた。信じられなかったが、先生もいくら名画座とはいえピンク映画を観に来たなんて学校で吹聴されたら困ると思ったのかも知れない。まだ高校生の僕を、先生は近くの飲み屋に誘った。「飲めるのか」といわれビールぐらいは飲んだ。いや、日本酒か。つまみにその頃知った「揚げ納豆」を頼んだのを覚えているが。「こんな映画、分かるのか」と、聞かれた。それから、先生との間に共通の秘密ができた。先生も学生時代、映画の助監督をやっていた。その後、先生と一緒にデモに行ったり、ビリヤードに行ったり……。横道が長くなりそうだ、戻す。

親に隠れてSM雑誌を読んでいた高校生だった僕は、『胎児が密漁する時』に打ちのめされ、若松映画の巡礼旅に出発した。『犯された白衣』『日本暴行暗黒史・異常者の血』『処女ゲバゲバ』『性の放浪』『狂走情死考』『性賊　セックスジャック』……。新宿文化の地下にあった蠍座、歌舞伎町・新宿座のオールナイト、どっかの場末の映画館の「若松プロ特集」など、片っ端から観て回った。一方で寺山修司の著作を片っ端から読んだ僕は、完全にアングラ小僧になっていた。紅テントや黒テントのアングラ芝居にも通った。何でも見てやろう状態だった。「ここは静かな最前線」と歌う横山リエが、クラブ歌手にして革命家という摩訶不思議な設定があまりにも魅惑的な『天使の恍惚』（七二年）にも打ちのめされた。山下洋輔、エルビン・ジョーンズ……覚えたてのフリージャズのライブにも出かけた。映画とジャズと革命が同じ時間軸で動いていたし、その要にいつも若松映画が「神」のように君臨していた。そこは、見果てぬ出口、ひとつの突破口のように見えた。実際はもう闘争は終息し、いくつもの敗残を経ていたはずなのに、遅れて来た少年は、ただ昂奮し熱くなった。

横尾忠則のツイッターは、「だいぶ会っていなかった」「晩年は生き急いでいた」と、死の直後につぶやいた。そう、あの大島渚監督の『新宿泥棒日記』の横尾さんだ。横山リエと紀伊國屋書店の中で一発やりそうになった横尾さんだ。彼も、いまも若松孝二を見つめていたのかと思ったら、泣きそうになった。

最近の若松孝二の大活躍については、皆が語るだろう。『連合赤軍』『キャタピラー』『三島由紀夫』と、社会派的色彩の強い映画が続いた。それらを持って、欧州三大映画祭に乗り込み高い評価を得た。アジアや国内の評価もより高まっていた。その頂点の死だった。

まさかの死だった。だが、僕にとっての若松孝二は、いつも昔のままだった。シュールなアングラ映画に始まり、やがてメジャーな舞台でも、撮影所育ちの監督たちに見劣りせぬ映画を連発した。若松孝二からは、いつも目が離せなかった……。

あの世へ旅立った若松さんが、天国で若返り、昔のようにピンク映画を撮り始めているのではないかと、妄想した。まずノンベエだった照明の磯ヤンこと磯貝一さんが「若ちゃん、来ちゃったの」って声を掛けるに違いない。いつもゴールデン街でベロベロになるまで飲んでいた。呂律の回らない声を、僕はいまも時々思い出す。磯やんが何で若松プロやピンク映画に辿り着いたかは定かでないが、キャリアと若松オヤジの愛情で仕事をしている雰囲気があった。ピンク全盛期の若松プロを支えたカメラマンの伊東英男さんも故人だ。伊東さんは、東宝出身だ。『筑豊の子どもたち』という作品の長期ロケで体を崩し、ピンク映画に流れて来たと聞いたことがある。その後は、若松プロの大黒柱のように若松孝二を支え続けた。若松が日本側プロデューサーを担当した本邦初の本番ハードコア映画『愛のコリーダ』でも、カメラを回している。頼りにしていたのか、若松監督がいつも「伊東さん」とさん付けで大切そうに呼んでいたのが思い出される。

初期若松映画の二枚目俳優だった野上正義も一昨年亡くなっている。若松監督は「ガミ（野上さんの愛称）とやると全部当たったよ」と、いつも言っていた。「監督、次はどんな役ですか?」と、野上正義の若く元気だった頃の声が聞こえてきた。スタンバイしているようだ。後は女優だけだ。若松映画の女優は千差万別だが、あの世に行きマルくなったはずの鈴木いずみ（浅香なおみ）でも使ったらどうだろう? 女優としては小粒だからといって、熊本で僕が伝記でも書こうと思っている初代「ピンクの女王」香取環を、あの世へ招へいしないでくださいなどと思った……。

若松孝二の想い出は、尽きないではないか。

若松孝二②　悲しみより祭を!

●「図書新聞」2012年11月5日)、3085号

まるで映画のラストシーンのようではないか。「ちょっと用事がある」と中座し乗った車から降りた瞬間に、通りすがりの車にはねられた。魔が差したのだろうか。さよならも言わずにさっと駆け抜ける。あまりの劇的な結末のつけ方に、おいシナリオはこんなふうに書けよと、若松オヤジの声が聞こえて来そうだ。出棺を大拍手で送ったというのは、ギ

リシャの巨匠テオ・アンゲロプロスの『旅芸人の記録』で、旅芸人の葬儀を涙でなく拍手で送ったラストシーンに感動した若松監督に捧げたもの。あの頃、何度か監督から『旅芸人の記録』の話を聞いた。その影響下に『性少女拷問』（一九八〇）というピンク映画を作ってしまうほどだった。少女が東北の田舎から娼婦に売られて行く背景に昭和史と戦争を絡めて、極端な長回しで撮った。主演は島明海、当時監督のお気に入り女優だった。若松孝二が女優に惚れ込むのは珍しく、『キャタピラー』（二〇一〇）の寺島しのぶと島しかいないかも知れない。僕は、監督のお許しを得て島明海にインタビューをした数少ないライターだった。若松孝二は、彼女の「処女性」「純粋さ」にゾッコンだった。「東北から六万何千人ていう人間が売られて来たってことを、戦争が人間をどうダメにしていくかを描きたかった」（拙著『若松孝二　性と暴力の革命』より）。

若松孝二のクロニクルは、変転しながら『キャタピラー』まで一直線であった。「ピンク映画の巨匠」と言われながら、ほとんど女優を育てなかった。監督デビュー作の『甘い罠』（一九六三）以来、「暴行の若松」の異名そのままに、大胆な性描写や暴力シーンを多用して衝撃的でスキャンダラスな映画を撮り続けた。若松孝二には、撮影所育ちの監督たちのように師事をした監督もいなければ、育ててくれたプロデューサーもいない。ある日、俺は監督になると決めた。まさしく元祖インディーズだ。大手五社からはみ出た活動屋たちが形成した成人映画の市場を出発点としながら、その視野はいつもその外を見つめ、さらに世界を見つめていた。『壁の中の秘事』（一九六五）ではベルリン国際映画祭正式出品作品の栄誉を担いながら、「国辱映画」の汚名を受ける。差別されたのだ。サドマゾ描写が物議を醸した『胎児が密猟する時』（一九六六）も、若き日の唐十郎が看護婦たちを殺戮する『犯された白衣』（一九六七）も、海外へ持って出た。世界から日本を見つめ直すという方法論を徹底的に貫徹した。黒澤明をはじめ世界の映画祭を席巻した一九五〇年代の大手日本映画を追い越すことが、秘かな目標だったのではないか。『実録・連合赤軍』（二〇〇八）で実に四十三年ぶりにベルリン映画祭に登場した。『キャタピラー』で、同映画祭最優秀女優賞を受賞。『11・25自決の日　三島由紀夫と若者たち』（二〇一二）をカンヌ国際映画祭へ、最新作『千年の愉楽』をベネチア国際映画祭へ、それぞれに正式出品し欧州の三大映画祭を踏破した瞬間に、ふっと一呼吸つくようにあの世へと旅立った若松孝二。

高校を中退し乗った夜汽車で着いた東京で、職を転々としてやくざになった。「不法監禁、強盗、傷害」。事件を起してぶち込まれ、生き方を変えた。「人間の自由っていうのが、どれほど大切か分かった」、と。やがて、映画監督を目指す。かつてこんな映画監督が、日本にいただろうか。いや、いるはずもない。日活大部屋女優から転じ『甘い罠』に主演した香取環は、「若ちゃんは、いつも何を撮りたいかがはっきりしていた」と言った。上手に撮ろうとか、上手く見せようとかでなく、何を撮りたいかから始まる映画作法だった。共鳴した若者や映画界のアウトサイダーたちが「若松プロ」という梁山泊に結集する。その時、革命の映画ではなく、映画の革命が始まった。決起、闘争、別れ、再会。一つ一つの場面がひとつひとつの映画になった。円熟期を伴走した俳優・原田芳雄との協働作業の頂点『われに撃つ用意あり』（一九九〇）は、静かな総括であり圧倒的な決意表明でもあった。あそこから再び若松孝二の大車輪が始まる。疾駆の果ての死は、無数の作品を人間性が凌駕した証だが、作品は比類なき金字塔を打ち立て、映画史に若松映画というジャンルとなって残るに違いない。悲しみより祭りを！

若松孝二③　若松孝二とは何者だったのか？

●「映画秘宝」2013年1月号、洋泉社

風のように、若松孝二が逝った。誰にも別れの言葉はなかった。若き日から住み慣れた新宿の街から、風に吹かれるように旅立った。舗道を横切る足取りは、どこへ向かっていたのだろう。長い映画人生が走馬灯のように駆け巡ったろうか。自らの映画のスピード感にも似て、その疾走感が多くの人を驚かせた。

最後にお会いしたのは本誌七月号でのインタビュー。公開される『11・25自決の日　三島由紀夫と若者たち』について聞いた。いまにして思えば、一段と老けた印象を持ったが、こんなに早い別れになるとは思いもよらなかった。「右翼、左翼って翼でしょう。俺は、真ん中の鳥の背中に乗っかっているだけだ、どっちでもない」「まだアメリカとロシアとは入国拒否の状態。何も悪いことしていないのに」と、言った。……若松孝二には、何度となくインタビューをしてきた。最初は三十年以上前、原宿のセントラルアパートにあった事務所だった。真ん中が吹き抜けになったあのモダンなビルには、「話の特集」編集部をはじめ時代を代表する錚々たる面々の事務所があった。いまの事務所は、新宿御苑に隣接した可愛らしい自社ビルだ。地下にはフィルム倉庫もある。船戸与一原作の『海燕ホテル・ブルー』も公開され、最新作『千年の愉楽』も完成していた。七十六歳だというのに、凄い迫力での仕事ぶりで、誰しもが生き急いでいるように感じた。カンヌ映画祭に『三島由紀夫と若者たち』を持って出かける直前の取材だった。五年前に肺ガンを克服し完成した『実録・連合赤軍』の試写で、「もう俺には時間がないんだ」と言った。いつもゴールは意識していたのかも知れない。だが、次々に作品を撮り続けた。こんなに次々、作品を撮り続けられる監督は日本にはもうどこにもいなかった。若松孝二が一人、走り続けているように見えた。『実録・連合赤軍』では「国辱映画」と言われ、差別された『壁の中の秘事』以来、なんと四十三年ぶりにベルリン国際映画祭に登場した。『キャタピラー』で、同映画祭の最優秀女優賞を受賞。『三島由紀夫と若者たち』をカンヌ国際映画祭へ、『千年の愉楽』をベネチア国際映画祭へ、それぞれ正式出品して欧州の三大映画祭を踏破した。韓国・釜山国際映画祭でアジア映画人賞を受賞し、「いろんな賞を貰っているが、いままでで一番嬉しい」と言ったばかりだった。

昔、新宿のゴールデン街で酔っ払いの照明マン磯やんと同じバーのカウンターに並んだ。呂律の回らぬおしゃべりを聞き取った。声はでかい。好きな女の子がいると言った。若松さんが入って来て、「おい、もう飲むなよ」と声を掛けた。磯やんがどうしてピンク映画に流れてきたのか、あんなに酒を飲まなければならなかったのかは聞かなかった。いや、聞いたかも知れないが、忘れてしまった。あれから数年後、磯やんこと磯貝一は亡くなった……。古い若松孝二のピンク映画を観てくれ、そのほとんどに磯貝一の名がクレジットされている。若松孝二のピンク映画にはもう一人、いつもクレジットされる名があった。「名カメラマン」と言われた伊東英男さんだ。彼が亡くなったのは、いつだったろう。東宝系出身で『筑豊の子どもたち』の長期ロケで体を悪くし、ピンク映画に流れて来た。それからは若松組の大黒柱になった。若松監督が、いつも大切な人を呼ぶように「伊東さん」と呼んでいたのを記憶している。伊東英男は、若松孝二が日本側プロデューサーを担当した大島渚監督による本邦初の本番ハードコア映画『愛のコリーダ』でもカメラを回した。あの時、大島渚は「セックスの場面が大変なので、先輩格である若ちゃんに助けてもらいました」と言った。創造社を解散、たった一人になった大島は、若松孝二の男気一本に賭けていた。それに応え、伊東英男のカメラは格調高かった。

早く逝ったピンク映画時代の猛者たちとあの世で再会し、ここ数年の活躍ぶりを言われ、照れているかも知れない。しかし、日活ロマンポルノ裁判の傍聴席にふらり顔を見せた若松孝二が、傍聴に通っていた自分に「ピンク映画なんか観るなよ」と言ったことがある。それには、いろんな意味と思いが込められていたのに違いない。大手の映画会社からはみ出た活動屋たちが作った「ピンク映画」を出発点にしながら、その視線はいつもその外にあった。ポルノは男子一生の仕事にあらず、そう思っていたに違いない。紆余曲折ではあるが、その後の活躍ぶりを見れば頷ける。

「新宿の安田組系荒木組の若い衆だったんだよ。ちょうど荒木組ってのは、ゴールデン街とかあの一角を押さえていた。あの辺で映画やテレビのロケーションって言うと、俺たちがキャメラのそばに立って交通整理をやってた。それが、この道に入るきっかけだから」

若松孝二は、新宿から映画界に入り、新宿から黄泉の国へ旅立った。「元祖インディーズ」「ピンクの巨匠」「男の中の男」……。

渡辺護　浅草と新宿と「ピンクの黒澤」

●「映画秘宝」2014年3月号、洋泉社

護さんと初めて会ったのは、浅草だった。竹中労や加太こうじと主宰した木馬亭の催しにチョクさん（山本晋也監督）と二人で顔を出された。護さんとチョクさんは大の仲良しで、昔はよく連れ立って出没した。次に会ったのは、日活ポルノ裁判の傍聴席。やはりチョクさんと一緒だった。裁判の弁護側証人として出廷されたこともある。新宿ゴールデン街で再会、エンドレスの映画談義に聞き惚れた。新宿近くに住む護さんは、夜中までしゃべり倒して帰って行ったが、僕らはそれから朝の始発まで飲んだ。懐かしい思い出だ。東京・滝野川の生まれで映画館主の息子。もとは早大文学部演劇科卒の俳優だった。新劇から大映のニューフェイス、テレビでは主演も。テレビの脚本を手始めにフリーの助監督となるが、失業中に誘われ成人映画の世界へ。脚本が認められ、すぐに監督デビュー作『あばずれ』(六五年)を撮る。撮影現場は浅草だった。大和屋竺が変名で脚本を書いた『㊙湯の町・夜のひとで』『女地獄唄・尺八弁天』(ともに七〇年)が代表作とされるが、多作だけに他にも名作佳作は多々ある。若き日の野上正義が快演した『明日なき暴行』(同年)などは観られるが、初期の多くのフィルムがジャンクされたのは無念としか言いようがない。それを承知で、桃色映画の道に賭け生き抜いた。

日野繭子が愛らしい『少女縄化粧』(七九年)、映画評論家の斎藤正治が日野繭子と共演した『少女暴行』(八〇年)、藤本義一の原作・脚本を大阪の下町にロケした『好色花でんしゃ』(八一年)など、八〇年前後にも佳作が多い。美保純を『制服処女のいたみ』(八一年)で、可愛かずみを『セーラー服色情飼育』(八二年)でデビューさせるなど、女優を育てる職人気質も見せた。自分の映画文法の中に収めれば、どんな役者でも輝き出してしまう魔法のような映画術があった。それも極限まで厳しい低予算の現場で。だから、ピンク映画を「映画」たらしめた監督の一人であり、原動力だった。基本は下町の映画少年、僕も下町育ち、誰より親しく可愛がっていただいた時期もある。僕が、ピンク映画の歴史を書いた経緯のひとつだ。

浅草で、護さんの話を聞き、デビュー作を撮った路上に出た。身振り手ぶりで説明してくれた。映画監督になったのは、早くに死んだ兄の影響とよく語った。兄が活動弁士で影響を受けた黒澤明と境遇が似ていた。かつて「ピンクの黒澤明」と呼ばれた所以である。

さよなら、護さん！

香取環①　元祖肉体女優が静かに旅立った……

●ウェブマガジン「イエロージャーナル」２０１６年１月掲載

初代「ピンクの女王」であり、元祖「肉体女優」とも言われた香取環が人知れず静かに旅立ったのは、かの原節子が亡くなってから約一ヵ月後の十月十二日のことだった。昭和の日本映画史に燦然と輝く伝説の美人女優である原節子と同じように、香取環もまたその女優引退からは長い歳月が経ち、彼女の生涯は伝説化されている。美しい顔立ちとグラマラスな肢体、日活撮影所時代からの演技力は、まさしく「昭和」という時代に「ピンク映画」という新世界を生み出した女神のような存在だった。

大手映画の市場の外に「ピンク映画」の世界が形成されるのは、一九六二年頃。日本中が高度経済成長に向かう右肩上がりの時代に、テレビや他の娯楽産業の普及により映画界は戦後黄金時代のピークから急激に斜陽の時代へと向かう。それまでは石原裕次郎のアクション映画や人気のチャンバラ時代劇で、いつも満員だった全国の映画館に空席が目立つようになった。その時、全国の映画館に救世主のように掛けられ、瞬く間に全国津々浦々まで浸透していった映画がある。当時の映倫などの規制の壁を破って、男女の性愛の物語をよりリアルに描こうというピンク映画だった。女性の裸のある映画と言えば、ストリップのドキュメントや性教育的な青春映画が一般的だった時代に、映倫審査で「成人指定」を受けた「成人映画」通称「ピンク映画」は、当時の観客たちに衝撃と興奮で迎えられた。庶民が映画離れを始める時代に、女性のヌードとエロティシズムで男性ファンの心を掴もうという作戦は大いに成功。性表現に躊躇していた大手映画会社を尻目に独立系プロダクションが次々に名乗りを上げ、いわゆるピンク映画を量産したから邦画各社は脅威だった。

俗にピンク映画第一号といわれている『肉体の市場』（六二年・小林悟監督）は独立プロの協立映画で作られ、大蔵映画で配給され大ヒットした。公開当初警視庁からクレームがつき摘発された事件も、逆に話題を呼んだ。「猥褻」と指摘された箇所をカットし再編集したプリントにはオファーが殺到した。前年公開で大ヒット、全国でなお上映中だった黒澤明監督の『用心棒』を、最終的には上回る興行成績を上げたと当時の雑誌や週刊誌は書いている。摘発事件により『肉体の市場』は、ピンク映画ブームの先駆けとなったのだ。

その『肉体の市場』の主演女優こそが、香取環だ。香取環は、一九三八年熊本生まれ。市内の九州女学院高校在学中からミス・ユニバース熊本代表に選ばれる美貌で、卒業後の一九五八年には日活映画に第四期ニューフェイスとして入社、期待の新人女優となる。同期に人気絶頂で若くして亡くなった和製ジェームズ・ディーン、赤木圭一郎がいる。香取はすぐにスクリーンに登場、初期では石原裕次郎作品『紅の翼』冒頭の受付嬢役などが印象的だ。美しさと演技力を買われ、日活青春映画やアクション路線の端役から重要な助演まで巧みにこなした。だが、出演作に恵まれながらも、大きな役が付かず後が続かなかった。キラ星のごとく人気スターが並んだ日活撮影所では、とうとう芽が出ぬままだった。そんな時に声がかかったのが「ピンク映画」への出演だった。当時は、ブルーフィルムまがいの「ピンク映画」なる呼び名もなく、独立プロの青春映画であるという触れ込みだった。思い切って撮影所を飛び出した香取環は、新しい映画作りと若いスタッフたちにすべてを賭けた。監督をはじめスタッフ、キャストも東宝から分離した新東宝撮影所など大手映画会社からドロップ・アウトしてきた者ばかり。六本木族にもて遊ばれた姉の復讐を果たそうとするヒロイン・香取環が彼女の役だった。以後彼女は、役名の香取環を芸名に、日活時代の久木登紀子という名を捨てて再出発する。

当時のピンク映画の撮影現場は、まるで映画が活動写真の原初に立ち返ったような熱気あふれる現場だった。観客に求められるまま次々にピンク映画が作られ、どれもがヒットした。東宝撮影所で黒澤明監督の相棒と言われ、『七人の侍』などの製作で知られるプロデューサーの本木荘二郎もピンク映画界に監督としてデビュー。変名ながら、次々と異色のヒット作品を発表した。香取環は、いつしかピンク映画の世界で「女王」と呼ばれるにふさわしい人気と実力を身に付け、トップスターとなった。それは、日活撮影所では果たせなかった夢を叶えたかのようだった。

ピンク映画に名作名演を生み、他の追随を許さぬスターとなる香取環だが、原節子のようにその全盛期を知る日本人なら誰もが知るという女優ではない。知る人ぞ知る隠れた名女優というのでもない。まさにたった一人で日本映画の裏歴史を築き上げた特別な女優、それが香取環だった。後に日活ロマンポルノの女王となる白川和子は、香取環を目指してピンク・ポルノの世界に入り、トップ女優となった。映画女優がヌードになることの意味と価値を身をもって追求、まったく新しい「ピンク映画」というジャンルを生んだのが香取環という女優だ。言わば米国ハリウッド映画の伝説の肉体女優たちにも匹敵する、前人未到の活躍だった。日活ロマンポルノもアダルトビデオもない時代に、映画女優が美しい裸体を武器に生きる可能性を求めた。香取環の伝説は、原節子ら表の映画史の伝説とは対極にあって、全身全霊で映画の世界を生きた抜いた激しくも美しい生き様の伝説だ。

日活ロマンポルノ登場直前に三十二歳で女優を引退。その後は、故郷熊本に帰り「食堂のおばちゃん」となっていた。肺癌を患い一年間の闘病後、七十七歳で亡くなった。

香取環が昭和史と映画史を代表する肉体女優であったことに間違いはない。生前、彼女は「裸になったのは、良い映画だと思ったから。いろんなことがあったから、自伝を書きたいな」と語っていた。戦後七十年目の年、香取環という女優の数奇な伝説が幕を閉じた。近々、散逸している主演映画作品などを一堂に集めて神戸映画資料館で追悼回顧上映も企画されている。香取環が日本映画史に正しく名を刻まれる日も近いことだろう。

香取環② さよなら、香取環

●神戸映画資料館「ウエブスペシャル・レポート」2016年8月掲載

「どうしてる?」

いつものようにハスキーだが、甘い声が電話の向こうでした。

「どうしてる？」というフレーズで、僕に電話を掛けて来るのは、彼女だけだった。

彼女の声を聞く瞬間、僕は日活青春映画の主人公のような気分になる。目の前にパッとワイドスクリーンで、六〇年代初頭の裕ちゃんや赤木の日活映画のワンシーンが浮かぶからだ……。

そう、電話の声は、香取環。いまは携帯電話だから、誰から掛かったか分かるが、それでも香取環の「どうしてる？」の声が聞こえると、なんだか落ち着かない。これじゃ、まるで恋人からの電話じゃないかと、いつも切った後に苦笑する。ほら、日活映画の電話のシーン、思い出してくれないかな。あの明るく歯切れ良い声とスピード感。

香取環は、女優引退から故郷の熊本に帰り、その後「食堂のおばちゃん」になっていた。電話は「食堂のおばちゃん」にしては、艶やかな声だった。

電話の向こうの香取環は、年齢を感じさせなかった。いや、僕にはそんな声をわざと使っていたのも知れない。だが、その日は、なんだか妙だった。いつにはなく静かな口調なので、緊張した。

去年の七月初めだったか。「いいえ、相変わらずですよ」と応えたが、どうもいつもとは調子が違う。

聞いていると、いまはもう食堂の仕事をやっていないと言う。ガンが見つかり、春に退職したと言うのだ。その後は、闘病と養生にぶらぶらと過ごしているが、肺癌だから切るのは難しいし、副作用のある抗がん剤治療はやらないと言う。髪の毛が抜けるのや苦しむのは嫌だと言う。香取さんらしい懸命な考えだと思うが。「もう、あと二、三年かな」と言ったので、「いや、のんびりしてれば、ガンも進行しない、年配のガンの進行は遅いって……」と言うのが精一杯だった。五月に、かつて旅行して楽しい思い出のある香港に旅したが、香港の街が昔とは様変わりしていて寂しかったと言った。

もうすぐ、自分は小川欣也監督の最新作の撮影現場に取材に行くと言うと、「私も出たいわ」と言った。「うん。分かりました。監督に言っておきますよ」。

時間があるから、随分昔に書いて破って捨ててしまった回想録をまた書いてみようと思っていると言った。これまでも何度か、僕が熊本に行って長時間のインタビューをする話が持ち上がったことがあったが、実現はしていなかった。

「やっぱり、あんたに見てもらうからね」

いままでは、もう重荷のような気分になっていたが、その日のその言葉は、嬉しかった。何度か喧嘩にもなったし、もう彼女について長いものは書かないと思った時期もあった。東京に出て来てもらった上映会の時も、結局最後はてんやわんやの騒動になった。毎日、「食堂のおばちゃん」として働いている日常から、突然東京の映画館に引っ張り出され、子どものような若者たちに囲まれた時のストレスは計り知れないものがあったと思う。あんなことしなけりゃ良かったと思ったくらいだ。

ひとつひとつ彼女の気持ちは分かった。分かっていても、マネージャーでも恋人でもないから、僕が彼女のお世話をするのにも限りがあると思い、知らんぷりをしたこともある。

何年も故郷での平穏な暮らしにあった彼女を、あまりに若い観客などの前に引っ張り出し過ぎた。嬉しそうに楽しそうに応じていたが、やはり、帰郷してからの電話では「疲れたわ」と、いつも言っていた。

最初は、ここまで彼女を何度も東京に呼んでトークや上映会をやるつもりはなかった。そのきっかけは、僕が西原儀一監督から多くのフィルムを譲り受けたことに始まる。懐かしい出演作品を見たくなったと言ってくれた。ビデオがある作品もあって何本かお送りしたが、フィルムで見たいということになった。一つ一つが忘れられない思い出ばかりだった。

西原儀一監督とは、亡くなるまでお付き合いさせていただき取材を続けた。西原監督から、自分の会社の専属女優にした香取環についての思いを聞いたことがある。監督のほうには香取環という女優に特別の思いがあったことが感じられた。それを話すと、彼女のほうは「嫌ねえ」と笑っていたが、作品を見れば監督の思いが透けて見えた。

ある雑誌に「新藤兼人と乙羽信子のよう」と書かれたこともあったようだが、少し違うだろう。二人が二人三脚だったのは、ほんの一時のこと。西原儀一と香取環は、おそらくピンク映画のジャンルに新しい流れを作りたいという共通の思いがあって、監督と主演という形で一連の作品を撮ったのではなかったか。葵映画は、関西の資本でピンク映画にひとつの流れを起こそうと作られた映画会社だった。

香取環を香取環らしく撮ったのは、ピンク映画では西原儀一監督だけだったのではないか。それは、西原儀一が宝塚撮影所の出身だということと無関係ではないはずだ。西原儀一は、宝塚撮影所で映画の勉強をしてから独立、主に東海地方や関西で映像や興行関係の仕事をしていた。資本力のあるバックボーンを得て関西から関東に移り、ピンク映画専門の葵映画という会社を起こしている。ピンク映画の市場が、まだまだ群雄割拠の時代だった。西原儀一は、監督としての腕を見込まれたのだ。

当時の西原監督は、女優を美しく撮ることを模索していた。それは、監督自身の言葉としても聞いている。それに香取環という女優が応じて、専属になったのである。香取さんに専属料がいくらだったか聞き洩らしたが、高額だったに違いない。まだ、ピンク映画も華やかで先行投資も冒険もあった頃のことだ。

香取さんとは、いろんな監督について話をした。多くの監督の作品に出て、名演を多く残しているからだ。

向井寛監督が亡くなった時には、ふらりと東京の「偲ぶ会」に顔を出した。あれが、彼女が再び東京へ出てくるようになった始まりだった。

「ピンク映画」を、撮影所からはみ出した仲間たちが作る映画と考えていた。日活撮影所のはみ出し者だった彼女。だから、あそこまで頑張ることができたのだろう。

監督については、辛辣なこともよく言った。

「若ちゃん（若松孝二）は、何を撮りたいかがよく分かっているからね。でも、あんな理屈っぽい映画ばっかり撮らなきゃいいのに」

「（渡辺護監督は）気障な監督だったわね。若いのに気取ってるなあって思った」

若松孝二と渡辺護という、後々ピンク映画の巨匠といわれることになった二人に対しても、はっきりとした考えがあった。現役時代は、もっと手厳しい物言いをしたらしい。だって、二人よりもずっと香取環のほうが映画界の先輩なのだ。当然と言えば当然だった。

香取環を起用することは、ピンク映画界では、ひとつのステイタスだった。撮影所の映画に負けない作品を、香取環という女優で撮ってみたいと、多くの監督が思ったようだ。

運命的だったのかも知れない。西原儀一監督からフィルムを僕が託されなければ、香取環を東京に引っ張り出すこともなかったはずである。僕が熊本に通って、「自伝」をまとめるはずだった。

香取さんには、何度も上映会や集まりに来ていただいたが、最も彼女が喜んでくれたのが、神戸映画資料館での上映会だった。

「神戸、神戸なら行くわ。神戸って思い出があるのよ。お正月に神戸の映画館で舞台挨拶したの。凄く賑やかだったな」

神戸映画資料館での上映会は、長い香取環との交流でも、忘れられないものとなった。安井館長やスタッフとも、なぜか旧知のように意気投合した。九州人と関西人の肌合いが合うのかななど思ったくらい。

トークは、資料映像の上映を挟みながら、実に二時間を超えた。休憩があったとは言え、やはり作品上映を含めれば大変な長丁場。でも、文句ひとつ言わず香取さんは終始楽しそうだった。当日は、意図せずに彼女の誕生日と重なり、ケーキも用意された。ろうそくを吹き消す時の彼女の顔は、少女のようだった。

東京に来た折に、赤木圭一郎のファンクラブの会合に呼ばれ、原宿で作品の断片を見ながら、思い出話を語った。赤木圭一郎と香取環、いや久木登紀子（日活時代の芸名で本名）は、日活ニューフェイス第四期の同期生だった。日活では、入社してすぐに六本木の俳優座へ演技研修に出る。俳優座での研修時代から、アイウエオ順の並びで赤木と久木の名前は近く、二人で組んでの稽古も多かった。思い出すことはたくさんあった。

その時の縁で、久木登紀子の日活時代の出演作品とその場面をＤＶＤにしたものが赤木圭一郎ファンクラブ会員限定で作られた。それをスクリーンで見ることができたことも、あの日の彼女を感激させたに違いない。

日活時代の久木登紀子の美しさと演技力は、まさに群を抜いている。スクリーンから彼女を通して、日活映画黄金時代の熱気が伝わってくるようだった。そのまま、終わって飲み会になったから、気分が高揚したのもあったろうか。

「神戸は楽しかったわ」

神戸から帰るとすぐに、そんな電話が彼女からあったのは言うまでもない……。

昨年、十月十二日、香取環は亡くなった。

正直、こんなにも早く彼女が旅立ってしまうとは思わなかった。夏になり、病状が急変してしまったというのである。

訃報を知らされたのは、亡くなってから一カ月ほどたった頃だったか。最初の知らせは、僕にではなく神戸映画資料館へのものだった。息子さんがメールで知らせてくれたのである。

「すべてが終わったら、神戸にだけ知らせてね」と彼女は言ったらしい。

最初は、とても信じられなかった。

あの日の神戸のことをそんなにも楽しい思い出に感じていてくれたのだと思ったら、涙が出そうになった。

息子さんにお電話すると、すでに葬儀やお別れは終わり、数日前に遺言通りに遺骨の一部を、思い出の地・小樽の海に散骨したと言う。海が凍って船が出なくなる前にと、急な北海道行きとなったらしい。小樽で、久木登紀子時代に、思い出に残る日活作品のロケがあった……。

僕が、初めて熊本へ彼女を訪ねた日から、どれぐらいの歳月が流れただろうか。もう「どうしてる?」と電話してくる香取環はいない。「ピンクの女王」いや「食堂のおばちゃん」からの電話はない……。

香取環の追悼上映は、神戸でやらなければいけないと、昨年から考えて来た。香取環の出演作品を多数保管し、香取環さん自身が楽しかったと電話をして来てくれた神戸映画資料館での「追悼上映」こそがふさわしい。新盆が訪れ、まもなく一周忌も来ようという頃になってしまったが、香取さんも喜んでくれると思っている。

今回上映する二本は、安井館長と相談のうえ決めた。他にも彼女お気に入りの作品はあるのだが、まずは香取環の魅力と美しさの神髄を知っていただく二本を上映する。『牝罠』

は、フィルム発掘後、一度だけ本館で上映をしているが、東京での上映などはしていない。演技力に磨きのかかった香取環が、ある女性の一代記を演じるスケールの大きな作品である。『引裂かれた処女』は、愛していた恋人の手によって転落していく女の物語。無残に打ち砕かれる女の夢と希望が、せつなく激しい。二作品とも、壮絶でまっすぐな生き方を貫いた香取環の人生に重なるようにすら思える。

きっと、当日は、どこからか再び「ピンクの女王」香取環は降臨して、僕らの上映とトークを見守ってくれるに違いない。

ぜひ、香取環を知る人も知らない人も、彼女を偲んで欲しいと思う。

さよなら、香取さん。また逢う日まで。

香取環③　ピンクの女王の全貌

●「映画秘宝」2016年1月号、洋泉社

日本映画史に正しく名前を刻まねばならない名女優・香取環が、静かに旅立った。戦後黄金期の日活映画で活躍後、独立プロいわゆるピンク映画の世界に転じ、初代「ピンクの女王」として長くにわたり君臨した女優だった。

一九三八年熊本市に生まれ、九州女学院高校在学中からミス・ユニバース熊本代表に選ばれる。卒業後の一九五八年には、第四期ニューフェイスとして日活に入社。同期には赤木圭一郎がいる。同年からスクリーンに登場、日活時代は久木登紀子の名で多くの作品にクレジットされた。石原裕次郎作品『紅の翼』冒頭の受付嬢役など印象的な出演場面は多く、美貌と演技力を買われ端役から重要な助演まで巧みにこなした。『俺らは流しの人気者』『嵐の中を突っ走れ』『完全なる遊戯』『若い川の流れ』『二連銃の鉄』『俺は淋しいんだ』『山と谷と雲』『鉄火場の嵐』『打倒』『男の怒りをぶちまけろ』『喧嘩太郎』……。二本立て番組を掛け持ち出演、「稼ぎ魔クッキー」の愛称で呼ばれたことも。佐久間しのぶの名で初期のテレビ作品にも多数出演。キラ星のごときスターが並んだ日活撮影所ではとうとう芽が出ぬまま、六一年に日活を退社。

大蔵映画系の独立プロに請われるままに初めて主演したのが、「ピンク映画第一号」とその後言われる『肉体の市場』だった。役名の香取環を芸名に見せた体当たり演技だったが、映画は思わぬ摘発騒ぎもあり大ヒット。「香取環」は一躍、ピンク映画界を代表するビッグネームとなる。以後、多くの名作名演を披露して、他の追随を許さぬ桃色映画のトップスターに。『不完全結婚』『喜劇・新婚の悶え』『激しい女たち』『肉体女優日記』『女はそれを待っている』『痴情の罠』『色と欲』『あまい唇』『肉体の誘惑』『情炎』『炎の女』『悲器』『指にかける女』『狙う』『牝罠』『引き裂かれた処女』『好色・きんちゃく切りの女』『婚外情事』『肉の標的・逃亡』『性輪廻・死にたい女』『モダン夫婦生活読本』『おんな地獄唄・尺八弁天』『ポルノ遍歴』……、出演作品の総計は撮影所時代と合わせ六百本以上と言われるが、定かではない。古巣日活からロマンポルノ出演を打診された頃から引退を決意、七二年に女優を引退した。恋多き女で知られたが、故郷熊本に帰郷後は、ガソリンスタンドや「食堂のおばちゃん」として働きながら一人息子を育てる。地元の集まりやイベントでも人気者だった。

初めて香取環を訪ねて熊本まで出かけたのは、三十三年前の夏の日。その時には取材拒否されお会いすることすらできなかったが、二〇〇七年からの小生本誌連載ほかに御登場願い、不世出の「ピンクの女王」の全貌と生き様がようやく明らかになった。九州女の典型のような女性だが、残された作品は日本映画史の書き換えを迫るほどの名演多数。拙著『昭和桃色映画館』にインタビューや内田高子との対談を収録。高度成長期の忘れられた映画史を語った。肺癌で約一年の闘病、行年七十七歳。

若松孝二監督通夜／青山葬儀所2012年10月23日

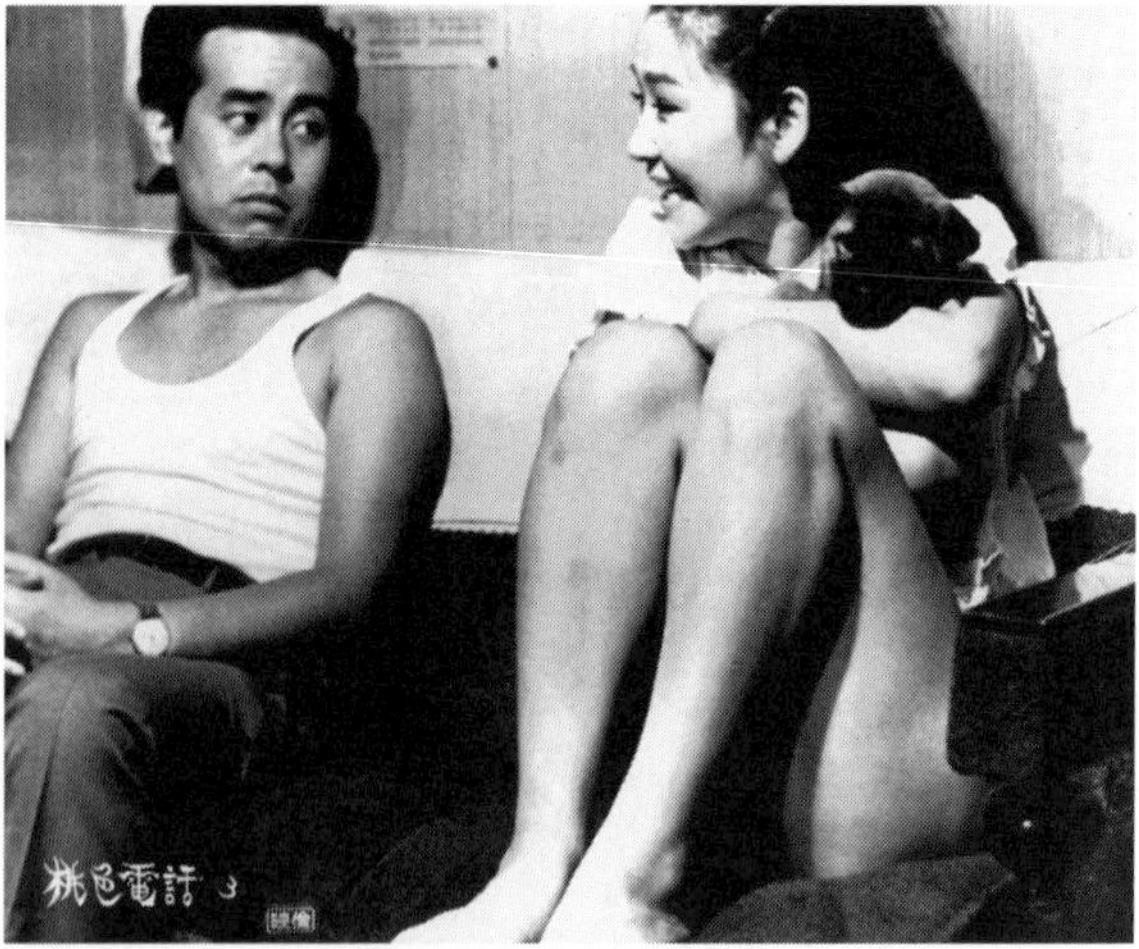

香取環（右）と椙山拳一郎（左）『桃色電話』1967年／葵映画

あとがき

そして、誰もいなくなった……。

『ピンク映画水滸伝　その二十年史』を出版してから三十七年の歳月が過ぎた。桃色竜宮城で乙姫様と戯れていたわけではない。その後、兄とも慕ったピンク映画界きっての名優野上正義の著作『ちんこんか　ピンク映画はどこへ行く』を編集し、『ピンク映画水滸伝』の続篇にもなる『昭和桃色映画館　まぼろしの女優、伝説の性豪、闇の中の活動屋たち』を書いた。

その他にもピンク映画と関連の取材を続け、多くの記事を書いて来た。『二十年史』を上梓してから、もうピンク映画の取材は足を洗おう、観るのも飽きちゃったなと何度思ったことか。気が付けば、四十年以上「ピンク映画」と付き合ったことになる。

本書にもたびたび登場する黒澤明のプロデューサーにしてピンク映画生みの親の一人である本木荘二郎、その評伝を書くことに思いを固めるまでにも時間がかかった。『世界のクロサワをプロデュースした男　本木荘二郎』は、何度も避けて通ろうとしながら、僕しか書けないことに気づき、捻じ曲げられた映画史や人物像を正すために決意をもって挑むことになった。お読みいただいていない方には、ぜひ本書とともに読んでいただきたい。ピンク映画史を通して何を見たかったかを吐き尽くした思いがある。

日本映画史を書きたいという気持ちは、もともと竹中労の『日本映画縦断』を読んだ日から僕の心の中にある。竹中とほぼ時を同じくして出会った斎藤正治に感化されなければ、「ピンク映画」の歴史を書こうとは思わなかったろう。竹中や斎藤が長期連載をもって執筆陣だったのが、白井佳夫編集長時代の「キネマ旬報」である。日本映画の本当の面白さを、白井「キネ旬」で知った。定期購読して読み漁った当時のキネ旬は、いまも僕の机横の本棚にすべて並んでいる。

「アメリカン・ニューシネマ」という言葉は、白井佳夫編集長時代の「キネマ旬報」から生まれた言葉である。「初めて言ったのは、金坂健二じゃなかったか」と白井先生。試写室で、いかにもヒッピーふうな金坂氏を何度か見かけた。もともと「ニューシネマ」という言葉は米国有名雑誌である「タイム」一九六七年十二月号に書かれた無署名記事「映画における自由がもたらす衝撃」の中で使われたのが最初であるという。同号で大きく扱われた『俺たちに明日はない』のことを指して表現されたものだった。それに「アメリカン」という形容詞が付くのが「キネマ旬報」の記事からだった。それが、その後時代の中で一人歩きしたのである。

近年、ピンク映画関連のトークをする時、繰り返して言っていることがある。「僕は、ピンク映画をアメリカン・ニューシネマを観るように見て来た」と言うことである。当時、『俺たちに明日はない』『イージーライダー』『明日に向かって撃て』『ワイルドパンチ』ユトセトラ……。アメリカン・ニューシネマを観て語ることが映画ファンの証だった。当時多くの若者が、お決まりのハリウッド映画なんてクソ喰らえと思っていた。ヒッピーやアングラ文化が、サブカルチャーとして時代の潮流を形成しようとしていた。人々の生き方までを左右しようとしていた。エロスをテーマにした新しい映画も、欧米から次々と作られていた。インディーズなどと言わず独立プロと言った時代だが、低予算でメジャーの外で作られた映画が、世界中の映画を変革して行こうとしていた。日本では、若松孝二とその仲間たちを先頭に、ピンク映画から変革のいや映画革命の導火線に火が点いていた。映画に革命が起きると思って疑わなかった。

ピンク映画ばかりを見ていると「俺はそんなマイナー志向はない。そういうのは間違いだ」と言われることがよくあった。昨年亡くなった池袋の文芸坐地下劇場で働いていて映画論も書いていた三宅真理さんなどが、そうである。三宅さんは、寺山修司の劇団天井桟敷に在籍したこともある人だったが、だからこそなのか「いろんな映画を観ろ」としつこく言った。もちろん、文芸坐地下へ通うだけでなく、テレビだったが白井先生が解説を担当していた「日本映画名作劇場」などをはじめ、さまざまな映画を見続けていた。ワイセツ問題に関心を持って通い続けていた愛のコリーダ裁判の傍聴の後、若松孝二監督に「ピンク映画ばかり見ていちゃいかん」とたびたび言われた。自分がピンク映画ばかり撮っているのに、何を言うのかとは思わなかった。なるほど、映画を撮るために「ピンク」という場に身を置いただけという若松孝二の方法論は理解していたつもりだ。ピンク映画の人になってはいけないよと言う若松の親心、忠告だったのかも知れない。ある時期から、若松は、あれだけ撮ったピンク映画を撮ることはなくなる。そして紆余曲折の果てではあるが、欧州三大映画祭に自作を持って登場するという快挙を成し遂げる。誰にも真似のできることではない。

そうしたピンク映画初期の開拓者の軌跡があってこそ、『おくりびと』で日本人初のアメリカ・アカデミー賞外国映画賞に輝く栄誉を得た滝田洋二郎の活躍も生まれたのだ。

本書には文庫形式の紙幅もあり、かつて取材した滝田洋二郎、広木隆一、望月六郎、福岡芳穂ら本書登場の監督たちの以後を走った「ピンク映画三十年」世代のインタビューやルポを収録することはできなかった。本書は、「二十年史」と、その登場人物たちのその後を追うことで「ピンク映画史」を俯瞰しようという意図で構成した。なぜなら、若松孝二も、香取環も、野上正義も、渡辺護も、向井寛も、椙山拳一郎も、近藤謙太郎も、磯貝一も、久我剛も、伊藤英男も、津崎公平も、国分二郎も、港雄一も……誰も彼もが、ピンク映画水滸伝の好漢たちの多くが彼岸へ旅立ってしまったからである。

戸惑いながら、そして徹底的に若松や香取たちと付き合った。「補章」は、「水滸伝・その後」として読んでいただくことを意図している。彼や彼女たちの生き方こそ、水滸伝に喩えて恥なき唯一無二の映画伝説である。ともすれば、彼ら彼女らの活躍も作品も時とともに忘れられようとするのを食い止めたいという気持ちもある。映画史の原点とピンク映画史とを結ぶキーマンに、若松や香取たちがいた。それを忘れたくないからだ。

本当は、ふと家族で訪れた信越地方の温泉場で、かつてここが初期ピンク映画、女ターザン映画『情欲の谷間』の撮影現場だったことに気がつきビックリした珍体験から書き起こし、本文にこぼれたエピソードを拾っていこうとも考えていた。だが、それも書き出したら書ききれない。それらは、いずれまた本書刊行と同時に何度か予定している特別上映、記念上映、特集上映などのトークの機会にでも披露することとしよう。

さらには、『桃色の罠　成人映画再考』という書を、本書に続き刊行予定である。畏友都築響一が編集・発行するメールマガジンで全十二回にわたって連載した成人映画を巡る物語集である。半世紀に及ぶ桃色映画史に眠る十二話の物語から、ピンク映画史聖地巡礼ふうに、映画史をさらに探訪して欲しい。しばし待たれよ。

読み返すと思い込みと若書きで、復刻に躊躇の思いもあった本書を出版までにこぎ着けたのは、池田俊秀『エロ本水滸伝』に引き続きお世話いただいた人間社・高橋正義さんの尽力によるものであることを最後に記すとともに厚く御礼の言葉を述べたい。ピンク映画とエロ本と、僕らの青春記録は『エロ本水滸伝』と併せて読んでいただいてこそ、ご理解いただけるものと確信している。高橋さん、本当にありがとうございました。そして高橋さんとの出会いを作ってくれた「ズームアップ」以来の大先輩・伊藤裕作さんにスペシャルサンクスを捧げます。

気がかりなのは、ピンク映画のわずかに遺されたフィルムが、経年劣化で次々に溶け始めようとしていることである。デジタル時代にピンク映画というニューシネマを橋渡しするには、溶けてなくなる前に何らかのデータ保存が必要だ。本書で触れた多くの名作、佳作、珍作がいつでも見たい時には見られるような時代になることを願ってやまない。ピンク映画を、文化として継承する日の到来を信じている。

二〇二〇年十月

鈴木義昭

大杉虎の変名で若松孝二が監督した香取環主演作品『肉の標的』（共演野上正義／1969年公開）。散逸し行方不明のフィルムは、まだ見つかっていない

著者／鈴木義昭（すずき・よしあき）
1957年、東京都台東区生まれ。76年に「キネマ旬報事件」で竹中労と出会い、以後師事する。ルポライター、映画史研究家として芸能・人物ルポ、日本映画史研究などで精力的に執筆活動を展開中。『新東宝秘話 泉田洋志の世界』（青心社）『日活ロマンポルノ異聞 山口清一郎の世界』『昭和桃色映画館』（ともに社会評論社）、『夢を吐く絵師　竹中英太郎』（弦書房）、『風のアナキスト 竹中労』『若松孝二 性と暴力の革命』（ともに現代書館）、『「世界のクロサワ」をプロデュースした男 本木壮次郎』（山川出版社）『仁義なき戦いの“真実”美能幸三 遺した言葉』（サイゾー）、『乙女たちが愛した抒情画家 蕗谷虹児』（新評論）など著書多数。

人間社文庫 ‖ 昭和の性文化⑦

ピンク映画水滸伝　その誕生と興亡

2020年12月10日　初版1刷発行

著　者　鈴木義昭
発行人　髙橋正義
発行所　株式会社人間社
〒464-0850　名古屋市千種区今池1-6-13　今池スタービル2F
TEL：052-731-2121　FAX: 052-731-2122
振替：00820-4-15545　e-mail：mhh02073@nifty.ne.jp

印刷製本　株式会社シナノパブリッシングプレス

＊定価はカバーに表示してあります。
＊乱丁・落丁本はお取り替えいたします。

ISBN978-4-908627-33-0 C0195

同著者によるピンク映画関連書

ちんこんか―ピンク映画はどこへ行く

鈴木義昭・編集、野上正義・著

ピンク映画の過去と未来を、そのすべてを駆けぬけた男優・野上正義が、今こそ語るコーフンとアイシューのトーキング&エッセイ。

1985年9月　出版社＝三一書房　本体価格1500円

若松孝二―性と暴力の革命

若松孝二より他に神はなし。
17歳で「若松映画」の虜になり、若松孝二を追い続けて30数年。その生き方と映画作法の秘密に肉迫する会心作。

2010年8月　出版社＝現代書館　本体価格2000円

昭和桃色映画館

まぼろしの女優、伝説の性豪、闇の中の活動屋たち

日本映画史を彩る「ピンク・ポルノ映画」。
女優、男優、監督インタビューでたどるルポルタージュ決定版封切。

2011年5月　出版社＝社会評論社　本体価格2200円

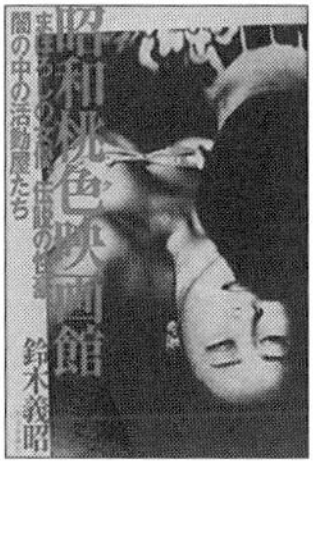

同著者によるピンク映画関連書

「世界のクロサワ」をプロデュースした男　本木荘二郎

東宝の名プロデューサーとして
黒澤明に「本木がいなきゃ俺の映画はできない」といわしめた人物は、
なぜ黒澤と袂を分かち、人知れずピンク映画の世界で生きたのか──。
2016年8月　出版社＝山川出版社　本体価格1800円

日活ロマンポルノ異聞

国家を嫉妬させた映画監督・山口清一郎
1972年、性の思想を問う日活ポルノ裁判。猥褻とは、映画とは、何か？
孤高の監督が遺したインタビューから、70年代の秘められた映画史に迫る！
2008年12月　出版社＝社会評論社　本体価格1800円

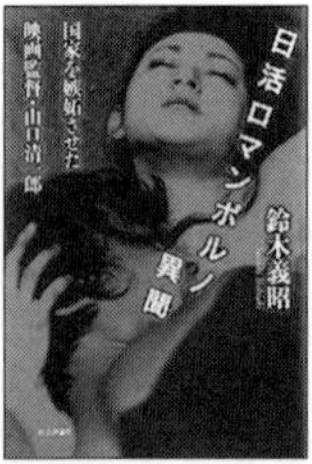

新東宝秘話　泉田洋志の世界

まぼろしの撮影所「新東宝」。
仇役・技闘師として、出発から崩壊まで15年間を体験した
泉田洋志とともに追う撮影所興亡秘史。
2001年12月　出版社＝プラザ企画（発売＝青心社）　本体価格2400円